知识产权纠纷多元化解决机制研究

主　编：刘介明

副主编：胡秀娟　孟奇勋　胡神松　罗　勤
　　　　　薛志华　谭晓杰　罗　琳　高　珺

编写组其他成员：

刘国龙　刘小威　赵婷薇　姚　俊　李佩钊

姚云龙　罗佳欣　张　奔　余　熳　李　凯

刘林勇　杨雪纯　李　笑　田安琪　陈雪荷

吴　让　刘丰源　李泽茜　刘卓航　欧阳钰娃

钟骐键　陈珂莹

武汉大学出版社

图书在版编目(CIP)数据

知识产权纠纷多元化解决机制研究 / 刘介明主编 . -- 武汉 ：武汉大学出版社,2025.7. -- ISBN 978-7-307-25148-9

Ⅰ. D923.4

中国国家版本馆 CIP 数据核字第 2025WD7076 号

责任编辑:胡　荣　刘逸君　　　责任校对:汪欣怡　　　版式设计:马　佳

出版发行:**武汉大学出版社**　　(430072　武昌　珞珈山)

(电子邮箱:cbs22@whu.edu.cn　网址:www.wdp.com.cn)

印刷:武汉邮科印务有限公司

开本:787×1092　1/16　印张:12.75　字数:259 千字　插页:1

版次:2025 年 7 月第 1 版　　2025 年 7 月第 1 次印刷

ISBN 978-7-307-25148-9　　定价:68.00 元

目　　录

第二部分　知识产权纠纷多元化解决机制的虚拟仿真实验

第一部分

知识产权纠纷多元化解决机制的基本原理

第一章 知识产权纠纷多元化
解决机制概述

党的二十大报告指出，高质量发展是全面建设社会主义现代化国家的首要任务，要加快实施创新驱动发展战略，加强知识产权法治保障，提升国家创新体系整体效能。高质量发展离不开创新创造，保护知识产权就是保护创新。随着我国向知识产权强国迈进，知识产权保护工作更加注重全面保护、严格保护与司法保护。随着国际、国内对知识产权重视程度的不断提高，知识产权纠纷数量大幅攀升，尤其是法院受理的知识产权案件更是呈现爆发式增长，[1] 这使得各级人民法院和广大法官不堪重负，有效化解不断产生的知识产权纠纷成为加强知识产权保护工作的核心问题。

早在 2014 年 10 月，党的第十八届中央委员会第四次全体会议通过的《中共中央关于全面推进依法治国若干重大问题的决定》就提出，健全社会矛盾纠纷预防化解机制，完善调解、仲裁、行政裁决、行政复议、诉讼等有机衔接、相互协调的多元化纠纷解决机制。2021 年 2 月，中央全面深化改革委员会第十八次会议审议通过《关于加强诉源治理推动矛盾纠纷源头化解的意见》，强调要推动更多法治力量向引导和疏导端用力，加强矛盾纠纷源头预防、前端化解、关口把控，完善预防性法律制度，从源头上减少诉讼增量。源头防控、多元解纷社会治理理念的提出，为知识产权纠纷多元化解决机制的建立和完善提供了理论基础。知识产权争议的多途径解决机制能够高效地对知识产权案件进行分类处理，为权利人提供多样化且便捷的争议解决途径，有效缓解法院面临的案件压力。同时，这一机制还能增强对诉讼外纠纷解决方式的司法监督和保障，促进司法公正的实现。尽管目前有关多元化纠纷解决的法律法规、司法解释和规范性文件已经相当丰富，但如何将这些理念、规范和方法与知识产权的特性相结合，并将其有效地融入国家治理实践，仍然是理论研究和实务操作中需要攻克的重要挑战。因此，我国急需进一步完善知识产权纠纷多元化解决机制，为化解矛盾纠纷夯实制度基础，并且在实践中维护社会和谐稳定。

---

① 郭艳. 多元调解合力有效化解知识产权纠纷[J]. 中国对外贸易，2022(2)：54-55.

第一节　知识产权纠纷的理论概述

一、知识产权纠纷的概念

知识产权纠纷是指知识产权人因行使知识产权或不特定第三人侵犯自己的知识产权与不特定第三人产生的争议。[①] 知识产权纠纷作为纠纷的一种，其本质与一般纠纷无异，[②] 但因其专指知识产权领域的纠纷，故不论是类型还是范围均有其独特之处。

在知识经济时代伴随着第四次科技革命到来的当下，知识产权已经成为国家战略资源和企业竞争要素。与一般的诉讼、仲裁纠纷不同，其权利边界更具有不确定性，故在知识产权纠纷中常需对权利成立与否、权利的范围或权利的归属等问题进行确认，而用于确认的行政程序又可能造成民事诉讼程序的中止，从而导致知识产权纠纷面临情况复杂、解决效率低等困境。[③] 知识产权纠纷是"关涉未来"的纠纷，尤其是对于作为经济基本细胞的企业来说，更是如此。具体来讲，知识产权纠纷是因知识产权的使用、转让、许可、确权、授权等行为而产生的纠纷，对企业影响极为深远，关系着企业的发展前景，甚至生死存亡。[④] 如何加强知识产权保护、提高执法效率已成为各国关注的焦点问题。由于知识产权具有无形性、时效性、权利易逝性等特征，陷入知识产权纠纷中的权利人往往希望快速解决纠纷，加之诉讼和仲裁等纠纷解决机制周期长、对抗性强，不适合知识产权纠纷的快速解决，易破坏企业之间的合作关系，若要走出困境，就需要对新时代背景下的知识产权纠纷予以深刻理解和重新定位，考虑知识产权纠纷与主流纠纷的差异，才能优化中国特色的知识产权纠纷多元化解决机制。

二、知识产权纠纷的类型

(一)按权利划分

1. 著作权纠纷

著作权以控制复制为核心，在网络浪潮的涌动下受到的冲击无疑是巨大的，信息技术

---

① 夏春阳，刘光顺，张怡，等．技术经纪实训教程[M]．南京：东南大学出版社，2015：156.

② 纠纷的本质是主体行为与社会既定秩序和制度以及主流道德意识的不协调或对之的反叛。

③ 徐明，陈亮．《新加坡公约》对我国跨境知识产权纠纷解决机制的影响[J]．电子知识产权，2019 (12)：14-24.

④ 罗林波，宋冬冬，张鹏飞．知识就是财富：知识产权支撑创新发展案例选编[M]．北京：知识产权出版社，2020：27.

的普及使得发表、出版乃至复制等行为都不再是遥不可及的事情，普通公众可以轻易地完成复制等行为，当然这对于促进文化传播而言意义非凡。然而，快速的传播加上传播过程中的不规范行为，一方面导致大量的作品沦为"孤儿"，权属争议不断；另一方面也导致大量侵权纠纷的出现。特别是近年来，随着云技术、人工智能等新兴技术的兴起，更涌现出了一些新问题，比如，短视频等二次创作的兴起所带来的剪辑、拼接、汇编他人作品行为的定性问题；人工智能生成物的可版权性问题、权利归属问题以及传播、应用和保护等问题；自媒体蓬勃发展带来的平台责任界定问题，等等，无不加剧了著作权纠纷的复杂性。

2. 商标权纠纷

商标权纠纷是知识产权纠纷的传统领域，我国的商标权纠纷主要是指在商标竞争中，涉及类似商品的判断、近似商品的认定以及其他具体商标侵权行为的认定所引发的纠纷。近年来，商标权纠纷也体现出了新的特点，比如将他人商标作为自己的网站名称、将他人商标作为竞价排名的关键词等，这些行为无不与网络环境息息相关，而由此引发的纠纷也更为复杂，比如竞价排名的关键词是否属于商标使用，将他人商标注册为域名，是否构成商标侵权以及如何维权等，都是网络环境下商标权纠纷面临的难点。

3. 专利权纠纷

专利权纠纷在知识产权纠纷中占据不小的比例，常见的专利权纠纷案件包括专利申请权纠纷、专利权归属纠纷、专利侵权纠纷、专利许可或专利转让合同纠纷等。21世纪以来，电子商务的兴起使得专利权纠纷更为复杂。随着电子商务的兴起，承诺销售活动能够轻易地跨越法律管辖的界限，但对于承诺销售行为的地理范围如何界定，目前尚未形成普遍认可的标准。未来对于专利侵权行为的定性以及纠纷的解决还有很大的研究空间。

4. 不正当竞争纠纷

反不正当竞争法作为知识产权保护的一部分有其深厚的渊源，我国法学理论将反不正当竞争法归入知识产权法中，同样，司法实践中法院也将不正当竞争案件归入知识产权案件和知识产权审判业务庭的受案范围。①《反不正当竞争法》作为《著作权法》《商标法》《专利法》的兜底法，对于规制侵权行为、保护权利人合法利益具有重要作用。在网络环境下更是如此。不过，网络环境下的不正当竞争行为体现出更强的技术性特征。2017年11月4日，第十二届全国人大常委会第三十次会议修订了《反不正当竞争法》，新法根据网络领

---

① 孔祥俊. 反不正当竞争法原理[M]. 北京：知识产权出版社，2005：9.

域的反不正当竞争的客观需要，专门增加了针对网络领域不正当竞争行为的规定。① 2024年5月，国家市场监督管理总局出台了《网络反不正当竞争暂行规定》，旨在预防和打击网络上的不正当竞争行为，确保市场竞争的公正性，激励创新精神，并保障经营者与消费者的合法权益。

5. 域名纠纷

尽管目前立法未对域名进行定性，但是学术界主流观点认为域名应当纳入知识产权的范畴，理由为域名是经过人的构思、选择、创造性的劳动产生的，是人类的智力成果；域名具有专有性、地域性和时间性等知识产权的属性，同时具有知识产权客体的特性，因此属于知识产权的范畴。② 域名作为一种无形财产，的确具备知识产权客体的特性，而域名纠纷作为一种互联网环境下特有的纠纷也备受关注。常见的域名纠纷主要包括域名抢注以及因域名的注册、使用而引发的权利冲突等。

（二）按原因划分

1. 知识产权民事纠纷

知识产权民事案件大体可划分为三类：一是因知识产权权属引起的纠纷；二是因知识产权合同引起的纠纷；三是因知识产权侵权引起的纠纷。③

（1）权属纠纷。权属纠纷是指主体之间就谁是真正的知识产权人、谁应该具有知识产权所发生的争议，还包括属于单方知识产权人还是共同知识产权人等纠纷。由于知识产权的无形性，其不像大部分物权的客体那样，可以被权利人实际地占有，加上网络的虚拟性等特征使得知识产权的归属常常引发纠纷，尤其是著作权领域，其权利的取得无须经过登记或备案而自创作完成即自动取得，使权属的确定困难重重。

（2）合同纠纷。知识产权合同纠纷在实践中主要集中于双方当事人签订有关转让、许可使用等合同引起的争议，常见的如因许可权利范围不明确而引发的纠纷；因被许可方超越合同授权而发生的纠纷；合同到期后继续使用授权权利引发的纠纷；未按合同约定支付许可费引发的纠纷等。此外，有关合同方面的纠纷还包括对于是否签约、签约内容的确

---

① 2019年，根据《全国人民代表大会常务委员会关于修改〈中华人民共和国建筑法〉等八部法律的决定》，对《反不正当竞争法》又进行了修改。

② 陶鑫良，程永顺，张平. 域名知识产权保护［M］. 北京：知识产权出版社，2001：69-70.

③ 程冰. 知识产权国际私法新问题研究［M］. 北京：人民法院出版社，2020：231.

定、合同解除权的行使等引起的纠纷。比如，通过微信、电子邮件确定的内容是否构成合同；授权方权利存在瑕疵的，被授权方是否有权解除合同等。

（3）侵权纠纷。侵权纠纷在网络知识产权纠纷中占据较大的比例，侵权纠纷包括未经许可使用专属于知识产权人的专有权利而引发的纠纷，如未经许可，复制、发行、改编或者通过信息网络传播他人作品的行为；未经许可在相同或者类似的商品或服务上使用他人注册商标的行为；未经许可为生产经营目的制造、使用、许诺销售、销售、进口其专利产品等行为。此外，知识产权侵权行为还包括假冒他人知识产权的行为，如假冒他人注册商标、假冒他人专利等行为。

2. 知识产权行政纠纷

知识产权行政纠纷是指当事人对知识产权行政管理机关所作出的决定不服而引起的争议，如以知识产权主管机关为被告而起诉到法院要求撤销、变更或者重新作出行政决定的知识产权纠纷案件。

3. 知识产权刑事案件

知识产权刑事纠纷是指作为被害人的知识产权权利人、行使国家公诉权的人民检察院和作为被告人的知识产权侵权人之间因被告人的行为是否构成犯罪以及罪轻、罪重而产生的争议。我国的刑事诉讼案件包括自诉案件和公诉案件两大类。在刑事自诉案件中，知识产权权利人一般是被害人，是原告；知识产权侵权人一般是被告。被害人可以依照《刑事诉讼法》的有关规定提起知识产权刑事诉讼，要求法院通过刑事诉讼程序追究被告人的刑事责任。对于较严重的知识产权犯罪，应由人民检察院作为国家公诉机关依照我国《刑事诉讼法》的有关规定提起知识产权刑事诉讼。①

三、知识产权纠纷的特殊性②

（一）涉及的主体和客体日益广泛

随着知识产权争议的主体和客体范围不断扩大，参与者已经从法人、非法人组织、社会团体延伸到普通公民。争议不仅局限于国内的知识产权问题，也包括跨国的知识产权争端。争议所涉及的客体同样广泛，涵盖了发明专利、实用新型、工业设计、商标、服务标

---

①　刘世宽. 知识产权理论与实践[M]. 兰州：甘肃人民出版社，2007：388.

②　朱少军. 上市公司危机管理[M]. 北京：中国时代经济出版社，2015：185.

志、商号、货源标识、地理标志以及文学和艺术作品等。随着科技的进步，知识产权争议还扩展到了计算机软件、集成电路布图设计及动植物新品种等新兴领域。此外，随着国际交流的日益频繁，涉及外国的知识产权纠纷数量也持续上升。

(二) 对纠纷解决时效要求更高

任何时代，纠纷能够快速解决都是当事人追求的目标，不过，网络时代下，效率显得更为重要。网络所具有的高速传播性以及无地域限制等特征使得侵权行为的扩张可以在转瞬之间实现，由此给知识产权权利人造成的侵权损失也是巨大的，因此，快速解决纠纷成为当事人追求的重要目标，而程序复杂、周期较长的诉讼显然与快速解决纠纷的目标相背离。为了弥补这一不足，越来越多的权利人寄希望于诉讼禁令或者其他更加迅捷的纠纷解决方式，以达到迅速解决纠纷的目的。前者如优酷诉"电视猫"盗链影视作品案，经优酷申请，上海市浦东新区人民法院下发诉前禁令，判令上海千杉网络技术发展有限公司立即停止通过"电视猫"视频软件实施的针对优酷的不正当竞争行为。① 后者如一些非诉讼解决方式在知识产权纠纷中得到更多的应用。

(三) 技术性、专业性更强

知识产权争议不仅涉及自然科学的多个技术领域，还延伸至文学艺术和美学等社会科学领域。这些争议不仅涉及多种法律问题，还常常牵涉复杂且深奥的专业技术知识，尤其是在专利权、著作权和计算机软件相关的争议中表现得尤为明显。知识产权纠纷往往与技术相关，侵权行为越来越"技术化"，比如：P2P 技术被广泛用于盗版传播、聚合软件被用于盗播影视作品、网络云盘成为盗版源集合地，以及屏蔽权利人广告的过滤技术，等等，这些涉嫌侵权的行为无不披上了技术的外衣。知识产权本身在认定上存在难度，如专利的实用性、新颖性、创造性的判定，作品独创性的认定，商标近似性及混淆可能性判定等在实践中并不容易。同时，很多知识产权纠纷争议的焦点不仅仅在于是否违约、是否侵权，更多地集中在是否属于法律保护的范围、权利属性以及权属的认定方面，这是传统的民事纠纷所没有的，进一步加剧了知识产权纠纷的复杂性，使得此类纠纷的解决较之普通的民事纠纷甚至早期的知识产权纠纷需要更强的专业性。实践中"技术中立"原则也往往成为被告的抗辩理由，而要准确定性法律行为，厘清其背后的法律关系，就需要对相应的技术有一定的了解。

---

① 从优酷诉电视猫诉前禁令案浅析我国著作权案件的诉前禁令制度 [EB/OL]. (2018-11-26) [2023-10-13]. http://ip.people.com.cn/n1/2018/1126/c422447-30422764.html.

（四）当事人利益目标具有多元性

信息网络时代，知识产权日益成为获取竞争优势、抢占市场的利器，因此，保护权利不再是权利人唯一的目标，通过知识产权的经营、管理以及企业形象的维护，最终实现对用户以及市场的抢夺和占领是权利人的另一重要目标。同样，对于涉嫌侵权方来讲，网络所带来的"口口相传"的效应，使得企业更加注重形象，也更加忌讳败诉所带来的负面影响，正是当事人双方利益目标的多元化促使了对于知识产权纠纷解决方式的多元需求。

（五）举证较为困难

首先，数字时代的侵权行为具有一定的隐蔽性。例如，当网络型知识产权纠纷发生时，在互联网平台上的相关内容容易被删除，这增大了查证侵权的难度。而且侵权成本低而维权成本高的"倒挂"现象成为数字时代的常态。①

其次，原始权益人自证原创较为困难。一般来说，专利与商标的权属由登记注册部门确认，著作权和计算机软件是以作者完成整个作品的具体时间为权利节点。但是，在专利和商标在国家主管部门完成登记之前、著作权公开发表之前、计算机软件登记之前发生侵权的案件时有发生，在完成确权之前的"窗口期"，原始权益人如欲自证权利则较为困难，需要提供创作痕迹、创作时间脉络、电子或纸质文档以及相关证人证词。

最后，涉密性往往成为知识产权纠纷中的举证障碍。知识产权领域存在着许多商业秘密等未公开的重要信息，这些未公开的信息正是当事人参与市场竞争的关键筹码。因此，当事人在寻求纠纷解决时会格外注重这些信息的保密工作，避免信息外泄带来无法弥补的损失，这有时会增加知识产权纠纷的举证难度。

（六）纠纷解决的国际性

随着全球贸易往来的不断扩大，各国不同规定造成的冲突日益凸显，国际知识产权纠纷呈增多态势。在科技引领社会发展的当下，知识产权领域是各国之间"无硝烟的战场"。例如，近年来由美国发动的中美贸易大战，美国对我国加征关税主要就是围绕知识产权展开，这不仅涉及当事国，而且会影响全球的经济发展。知识产权纠纷的高度涉外性要求我国须尽快提高知识产权保护水平，促进我国企业核心技术发展，完善知识产权纠纷多元化

---

① 郭滕达，周代数，白瑞亮. 区块链技术应用与实践案例［M］. 北京：中国经济出版社，2021：88.

解决机制，为我国企业走向世界创造良好的法治和政策环境。①

第二节　知识产权纠纷的多元化解决途径

一、知识产权纠纷多元化解决的必要性

（一）冲突的多元化带来多元化解决纠纷的需求

人类社会的纠纷解决机制自古以来就是多元化的。当然，国家司法体制下的诉讼制度自其产生以来便一直在其中处于重要地位。在历史的长河中，社会主体对于多元化的认识和需求经历了一个从自然发展到有意识追求的转变。② 20 世纪下半叶，第二次世界大战后的国际社会步入了一个社会经济发展的繁荣时期，西方国家在此过程中扮演了推动世界经济复苏和飞跃的主导角色。随着经济和社会的快速恢复与发展，新的利益冲突和纠纷类型层出不穷，现代化进程中的社会关系变得更加错综复杂。主体多元化带来了价值观和文化传统的多样化，利益多元化也导致了冲突的多样化。面对这样的背景，社会对多元化纠纷解决机制的需求应运而生。

（二）单一诉讼途径不足以应对社会对多元化争端解决方式的需求

在纠纷数量激增的背景下，诉讼作为最传统、公正和权威的解决方式，正逐渐显露出承载力不足的迹象。案件总量与法院处理能力之间的严重失衡导致许多国家法院案件积压严重，出现了所谓的"诉讼爆炸"现象。学者认为，诉讼作为一种社会机制和权力行使手段，具有多重基本功能：首先，其直接目的是解决争端、调整利益冲突、保护社会主体的合法权益；其次，通过法律的适用，诉讼确认、实现或发展法律规范，确保法律调整机制的有效运作，从而建立和维护稳定的法律秩序；最后，诉讼最根本的功能在于维护社会的政治秩序和国家权力的合法性。③ 在诉讼的这三项功能中，解决争端和化解冲突是最直接也是最基本的，是实现其他功能的基础。如果法院无法有效满足社会定分止争的需求，诉讼的多层次功能就无法得到实现。公正与效率如同硬币的两面，在个案中难以同时兼顾，诉讼延迟成为诉讼程序中的重大挑战。④ 当诉讼的延迟和高昂成本成为诉讼的痛点，法院

---

① 陈寒非．首都法学教育研究［M］．北京：对外经济贸易大学出版社，2020：119.
② 范愉．非诉讼纠纷解决机制研究［M］．北京：中国人民大学出版社，2000：17.
③ 范愉．非诉讼纠纷解决机制研究［M］．北京：中国人民大学出版社，2000：31-34.
④ 梁平，陈焘．论我国知识产权纠纷解决机制的多元构建［J］．知识产权，2013（2）：54-58，88.

已难以应对日常的纠纷解决时，司法改革变得迫切。由于单一诉讼无法满足社会多元化解决争端的需求，法院开始将部分解决纠纷、化解冲突的功能转移出去，各种替代诉讼的争端解决方式应运而生，极大地拓宽了社会争端解决的途径。

(三)我国知识产权纠纷解决的质量有待提高

自20世纪60年代末期起，一场社会运动的浪潮从美国开始，迅速扩展至欧洲、日本、韩国、澳大利亚等多个国家和地区，催生了"ADR"制度(Alternative Dispute Resolution，即替代性纠纷解决机制)。"社会越复杂，纠纷解决的方式、手段也越丰富，构建多元化的纠纷解决机制就越重要。"[1]为了缓解司法资源紧张与司法需求增长的矛盾，法院也迫切需要发挥ADR解决纠纷的优势。[2] 在ADR与诉讼的配合与衔接中，法院的功能也发生了一定的转变：从纠纷解决更多地向规则的发现和确认、利益的平衡乃至决策方向转化，而一部分纠纷解决的功能将转由ADR承担。[3]

当前，国内对ADR的研究呈现一定程度的单一化趋势，将ADR的发展原因完全归因于诉讼案件的激增，并将其主要功能视为减轻法院的负担。这种观点可能会让人误以为ADR的主要作用仅仅是分流诉讼案件。然而，实际上，社会和当事人在利益、价值观、偏好以及实际需求等方面呈现出多样性，这本质上要求有多样化的争端解决途径和更广泛的选择权。因此，即便诉讼压力不大，法院诉讼程序运行顺畅，ADR仍然能够扩大权利救济的范围并提升争端解决的质量，具有其存在的合理性和必要性。正是基于这一点，为了提高知识产权争端解决的效率和质量，我国的司法改革应当明确避免将诉讼作为唯一的目标，而应充分发挥ADR在实现多元化价值方面的社会功能。

二、知识产权纠纷多元化解决的可行性

(一)构建多元化纠纷解决机制现实环境已经具备

现阶段的经济、文化以及技术发展等因素为多元化纠纷解决机制的确立提供了良好的环境。以互联网、大数据、云计算、人工智能等为代表的信息技术，为多元化纠纷解决机制的建立提供了强大的科技支撑。互联网的普及使得在线纠纷解决成为可能，事实上各地法院已经在探索网上立案、在线开庭、电子送达等依托互联网的便捷诉讼模式。当然，目前以法院为核心建立的在线诉讼解决方式依然以诉讼为主，并没有实现真正的多元化，还

---

① 范愉. ADR原理与实务[M]. 厦门：厦门大学出版社，2002：27.
② 徐钝. 国家治理语境下司法能力嵌入与生成原理[M]. 武汉：武汉大学出版社，2017：184.
③ 朱榄叶，刘晓红. 知识产权法律冲突与解决问题研究[M]. 北京：法律出版社，2004：67.

有待进一步丰富和完善；再比如云技术的发展，以云计算为智慧管理手段，能够实现纠纷受理、分流、化解、反馈的数据全覆盖，对纠纷的在线咨询、在线调解、在线立案、在线审判等各类数据进行多层次比对分析，为高效、公正的在线纠纷解决提供可能。①

(二)纠纷多元化解决机制理论基础探索初成

国内外对于纠纷解决机制的探索为纠纷多元化解决制度的建立提供了理论支撑和实践经验。美国早在20世纪就已经在探索纠纷多元化解决机制，并已采用ADR来解决知识产权纠纷。美国ADR主要包括调解(Mediation)、微型审判(Mini-trial)、早期中立评估(Early Neutral Evaluation)、简易陪审团审判(Summary Jury Trial)、仲裁(Arbitration)等。事实上，伴随着ADR法律地位、应用范围、发展格局的不断提升，ADR与20世纪中叶以来西方国家"接近正义"运动汇聚，成为构建多元化纠纷解决机制的潮流，极大地丰富了争议解决制度，使各类解纷机制呈现百花齐放、迅猛发展的态势。② 在过去的几十年间，非诉方式始终是解决国际纠纷的首选，并以此为基础形成了相应的公约体系，甚至在晚近更推动了跨境诉讼的革新并加强各机制的交互影响。《承认及执行外国仲裁裁决公约》(以下简称《纽约公约》)、《联合国关于调解所产生的国际和解协议公约》(以下简称《新加坡调解公约》)为仲裁裁决以及调解协议的全球流通搭建了国际框架，从而形成了诉讼、仲裁与调解并驾齐驱并相互竞争的格局。上述纠纷多元化解决的制度成果为知识产权纠纷多元化解机制的构建夯实了基础。

(三)纠纷多元化解决的中国经验不断积累

我国同样对纠纷多元化解决机制不断进行深入探索，并有着成功的历史经验。在抗日战争时期，马锡五实行审判和调解相结合的方式取得了良好的社会效果。诞生于20世纪60年代的"枫桥经验"不断与时俱进，在实践中丰富发展，特别是党的十八大以来，创造性地解决不同时期的社会矛盾和问题，形成了特色鲜明的新时代"枫桥经验"，并彰显出旺盛的生命力。这些历史上的成功经验创造了具有中国特色的、符合新时代需求的纠纷多元化解决机制，既为不同的社会主体提供多种选择，也根据纠纷的发展变化在各种解决纠纷的方式之间进行动态的转换，有助于为知识产权纠纷的多元化解决机制的创新完善提供理论经验。

我国也在实践中不断探索知识产权案件的处理方式，这有别于其他国家主要通过立法推动ADR的路径。改革开放以来，由于立法和顶层设计的条件不够成熟，多元化纠纷解

---

① 胡仕浩，龙飞，马骁. 多元化纠纷解决机制的中国趋势[J]. 人民司法·应用，2018(1)：28-31.
② 刘晓红. 论我国民商事纠纷多元化解决机制的现代化[J]. 东方法学，2023(2)：162-178.

决机制的建构和改革始终是以摸着石头过河的方式在实践中探索前行。在这一进程中，基层人民法院的实践和最高人民法院的司法政策形成上下呼应，起到了不可替代的引领和推动作用。法院在工作中注意拓展纠纷的多元化解决渠道，立法也进一步完善非诉讼的多元化解决途径，包括进一步完善人民调解制度，探索知识产权纠纷的仲裁解决方式。社会力求通过多种途径解决知识产权纠纷，真正做到案结事了。这一方面切实减轻了人民法院的案件压力，提高了司法质效；另一方面，也满足了人民群众不断增强的公正高效地解决纠纷的需求。大量的实践也淬炼了制度的韧性并实现了从理论向制度的跃升，形成了现代多元化纠纷解决机制。

(四)纠纷多元化解决的顶层设计不断加强

随着改革开放的不断深化，经济的快速增长和社会的快速变迁带来了日益增多的社会矛盾。在某种程度上，体制转型期也是社会矛盾的高发期。毫无疑问，有效解决这些矛盾和纠纷，维护社会主体间的和谐与稳定，是推进法治社会建设和国家治理现代化的关键任务。① 因此，我国的法治建设也愈发重视纠纷解决机制的完善，并沿着多元化的路径展开改革。尤其是党的十八大以来，在以习近平同志为核心的党中央领导下，全面依法治国工作深入推进，多元化纠纷解决机制的形塑也进入加速期。2015 年，中共中央办公厅、国务院办公厅发布的《关于完善矛盾纠纷多元化解机制的意见》，从国家治理的顶层设计上全面规划了多元化纠纷解决的体制与模式，基本形成了符合我国国情和纠纷解决规律的解纷机制。2016 年，最高人民法院发布的《关于人民法院进一步深化多元化纠纷解决机制改革的意见》明确了法院推动多元化解纷的立场与路径。也正是在中央的领导和推进下，过去几年来，立法、行政与司法机关不断加强对以仲裁和调解为代表的非诉纠纷解决机制的支持，推动中国仲裁制度的改革和调解制度的完善，逐步建立起一套更为健全的社会化、市场化的纠纷解决机制，形成了"把非诉讼纠纷解决机制挺在前面"的解纷理念，② 各地的纠纷解决机制完善也以多元化解纷为目标展开。例如，在《上海市促进多元化解矛盾纠纷条例》中，其强调多元化解矛盾纠纷工作应当以非诉讼纠纷解决机制为先，加强矛盾纠纷源头预防和诉源治理，完善预防性制度，构建有机衔接、协调联动、高效便捷的多元化解矛盾纠纷工作机制。换言之，党的十八大以来，中国已经明确了多元化纠纷解决机制的基本思路，为中国式知识产权纠纷多元化解决机制的建设完善提供了制度保障。

---

① 张文显. 法治与国家治理现代化[J]. 中国检察官，2014(23)：79.
② 习近平. 习近平主持召开中央全面深化改革委员会第十八次会议强调完整准确全面贯彻新发展理念 发挥改革在构建新发展格局中关键作用[N]. 人民日报，2020-02-20(1).

三、知识产权纠纷多元化解决机制的传统途径

知识产权纠纷的传统解决途径主要包括司法、行政及其他机制。司法解决机制是保障权利的最后屏障，追求公平正义且裁判具有终局性和权威性，尤其在复杂技术类案件中备受青睐。法院可通过判决或调解解决纠纷，判决书是认定侵权的权威依据，有助于权利人制止同类侵权。但诉讼普遍存在周期长、费用高、举证难等问题，虽然设立了专门知识产权法院和法庭以提升专业性和效率，其资源仍难以满足日益增长的案件需求。

行政解决机制主要包括行政裁决和行政调解。机构改革后，市场监管部门统一负责商标、专利行政执法。行政途径能主动调查取证，高效处理事实较清晰的侵权纠纷，减轻权利人负担。但行政调解协议缺乏强制执行力，行政裁决则可能因当事人提起行政诉讼而削弱效率，部分执法部门对此较为谨慎。

其他解决机制以调解和仲裁为主。调解强调高效、灵活、保密，能快速满足当事人核心诉求，并通过司法确认、支付令等方式强化协议效力，国际调解协议的执行力也因公约而提升。仲裁则以其保密性、专业性、一裁终局和经济高效见长，当事人可自主选择专家仲裁员，常与调解结合以增强约束力。这些非诉方式共同构成了多元化解决机制的重要补充。

第三节　我国知识产权纠纷多元化解决机制的现代化

一、百年未有之大变局中的知识产权纠纷解决机制亟须完善

世界正处于大发展大变革大调整时期，和平与发展仍然是时代主题。世界多极化、经济全球化、社会信息化、文化多样化深入发展，全球治理体系和国际秩序变革加速推进，各国相互联系和依存日益加深，国际力量对比更趋平衡，和平发展大势不可逆转，[1] 百年未有之大变局已成为不可逆转的国际格局演进趋势。随着这一趋势的推动，全球治理结构正步入一个快速变革的阶段，其中所包含的争端解决机制也面临着新的发展变化。

(一) 我国现有知识产权纠纷多元化解决机制存在的问题

1. 知识产权司法解决机制的局限性

在我国，诉讼是处理知识产权争议的主要手段。与其他解决知识产权争议的方式相

---

[1]　习近平. 决胜全面建成小康社会 夺取新时代中国特色社会主义伟大胜利——在中国共产党第十九次全国代表大会上的报告[N]. 人民日报, 2017-10-28(1).

比，诉讼以其程序的严谨性和裁决的终局性而受到当事人的青睐。但是，考虑到知识产权客体的独特性，传统的诉讼途径在处理知识产权纠纷时不可避免地显露出局限性。这种局限主要与知识产权诉讼的效率和司法实践的发展水平有关，诉讼程序与知识产权领域对专业性和效率的高要求难以完美对接。知识产权诉讼往往耗时较长，经常需要经过多个审级，而基于多次判决的"迟来的正义"不仅削弱了司法的权威性，还可能导致知识产权的价值受损。此外，知识产权诉讼审判主体的多元化也降低了司法的一致性，有时甚至会影响案件的审判质量。[1]

2. 现有知识产权纠纷非诉解决模式的不足

为了减轻法院的诉讼负担，近年来，我国法院一直在积极推动当事人通过非诉讼途径解决争议，并已取得一定成效。在调解方面，实践表明，我国知识产权领域的非诉讼调解主要由司法调解主导，民间调解和行政调解的应用相对较少。绝大多数知识产权纠纷的调解工作还是由法院来组织，行业调解等民间调解的作用空间十分有限。至于仲裁，以北京仲裁委员会为例，2019 年受理的知识产权纠纷案件仅占 6.49%，且主要涉及知识产权合同争议。[2] 在一些知识产权资源较为匮乏的城市，仲裁机构面临的知识产权案件数量极少，甚至出现了"无案可裁"的窘境。尽管我国已经建立了多元化的纠纷解决机制，但在实践中，这些机制尚未能充分发挥其应有的作用。

3. 诉讼与非诉纠纷解决方式衔接不畅

首先，诉讼与仲裁在法律层面的衔接面临挑战。仲裁和诉讼作为两种独立的争议解决机制，其并行不悖的前提是有效的仲裁协议，这通常排除了法院对相关争议的管辖权。若强行融合仲裁与诉讼，不仅违背了当事人的自主意愿，也可能削弱仲裁和诉讼各自的制度优势。因此，探索诉讼与仲裁之间的合理衔接方式，是实现多元化纠纷解决机制现代化的关键议题。

其次，诉讼与调解在实际操作中的衔接也存在难题。商事调解依赖于专业机构和专业人员，与传统法院在诉讼中进行的调解有所不同。如何界定诉讼程序内调解与专业化调解的界限，是一个值得关注的问题。特别是在《新加坡调解公约》的背景下，法院主导的调解难以被纳入公约的适用范围，这可能会降低当事人在诉讼过程中选择调解的意愿。[3] 因

① 黄国群，徐丽红. 知识产权领域的"新枫桥经验"：典型案例与启发[J]. 科学学与科学技术管理，2023，44(8)：81-93.
② 北京仲裁委员会/北京国际仲裁中心. 年度观察专题　中国知识产权争议解决年度观察(2022)[EB/OL]. (2022-11-14)[2023-10-12]. https：//www. bjac. org. cn/news/view？id=4433.
③ 孙南翔.《新加坡调解公约》在中国的批准与实施[J]. 法学研究，2021，43(2)：156-173.

此，实现传统法院调解与专业商事调解的有效衔接，是消除两者之间障碍的核心环节。

最后，仲裁与调解的衔接在实际操作中存在风险。尽管仲裁与调解的衔接已成为国内外解决争议的常见做法，但在实践中也暴露出不少问题。特别是当事人普遍担心在调解过程中作出的让步会被仲裁员获知，并可能基于此作出不利于当事人的裁决，从而损害当事人的利益。为此，包括国际商会、国际仲裁院在内的多家国际仲裁机构在规则设计上推动建立仲裁与调解之间的"隔离墙"，以确保两者的独立性，并强调采用"背靠背"调解方式来保护当事人的合法权益。① 因此，在仲裁与调解机制的衔接中，如何防范相关问题的发生也是完善我国纠纷解决机制需要面对的问题。

（二）数字经济给知识产权保护带来新问题和新挑战

党的二十大报告强调了加快建设数字中国和发展数字经济，以及促进数字经济与实体经济深度融合。2023 年 2 月，中共中央、国务院发布了《数字中国建设整体布局规划》，明确指出建设数字中国是数字时代推进中国式现代化的重要引擎，也是构筑国家竞争新优势的有力支撑，并为数字中国的建设提供了全面的规划和顶层设计。这一切都预示着"未来已至"。随着数字经济的迅猛发展，知识产权保护领域出现了新的保护对象，产业边界不断扩展，权利链条日益复杂，无形资产的重要性与日俱增。新技术、新业态、新模式的不断涌现，使得风险和隐患不断累积，给知识产权的保护和争议解决带来了新的挑战和任务。同时，数字经济也缩短了创新与应用的周期，对知识产权保护的效率提出了更高的要求。② 在数字化背景下，侵权行为变得更为隐蔽和复杂，其影响范围也更加广泛。由此引发的争议可能具有涉及多方主体、法律关系错综复杂、证据收集和固定更为艰难等特点，这些都对解决纠纷的机构和专业人员提出了更高的要求。

（三）推进高水平对外开放中知识产权纠纷解决的需求剧增

随着我国对外开放水平的不断提升，对外投资规模持续扩大。2023 年上半年，我国对外非金融类直接投资额达到 4316.1 亿元人民币，同比增长 22.7%。③ 随着中国企业"走出去"的步伐加快，它们在海外遇到的知识产权纠纷也日益增多。《2022 年中国企业在美知识产权纠纷调查报告》显示，中国企业在美国的知识产权诉讼案件数量、涉诉企业数量以

---

① 温先涛.《新加坡公约》与中国商事调解——与《纽约公约》《选择法院协议公约》相比较[J]. 中国法律评论，2019(1)：198-208.

② 数字经济给知识产权保护带来新问题新挑战 贸仲委探索提升知识产权仲裁服务专业化水平[N]. 法治日报，2023-04-26(4).

③ 商务部：上半年我国对外非金融类直接投资同比增长 22.7%[EB/OL]. (2018-11-26)[2025-06-07]. http://m.thepaper.cn/newsDetail_forward_23920125.

及"337 调查"涉及的中国企业数量均有所上升。

为了维护高水平对外开放，我国的仲裁和调解制度急需改革和完善，以提升其竞争力和公信力，并发挥其在解决纠纷方面的优势。2018 年，最高人民法院成立了第一国际商事法庭、第二国际商事法庭，根据相关规定，这些法庭建立了集诉讼、仲裁、调解于一体的"一站式"国际商事纠纷解决平台，致力于推动多元化纠纷解决机制的发展和完善。特别是在国际商事法庭（CICC）的制度建设方面，各级人民法院通过一系列改革措施，不断提升解决纠纷的能力，使其成为新时代司法保障对外开放的重要平台。CICC 希望通过构建"一站式"纠纷解决机制，提高解决纠纷的效率和质量。

然而，CICC 在多元化纠纷解决方面仍面临一些制度性挑战。首先，受限的受案方式导致审前调解的作用未能得到充分发挥，这阻碍了"一站式"纠纷解决机制展现其高效和便捷的优势。其次，审前调解和诉讼调解的同时存在使得"一站式"纠纷解决机制的定位变得不明确。《最高人民法院国际商事法庭程序规则（试行）》中提出的审前调解旨在通过以国际商事专家委员会或调解机构为主体，为当事人提供专业的调解服务，并实行"调审分离"。但该规则第 27 条同时规定了诉讼调解，允许法官主持调解程序并促成双方当事人达成协议，形成了"调审合一"的模式。[1] 这种情形使得审前调解与诉讼调解在同一司法程序内并存，导致调解与诉讼的界限变得模糊，进而可能在程序执行过程中引起权利与义务的不平衡。[2] 此外，专家委员会在调解中的角色定位不够明确，这使得其难以与《新加坡调解公约》的要求相适应。尽管国际商事专家委员会负责调解案件，但根据《新加坡调解公约》，法官或仲裁员在司法程序或仲裁程序中促成的和解并不被视为公约所涵盖的调解协议。[3] 由专家委员会主持的调解究竟是一个独立的调解过程还是司法程序的一部分？这一问题界定模糊，直接影响了调解结果的可执行性。同时，与国际上的情况相比，我国目前尚未建立起一支专业化的知识产权调解员队伍，这使得国内外当事人对于将案件交由中国调解机构处理持保留态度。

二、我国知识产权纠纷多元化解决机制的现代化进路

（一）实现知识产权纠纷多元化解决机制的中国式现代化

推进多元化纠纷解决机制的现代化进程，首要任务是与国际纠纷解决机制的发展趋势

---

①　刘晓红. 论我国民商事纠纷多元化解决机制的现代化[J]. 东方法学，2023（2）：162-178.

②　张辉，张德峰. 我国法院调解制度的博弈分析——再论调审分离[J]. 时代法学，2005（3）：38-44.

③　薛源，程雁群. 以国际商事法庭为核心的我国"一站式"国际商事纠纷解决机制建设[J]. 政法论丛，2020（1）：149-160.

保持一致。中国法治的现代化进程与全球法治的互动密不可分。

　　同时，作为法律体系的一部分，纠纷解决机制也将受到全球化法律趋势的影响。虽然法律全球化的确切含义尚不明确，但它已经形成了一种"非国家化""标准化""趋同化""一体化"的法律发展态势，对全球各国的法律体系构建产生了深远的影响。特别是在纠纷解决机制已经成为国际社会广泛认可的文明实践的情况下，积极融入这一体系将有助于增强我国纠纷解决机制的国际竞争力。

　　然而，一个国家走向现代化，既要遵循现代化一般规律，更要符合本国实际，具有本国特色。① 中国的现代化进程既包含各国现代化的普遍特征，也具有基于本国国情的独特性。因此，在推动我国知识产权纠纷多元化解决机制现代化的过程中，我们既要关注又要吸收知识产权纠纷解决机制发展中的普遍经验和制度成果，特别是在仲裁和调解成为国际社会广泛接受的纠纷解决方式的背景下，推动相关立法和制度与国际标准接轨，满足现代化的需求。同时，我们也要注意，不能简单地将国外的 ADR 制度直接移植到我国的法律体系中，而应将其与我国的法律实践相结合，以实现我国法律的创新和发展。②

　　经验表明，"马锡五审判方式"和"枫桥经验"为我国知识产权纠纷多元化解决机制的完善提供了深刻的洞见。法院在构建纠纷解决机制中扮演着核心角色，被视为解决争议的最终屏障。因此，在推进多元化纠纷解决机制现代化的当前阶段，法院的支撑作用依然不可或缺。在法院的引领下，我们既要提升诉讼解决争议的效率，满足公众的实际需求并增强对法院的信任；也要在改革中设计纠纷分流和化解的制度，在符合我国国情的基础上，鼓励仲裁和调解更积极地参与争议解决。在构建和完善知识产权纠纷多元化解决机制的过程中，我国应当融合国际经验与本土特点，以丰富知识产权争议解决领域的新模式和新成就。

（二）加强知识产权诉讼的前端化解工作

　　习近平总书记在 2019 年的中央政法工作会议上提出了关键指导，强调要"把非诉讼纠纷解决机制挺在前面"。随后在 2021 年，中央全面深化改革委员会第十八次会议通过了《关于加强诉源治理推动矛盾纠纷源头化解的意见》，该文件倡导从源头上防控和多元化解决纠纷的社会治理理念，强调需要将更多的法治资源投入引导和疏导环节，强化矛盾纠纷的源头预防、前端处理和关键节点控制，并完善预防性法律制度，以减少诉讼案件的数量。近年来，人民法院以诉源治理为目标，大力推进改革，致力于打造一个"社会调解优

---

　　① 习近平在学习贯彻党的二十大精神研讨班开班式上发表重要讲话 强调正确理解和大力推进中国式现代化[N]. 人民日报，2023-02-08(1).
　　② 何勤华. 法的国际化与本土化：以中国近代移植外国法实践为中心的思考[J]. 中国法学，2011(4)：43-52.

先、法院诉讼断后"的分层过滤体系，从根本上减少诉讼案件的数量。

具体实施措施包括在诉讼程序启动前，人民法院引导、鼓励并支持当事人选择行政和解、行政复议、行政裁决、行政调解或申请仲裁等非诉讼途径解决争议。对于那些诉讼请求可能无法得到支持，但存在迫切需要解决的实际困难的案件，法院会引导当事人先行通过诉前调解处理。同时，对于通过诉前调解或其他非诉讼机制解决的争议案件，人民法院将根据实际需要，指导相关机构和人员深入了解行政争议的背景，准确识别争议当事人、争议行政行为及争议焦点，促进当事人围绕争议焦点进行调解，并在对被诉行政行为的合法性进行初步评估的基础上，协助当事人达成共识。

(三)知识产权纠纷的诉讼与非诉讼衔接机制的制度化

实施以"分类施策"为核心的知识产权保护政策，构建与知识产权案件分类规律相适应的纠纷解决机制，强化与行政机构、行业协会、调解组织的协同合作，实现在程序协调、效力认定、法律指导等方面的无缝对接，对于构建预防和解决知识产权纠纷的全面合作体系具有重大意义。[①]

1. 知识产权纠纷调解确认机制

调解通常是基于双方当事人自愿达成的协议来解决争议。然而，在当前知识产权调解的实际操作中，由于缺乏公权力的参与，调解协议的效力与普通合同相似，不具备强制执行的法律效力，仅具有证据的作用。当一方当事人不履行调解协议时，另一方往往不得不再次诉诸诉讼等具有强制执行力的解决途径，这不仅导致争议解决过程的反复，也造成了司法资源的不必要消耗。[②]

知识产权纠纷的诉讼与调解衔接机制起源较早，其历史可以追溯到 2011 年发布的《湖南省专利条例》。该条例通过司法确认知识产权纠纷调解协议的方式，构建了行政调解与司法审查之间的联系。以专利纠纷为例，2011 年出台的《湖南省专利条例》首次确立了诉讼与调解的衔接机制。该机制在长沙市岳麓区人民法院得到了试点和实施，成为全国首个获得最高人民法院批准的改革示范案例。[③]《专利法修改草案(送审稿)》第 61 条正式将行政调解制度纳入立法框架，规定在未经司法审查的情况下，专利纠纷的行政调解结果可以直接确认并执行，但这一规定仍存在科学性的不足，引发了广泛的争议。2021 年发布的《关于加强知识产权纠纷调解工作的意见》提出了构建一个有机衔接、协调联动、高效便捷的

---

① 陈亚娟. 知识产权司法保护前沿(第 3 辑)[M]. 北京：知识产权出版社，2022：12.
② 梁平，陈焘. 论我国知识产权纠纷解决机制的多元构建[J]. 知识产权，2013(2)：54-58，88.
③ 参见《湖南省专利条例》第 31 条。

知识产权纠纷调解工作机制。2022 年的《深入实施〈关于强化知识产权保护的意见〉推进计划》进一步明确了建立依据当事人申请的知识产权纠纷行政调解协议司法确认制度的必要性。然而，目前对调解确认机制的研究主要集中在人民调解领域，尚未充分结合知识产权的授权特性、行政调解的特殊要求以及行业调解的专业需求进行深入探讨。

知识产权纠纷调解确认机制是一项正在探索中的司法改革措施，它在实践中遇到了与一般民商事调解不同的复杂问题，同时在立法过程中也存在一些需要解决的重大争议。因此，对其价值合理性进行论证和对其机制构建的合理性进行探讨显得尤为重要，且具有深远的意义。司法确认机制是强化调解与诉讼程序衔接的有效途径，能够赋予知识产权纠纷调解协议实质性的法律效力，从而从根本上解决调解协议缺乏强制执行力的问题。对知识产权纠纷调解确认机制进行科学化设计和系统性完善，有助于实现制度的专业化、规范化和实效化，有助于预防和解决多元机制整合过程中可能出现的制度冲突，激发制度的活力，并展示其广泛的应用潜力。

2. 数字赋能知识产权纠纷解决机制的发展

知识产权争议与其他民事纠纷有所区别，尤其在事实认定上，它们更多涉及专利技术、商标等专业领域的知识。随着跨境电子商务的兴起，相关的知识产权争议日益增多，这要求人民法院在处理这些专业案件时能够精确地认定事实。同时，跨境电子商务相关的金融和文化服务等投资领域的不断发展，使得知识产权争议呈现出多样化、复杂化和新型化的趋势，这对解决这些争议提出了更高的要求。

数字化是多元化纠纷解决机制现代化的一个显著特征。数字技术的进步推动了人类生活方式的转型，为纠纷解决机制的发展带来了新机遇。近年来，在最高人民法院的积极推动下，智慧司法已成为中国司法体系的一张亮丽名片。最高人民法院提出的"数字时代司法新模式"强调利用大数据、人工智能等技术，构建智能化办案系统，以司法服务赋能为核心，推广"指尖"立案、"云端"办案、"智慧"执行，积极构建互联网司法新模式。对于仲裁和调解等非诉讼纠纷解决方式，人民法院在尊重当事人意愿的基础上，引导并协助当事人和律师通过线上多元化调解平台等网络途径解决争议。同时，鼓励各级人民法院、司法行政部门和律师协会整合人民调解、行政调解、行业调解、律师调解等资源，完善在线纠纷调解机制，有效促进在线纠纷的解决。① 网络纠纷解决方式正日益成为主流，并推动相关基础设施与服务的进步。因此，在推进多元化纠纷解决机制现代化的过程中，我们应进一步挖掘数字技术的潜力，将多元化纠纷解决转变为数字化纠纷解决。具体而言，将大

---

① 浙江省高级人民法院、浙江省司法厅、浙江省律师协会于 2020 年 5 月联合发布《关于进一步加强在线诉讼的若干意见》。

数据、人工智能等技术融入纠纷评估、案件分流等环节，以此塑造我国知识产权纠纷解决机制的独特优势和显著特点。

（四）小结

知识产权纠纷解决机制囊括了社会中用于解决知识产权争议的各种方式和制度，它不是简单地堆砌各种解决手段，而是对这些手段进行"有效整合"，形成一个灵活且能根据实际情况及时调整的系统。诉讼作为权利救济的最后一道防线，在纠纷解决中扮演着关键角色，但司法程序往往因耗时长、成本高、证据收集困难等问题而受到诟病。与之相比，行政裁决、行政调解、人民调解、仲裁等其他纠纷解决机制则以其时间短、成本低、保密性好等优点脱颖而出，尽管它们也存在非终局性和缺乏强制力等不足。

因此，在处理知识产权纠纷时，需要构建一个融合"行政、司法、仲裁、调解"的多元化纠纷解决机制。这一机制应综合运用司法、行政、仲裁、调解、公证、鉴定、行业自治等多种手段，发挥调解、（在线）仲裁等途径的功能，以及行政执法保护的快速优势，有效处理和化解大部分知识产权纠纷，确保司法作为最后防线的核心作用。同时，在推动国内法治和涉外法治协调发展的大背景下，应加强知识产权保护的区域合作和国际合作，构建多元化纠纷解决机制，实现知识产权保护体系的统一、协调、顺畅、高效。这将帮助市场主体合理规划维权路径，充分发挥救济程序的作用，确保知识产权纠纷得到公正、迅速、高效地解决。

第二章　知识产权纠纷诉讼解决机制

第一节　知识产权民事诉讼

一、知识产权民事诉讼概述

(一)知识产权民事诉讼的概念和特征

知识产权民事诉讼是指人民法院在双方当事人和其他诉讼参与人的参加下，在审理和执行知识产权民事案件的过程中所进行的各种诉讼活动以及由这些诉讼活动所产生的各种民事诉讼法律关系的总和。

知识产权民事诉讼除具备民事诉讼的公权性、程序性、强制性、终局性和权威性的特征外，与其他类型民事诉讼相比，具有专业技术性强的特点。专业技术性强是因为知识产权民事诉讼主要涉及发明、实用新型、外观设计专利权、商标权、著作权、植物新品种、集成电路布图设计、网络域名、商业秘密等技术性案件，此类案件往往要求专业领域深厚的技术功底。例如，判定他人实施的行为是否涉嫌专利侵权，需要认定他人制造、使用、销售、许诺销售、进口的产品是否属于专利产品，要判断该产品是否属于专利产品，需要看该产品的技术特征是否全部落入专利权利要求书载明的所有技术特征的范围内。而对权利要求书载明的技术特征进行解读很有可能会涉及化学、物理等方面的知识。因此，知识产权民事诉讼法律关系的主体，包括原告、被告、人民法院均需了解其中的技术特征和技术的市场价值。只有如此，才能更好地解决民事诉讼中的取证、质证问题，才能提出适合的诉讼请求，计算出相应的赔偿额度，案件才能公平公正地审理。

(二)知识产权民事诉讼的分类

根据不同的标准，可以对知识产权民事诉讼作出不同的分类。

(1)根据知识产权权利基础的不同，可以将知识产权民事诉讼分为著作权民事诉讼、商标权民事诉讼、专利权民事诉讼、植物新品种民事诉讼、集成电路布图设计民事诉讼、网络域名民事诉讼等。著作权民事诉讼是指因著作权的创作、转让、许可使用、侵权等产生的民事诉讼；商标权民事诉讼是指因商标确权和商标的转让、许可、侵权等产生的民事诉讼；专利权民事诉讼是指因专利确权和专利的开发、转让、许可、侵权等产生的民事诉讼；植物新品种民事诉讼是指因植物新品种确权和植物新品种的育种、转让、许可、侵权等产生的民事诉讼；集成电路布图设计民事诉讼是指因集成电路布图设计确权和集成电路布图设计的创作、转让、许可使用、侵权等产生的民事诉讼；网络域名民事诉讼是指因网络域名确权和网络域名的注册、转让、许可、侵权等产生的民事诉讼。

（2）根据产生依据的不同，可以将知识产权民事诉讼分为知识产权合同纠纷民事诉讼、知识产权侵权纠纷民事诉讼和知识产权权属纠纷民事诉讼。知识产权合同纠纷民事诉讼是指因知识产权合同的订立、转让、许可使用产生争议而引发的民事诉讼；知识产权侵权纠纷民事诉讼是指因侵犯知识产权权利人或者利害关系人的知识产权而引发的民事诉讼；知识产权权属纠纷民事诉讼是指因一方当事人对另一方当事人所享有的知识产权的归属有争议而引发的民事诉讼。

（3）根据诉讼请求的不同，可以将知识产权民事诉讼分为知识产权给付之诉、知识产权变更之诉和知识产权确认之诉。知识产权给付之诉是指原告请求被告履行一定给付义务之诉，知识产权民事诉讼多为给付之诉；知识产权变更之诉是指原告请求法院变更某种法律关系之诉；知识产权确认之诉是指原告请求法院确认其主张的法律关系存在或不存在之诉，确认之诉可以分为积极的确认之诉与消极的确认之诉。一般情况下，当事人会提起积极的确认之诉，但为了制止知识产权权利人以维权的名义妨害原告正常的经营活动，《民事案件案由规定》第五部分第十四类第 169 条规定了确认不侵害知识产权纠纷之诉。确认不侵害知识产权纠纷包括确认不侵害专利权纠纷、确认不侵害商标权纠纷、确认不侵害著作权纠纷、确认不侵害植物新品种权纠纷、确认不侵害集成电路布图设计专有权纠纷及确认不侵害计算机软件著作权纠纷。

（三）知识产权民事诉讼法律规范

目前，我国涉及知识产权民事诉讼的法律规范主要有三类：第一类是民事诉讼程序法律法规和司法解释，例如《民事诉讼法》《最高人民法院关于适用〈中华人民共和国民事诉讼法〉的解释》（以下简称《民诉法解释》）等。第二类是国家立法机关和最高人民法院针对知识产权民事诉讼程序的特别规定，例如《最高人民法院关于知识产权民事诉讼证据的若干规定》（以下简称《知识产权证据规定》）等。第三类是知识产权实体法律法规和司法解释，例如《专利法》《商标法》《最高人民法院关于审理专利纠纷案件适用法律问题的若干规定（2020 年修正）》等。

二、知识产权民事诉讼当事人和诉讼代理人

(一) 知识产权民事诉讼当事人

知识产权民事诉讼当事人,是指因知识产权民事权利、义务发生争议,以自己的名义进行诉讼,要求法院行使民事审判权的人及其相对人,包括原告、被告、共同诉讼人和第三人。知识产权民事诉讼主要涉及知识产权合同纠纷、知识产权侵权纠纷和知识产权权属纠纷三类,据此将分别依据不同类别进行分析。

1. 知识产权合同纠纷民事诉讼当事人

知识产权合同纠纷是指因知识产权合同的成立、生效、履行、变更、转让、终止等行为而引起的合同当事人之间的所有争议。知识产权合同纠纷民事诉讼,当事人一般为知识产权合同的当事人,但在一定情况下可以加入无独立请求权的第三人。[1]

2. 知识产权侵权纠纷民事诉讼当事人

知识产权侵权纠纷民事诉讼的原告为知识产权权利人或利害关系人,被告为涉嫌侵犯知识产权的行为人,包括涉嫌教唆或帮助他人实施侵犯知识产权行为的行为人。针对侵权行为,知识产权独占实施许可合同的被许可人可以单独起诉;排他实施许可合同的被许可人在知识产权权利人不起诉的情况下可以单独起诉;除合同另有约定外,普通实施许可合同的被许可人不能单独起诉。

3. 知识产权权属纠纷民事诉讼当事人

知识产权权属纠纷包括知识产权确权纠纷和确认不侵害知识产权纠纷。其当事人是与诉讼标的有确认利益的公民、法人和其他组织。

此外,《民事诉讼法》还规定了鉴定人以及专家辅助人。

(二) 知识产权民事诉讼代理人

知识产权民事诉讼代理人,是指依据法律规定或者当事人的委托,在知识产权民事诉讼中为当事人的利益进行诉讼活动的人,包括法定诉讼代理人和委托诉讼代理人。法定诉讼代理人在诉讼中具有与当事人类似的诉讼地位,享有包括处分被代理人实体权利在内的

---

[1] 参见《最高人民法院关于适用〈中华人民共和国合同法〉若干问题的解释(一)》第 16 条、第 24 条、第 27 条、第 28 条、第 29 条规定的 5 种情形。

广泛诉讼权利。我国对委托诉讼代理人的范围予以限制。[①] 专利代理人经中华全国专利代理师协会推荐,可以在专利纠纷案件中担任诉讼代理人。委托诉讼代理人在被代理人授权范围内实施诉讼行为。

三、知识产权民事诉讼管辖

(一)知识产权民事诉讼管辖概述

在我国,审理知识产权第一审民事案件的除了基层人民法院、中级人民法院、高级人民法院和最高人民法院外,还有北京、上海、广州及海南自由贸易港知识产权法院和杭州、北京、广州的互联网法院这两类专门法院。

与一般民事案件管辖相比,知识产权民事诉讼管辖更为复杂,所涉及的法律、司法解释也较多。其中最高人民法院和地方各级人民法院管辖知识产权民事案件的法律规范有:(1)《民事诉讼法》;(2)最高人民法院关于民事案件管辖的司法文件,包括对程序法的解释及规定和对实体法的解释及规定,如《民诉法解释》《最高人民法院关于第一审知识产权民事、行政案件管辖的若干规定》《最高人民法院关于印发基层人民法院管辖第一审知识产权民事、行政案件标准的通知》《最高人民法院关于审理专利纠纷案件适用法律问题的若干规定(2020年修正)》等。我国专门法院对知识产权民事案件管辖的法律规范有:《最高人民法院关于北京、上海、广州知识产权法院案件管辖的规定(2020年修正)》(以下简称《知识产权法院管辖规定》)《全国人民代表大会常务委员会关于设立海南自由贸易港知识产权法院的决定》《最高人民法院关于互联网法院审理案件若干问题的规定》等。

(二)普通人民法院知识产权民事案件管辖

1. 级别管辖

(1)基层人民法院管辖的第一审知识产权民事案件。第一审民事案件原则上由基层人民法院管辖。[②] 但由于知识产权案件技术性较强、案情较为复杂,一般由中级人民法院管辖。最高人民法院可根据实际情况,指定特定的基层人民法院管辖第一审知识产权纠纷案件。

(2)中级人民法院管辖的第一审知识产权民事案件。《民事诉讼法》规定了中级人民法

---

① 可以担任委托代理人的包括律师、基层法律服务工作者;当事人的近亲属或者工作人员;当事人所在社区、单位或者有关社会团体推荐的人。

② 参见《民事诉讼法》第18条。

院管辖的第一审民事案件的范围。① 根据《最高人民法院关于第一审知识产权民事、行政案件管辖的若干规定》,知识产权第一审民事案件一般由中级以上人民法院管辖。②

(3)高级人民法院管辖的第一审知识产权民事案件。在本辖区有重大影响的知识产权第一审民事案件由高级人民法院管辖。

(4)最高人民法院管辖的第一审知识产权民事案件。在全国有重大影响或者具有法律适用指导意义的第一审知识产权案件由最高人民法院提级审理或指定管辖。

2. 地域管辖

知识产权普通人民法院地域管辖是上下级人民法院之间受理第一审知识产权民事案件的分工和权限。

(1)一般地域管辖。一般地域管辖遵循"原告就被告"原则,以被告住所地为标准确定管辖法院。如果同一诉讼的几个被告住所地、经常居住地在两个以上人民法院辖区的,各该人民法院都有管辖权。一般地域管辖也有例外规定。对被采取强制性教育措施或者被监禁的人提起的知识产权民事诉讼,由原告住所地人民法院管辖;原告住所地与经常居住地不一致的,由原告经常居住地人民法院管辖。

(2)特殊地域管辖。我国《民事诉讼法》第24条至第33条规定了特殊地域管辖,其中涉及知识产权民事诉讼的是第24条和第29条,即知识产权合同纠纷管辖和知识产权侵权纠纷管辖。

确定知识产权合同纠纷第一审管辖法院,依据《民事诉讼法》第24条规定,因合同纠纷提起的诉讼,由被告住所地或者合同履行地人民法院管辖。③ 至于知识产权侵权纠纷的第一审法院,根据《民事诉讼法》④的相关规定,由侵权行为地或者被告住所地人民法院管

---

① 参见《民事诉讼法》第19条。

② 参见《最高人民法院关于第一审知识产权民事、行政案件管辖的若干规定》第1条和第2条。发明专利、实用新型专利、植物新品种、集成电路布图设计、技术秘密、计算机软件的权属、侵权纠纷以及垄断纠纷第一审民事案件由知识产权法院,省、自治区、直辖市人民政府所在地的中级人民法院和最高人民法院确定的中级人民法院管辖。外观设计专利的权属、侵权纠纷以及涉驰名商标认定第一审民事案件由知识产权法院和中级人民法院管辖。除此之外的第一审知识产权案件诉讼标的额在最高人民法院确定的数额以上的,也由中级人民法院管辖。

③ 合同履行地的确认一般遵循约定优先原则;没有约定或者约定不明的,争议标的为给付货币的,接收货币一方所在地为合同履行地;交付不动产的,不动产所在地为合同履行地;其他标的,履行义务一方所在地为合同履行地。即时结清的合同,交易行为地为合同履行地;合同没有实际履行,当事人双方住所地都不在合同约定的履行地的,由被告住所地人民法院管辖;以信息网络方式订立的买卖合同,通过信息网络交付标的的,以买受人住所地为合同履行地;通过其他方式交付标的的,收货地为合同履行地。

④ 参见《民事诉讼法》第29条。

辖。就侵权行为地而言，专利侵权行为地包括：被诉侵犯发明、实用新型专利权的产品的制造、使用、许诺销售、销售、进口等行为的实施地；专利方法使用行为的实施地，依照该专利方法直接获得的产品的使用、许诺销售、销售、进口等行为的实施地；外观设计专利产品的制造、许诺销售、销售、进口等行为的实施地；假冒他人专利的行为实施地。此外，还包括上述侵权行为的侵权结果发生地。

此外，原告仅对侵权产品制造者提起诉讼，未起诉销售者，侵权产品制造地与销售地不一致的，制造地人民法院有管辖权；以制造者与销售者为共同被告起诉的，销售地人民法院有管辖权。销售者是制造者的分支机构，原告在销售地起诉侵权产品制造者制造、销售行为的，销售地人民法院有管辖权。

注册商标侵权行为地是指由《商标法》所规定侵权行为的实施地、侵权商品的储藏地或者查封扣押地。其中，侵权商品的储藏地是指大量或者经常性储存、隐匿侵权商品所在地；查封扣押地，是指海关等行政机关依法查封、扣押侵权商品所在地。

著作权侵权行为地是指由《著作权法》所规定的侵权行为的实施地、侵权复制品储藏地或者查封扣押地。其中，侵权复制品储藏地是指大量或者经常性储存、隐匿侵权复制品所在地；查封扣押地是指海关、版权等行政机关依法查封、扣押侵权复制品所在地。

（3）协议管辖。协议管辖包括明示协议管辖和默示协议管辖。《民事诉讼法》规定了明示协议管辖的条件。①《民事诉讼法》也规定了当事人可以自己的行为默示选择管辖法院。②

3. 裁定管辖

裁定管辖体现了管辖的灵活性，针对实践中的特殊情形，由人民法院作出裁定确定管辖法院，包括移送管辖、指定管辖和管辖权转移。移送管辖是指人民法院发现已经受理的案件自己没有管辖权，从而将该案件移送给有管辖权的人民法院，《民事诉讼法》第 37 条对此作了明确规定。指定管辖是指上级人民法院依法指定其辖区内的下级人民法院对第一审民事案件行使管辖权，《民事诉讼法》第 38 条对此作了规定。管辖权转移包括向上转移和向下转移，《民事诉讼法》第 39 条对此作了明确规定。

4. 管辖权异议

管辖权异议，是指人民法院受理案件后，当事人提出该法院对本案无管辖权的主张。当事人提出管辖权异议的时间为提交答辩状期间。人民法院应当审查当事人提出的异议，

---

① 参见《民事诉讼法》第 35 条。
② 参见《民事诉讼法》第 130 条。

并根据实际情况，裁定将案件移送有管辖权的人民法院或者裁定驳回。

(三) 专门法院知识产权案件管辖

1. 知识产权法院的管辖

根据《知识产权法院管辖规定》，知识产权法院管辖所在市辖区内的下列第一审民事案件：专利、植物新品种、集成电路布图设计、技术秘密、计算机软件民事案件；涉及驰名商标认定的民事案件。广州知识产权法院对广东省内上述两类案件实行跨区域管辖。与此同时，北京市、上海市各中级人民法院和广州市中级人民法院不再受理专利、植物新品种、集成电路布图设计、技术秘密、计算机软件、涉及驰名商标认定的知识产权民事案件。广东省其他中级人民法院不再受理专利、植物新品种、集成电路布图设计、技术秘密、计算机软件、涉及驰名商标认定的知识产权民事案件。如果具体案件标的既包含专利、植物新品种、集成电路布图设计、技术秘密、计算机软件或者涉及驰名商标认定，又包含其他内容的，按知识产权案件规定确定管辖。[①]《全国人民代表大会常务委员会关于设立海南自由贸易港知识产权法院的决定》对海南自由贸易港知识产权法院管辖的第一审民事案件范围作了具体规定。

2. 互联网法院的管辖

2017年和2018年，我国先后设立了三个互联网法院，即杭州互联网法院、北京互联网法院和广州互联网法院，三个法院均为基层法院。为保护当事人及其他诉讼参与人的合法权益，2018年9月3日，最高人民法院审判委员会第1747次会议审议通过了《最高人民法院关于互联网法院审理案件若干问题的规定》，第2条确定了互联网知识产权案件的管辖。

四、知识产权民事诉讼证据与证明

(一) 知识产权民事诉讼证据概述

知识产权民事诉讼证据，是指在知识产权民事诉讼中用以证明案件事实的依据。民事诉讼证据具有客观性、关联性和合法性的特征，这是判断民事证据可否被采纳以及证明力大小的依据。客观性，又称真实性，是指证据的形式和内容必须是客观存在的事实。关联性，是指证据与待证的案件事实之间存在客观的、内在的、必然的联系。合法性，是指证

---

① 参见《知识产权法院管辖规定》第4条。

据具备法定的表现形式以及必须依据法定程序和方法调查收集。涉及知识产权民事诉讼证据的法律和司法解释主要有《民事诉讼法》《民诉法解释》《知识产权证据规定》《最高人民法院关于民事诉讼证据的若干规定(2019年修正)》。

(二)证据的种类

《民事诉讼法》第66条规定证据的种类包括当事人的陈述、书证、物证、视听资料、电子数据、证人证言、鉴定意见、勘验笔录。

1. 当事人的陈述

当事人的陈述，是指当事人就与案件相关的事实向法院所作的陈述。其建立于当事人的亲身经历，是对亲历事实的回忆，主观性较强，又由于案件的处理结果与当事人有直接的利害关系，除非当事人特别诚实，否则会出现当事人有意无意地夸大对自己有利的事实，掩盖或虚构对自己不利的事实的偏向性，因此对当事人的陈述往往需要结合其他证据来进行判定。

2. 书证

书证，是指用文字、符号、图案等记载的内容来证明案件事实的证据。

根据制作主体的不同，书证可以分为公文书证与非公文书证。一般来说，公文书证的证明力高于非公文书证。按照书证的制作方式的不同，可以将书证分为原本、正本、副本、复印件和节录本。一般而言，原本、正本的证明力高于副本、节录本、复印件的证明力。

3. 物证

物证，是指以物的外部形态或存在状况来证明案件事实的证据。物证与书证是两种不同的、相互独立的证据形式。书证以记录的思想内容证明案件事实，物证以物的外部形态证明案件事实。同一文书有时既可以作为书证又可以作为物证。

4. 视听资料

视听资料，是指以录音、录像等方式所记载的内容来证明案件事实的证据。

5. 电子数据

电子数据，是指以数字化形式存储、处理、传输的，能够证明案件事实的证据。随着现代科技的发展，电子数据类证据发挥着越来越重要的作用。

6. 证人证言

证人证言，是指了解案件情况的证人就与案件相关的事实向法院所作的陈述。在我国，证人包括自然人和单位。我国《民事诉讼法》对证人的出庭作证义务作了具体规定。[①]

7. 鉴定意见

鉴定意见，是指具有专门知识和技能的专业人员，对案件涉及的专业性问题所作的判断性意见。部分知识产权纠纷的专业性强，需要专业人士对其进行鉴定。鉴定可以因当事人的申请而开始，人民法院也可以主动依职权进行。[②] 鉴定人有权了解鉴定所需要的材料，根据自己对问题的理解，独立地提出鉴定意见，在鉴定的过程中产生的费用、劳动等，有权要求给付报酬。鉴定人的主要义务是及时提交独立的鉴定意见并出庭作证。

8. 勘验笔录

勘验笔录，是指人民法院为了查明案件事实，对与案件有关的现场或物品进行实地或实物勘查、检验后制作的笔录。法院在进行勘验时，应当严格遵循法定程序。

(三)知识产权民事诉讼证据的收集与保全

1. 知识产权民事诉讼证据的调查收集

(1)当事人及其诉讼代理人调查收集证据。在民事诉讼中，当事人既可自行收集证据，也可委托诉讼代理人收集证据。如果证据在对方当事人手中或者由第三人掌控，举证一方当事人可以书面申请人民法院责令控制证据的对方当事人提交证据。人民法院依法要求当事人提交有关证据，其无正当理由拒不提交、提交虚假证据、毁灭证据或者实施其他致使证据不能使用行为的，人民法院可以推定对方当事人就该证据所涉证明事项的主张成立。

---

① 参见《民事诉讼法》第75条。
② 人民法院可以就以下问题委托鉴定：①被诉侵权技术方案与专利技术方案、现有技术的对应技术特征在手段、功能、效果等方面的异同；②被诉侵权作品与主张权利的作品的异同；③当事人主张的商业秘密与所属领域已为公众所知悉的信息的异同、被诉侵权的信息与商业秘密的异同；④被诉侵权物与授权品种在特征、特性方面的异同，其不同是否因非遗传变异所致；⑤被诉侵权集成电路布图设计与请求保护的集成电路布图设计的异同；⑥合同涉及的技术是否存在缺陷；⑦电子数据的真实性、完整性；⑧其他需要委托鉴定的专门性问题。

（2）人民法院依职权调查收集证据。当事人及其诉讼代理人因客观原因不能自行收集的证据可以在举证期限届满前书面申请人民法院调查收集，人民法院也可依职权主动调查收集证据。人民法院调查收集证据，应当由两人以上共同进行。调查材料要由调查人、被调查人、记录人签名、捺印或者盖章。

2. 知识产权民事诉讼证据的保全

证据保全，是指在证据可能灭失或以后难以取得的情况下，法院根据当事人或利害关系人的申请或者依职权，对证据予以固定保存的行为。依据申请时间的不同，证据保全分为诉前证据保全和诉讼证据保全。

（四）知识产权民事诉讼证明对象

民事诉讼中的证明对象，是指由实体法律规范所决定的，在民事诉讼中由对立的双方当事人提出诉讼主张和采用证据加以论证和证明的，并最终由裁判者加以确认的案件事实，包括实体法事实、程序法事实、证据性事实、外国法律、地方性法规和习惯。

（五）知识产权民事诉讼证明标准

证明标准是指基于当事人提出的事实主张和证据，法官形成内心确信所要达到的程度或最低限度。

（六）知识产权民事诉讼证明责任

证明责任包括行为意义上的证明责任与结果意义上的证明责任。行为意义上的证明责任通常称为"举证责任"，是当事人对自己提出的事实，有责任提供证据加以证明的责任；结果意义上的证明责任是指当证明对象真伪不明时，有证明责任的一方当事人应当承担不利法律后果的责任。证明责任的分配，是指按照一定的规范或标准，将承担诉讼案件事实真伪不明的不利后果的风险在双方当事人之间进行安排。

一般而言，当事人对自己提出的主张，应当提供证据加以证明。知识产权民事诉讼涉及合同、侵权和确权三类案件。在知识产权合同纠纷案件中，主张合同关系成立并生效的一方当事人对合同订立和生效的事实承担举证责任；主张合同关系变更、解除、终止或者撤销的一方当事人对引起合同关系变动的事实承担举证责任；对合同是否履行发生争议的，由负有履行义务的一方当事人承担举证责任。在知识产权侵权案件中，主张被侵权的一方当事人对侵权事实承担举证责任，即需要举证证明侵权一方当事人存在过错、有侵权行为、有损害后果，以及侵权行为与损害后果之间存在因果关系。此外，针对使用专利方法制造的产品不属于新产品的诉讼①以及确认不侵害知识产权诉讼②，我国规定了特殊的证明责任分配。

（七）知识产权民事诉讼证明过程

1. 举证期限

当事人对自己提出的主张应当及时提供证据。举证期限是指当事人向法院提交证据的时限。举证期限由人民法院根据实际情况确定。举证期限也可以由当事人协商，并经人民法院准许后确认。人民法院指定举证期限的，适用第一审普通程序审理的案件不得少于十五日，第二审案件当事人提供新的证据的，举证期限不得少于十日。适用简易程序审理的案件的举证期限不得超过十五日，小额诉讼案件的举证期限一般不得超过七日。当事人因故意或者重大过失逾期提供的证据，人民法院不予采纳。但该证据与案件基本事实有关的，人民法院应当采纳。

2. 证据交换

证据交换，是指在庭审之前，法官组织当事人双方将各自持有的证据材料与对方进行交流的诉讼活动。证据交换的时间可以由当事人协商确定，也可以由法院指定。当事人协商确定的证据交换的时间须经法院认可。

3. 质证

质证是指当事人及其诉讼代理人在法庭的主持下，对出示的证据进行辨认、质疑、辩驳、核实的诉讼活动。质证的主体是当事人及其诉讼代理人。当事人包括原告、被告、第三人以及诉讼代表人。质证客体包括双方当事人向法庭提供的各种证据和法院依职权调查收集的证据。质证应围绕证据的真实性、合法性以及与待证事实的关联性进行，并针对证据有无证明力和证明力大小进行说明和辩论。我国法律规定了质证的一般顺序。人民法院依职权调查收集的证据，由审判人员对调查收集证据的情况进行说明

---

① 参见《最高人民法院关于知识产权民事诉讼证据的若干规定》第 3 条和第 4 条。原告应当举证证明下列事实：被告制造的产品与使用专利方法制造的产品属于相同产品；被告制造的产品经由专利方法制造的可能性较大；原告为证明被告使用了专利方法尽到合理努力。在原告完成前款举证后，人民法院可以要求被告举证证明其产品制造方法不同于专利方法。如被告依法主张合法来源抗辩的，应当举证证明合法取得被诉侵权产品、复制品的事实，包括合法的购货渠道、合理的价格和直接的供货方等。

② 参见《最高人民法院关于知识产权民事诉讼证据的若干规定》第 5 条。提起确认不侵害知识产权之诉的原告应当举证证明下列事实：被告向原告发出侵权警告或者对原告进行侵权投诉；原告向被告发出诉权行使催告及催告时间、送达时间；被告未在合理期限内提起诉讼。

后，听取当事人的意见。

4. 证据的审核认定

审判人员应当依照法定程序，全面、客观地审核证据，依据法律的规定，遵循法官的职业道德，运用逻辑推理和日常生活经验，对证据有无证明力和证明力大小独立进行判断，包括对单一证据的审核认定和对全部证据的综合审核认定。

五、知识产权行为保全

（一）知识产权行为保全概述

我国行为保全制度较早地适用于知识产权领域。加入世界贸易组织后，为落实《与贸易有关的知识产权协定》的规定，我国修订了《专利法》《商标法》《著作权法》。2000 年修订的《专利法》第 61 条规定了诉前停止侵权的条款，2001 年修订的《著作权法》第 49 条、《商标法》第 57 条也作了类似规定。这些法律条文的规定，标志着我国知识产权行为保全制度的建立。2001 年，最高人民法院颁布的《关于对诉前停止侵犯专利权行为适用法律问题的若干规定》和《关于对诉前停止侵犯注册商标专用权行为和保全证据适用法律问题的解释》，进一步明确了知识产权行为保全的程序与要求。2012 年，我国修订的《民事诉讼法》增加了"行为保全"条款，在诉讼法层面正式确立了行为保全制度。2018 年 12 月 12 日，最高人民法院颁布《关于审查知识产权纠纷行为保全案件适用法律若干问题的规定》，在结合知识产权纠纷案件工作实际和借鉴域外成熟制度的基础上，规范所有因知识产权纠纷引发的行为保全案件的审查。至此，知识产权行为保全制度基本定型。

知识产权行为保全是指人民法院在诉讼开始前或者诉讼过程中，为了保证将来发生法律效力的判决得以执行或者避免造成难以挽回的损失，而对某种特定行为采取临时性强制措施的制度。以时间为限，知识产权行为保全分为诉前行为保全和诉讼行为保全两大类。

（二）知识产权行为保全的条件

申请知识产权行为保全应当具备以下条件：

（1）申请人适格。申请人应为权利人本人或利害关系人。具体而言，诉讼行为保全的申请人应为知识产权纠纷的原告、提出反诉的被告或有独立请求权的第三人。诉前行为保全的申请人为利害关系人。例如，知识产权许可合同的被许可人申请诉前责令停止侵害知识产权行为的，独占许可合同的被许可人、排他许可合同的被许可人、普通许可合同的被许可人均为利害关系人。此外，在诉讼行为保全中，当事人没有提出申请的，人民法院在必要时也可以裁定采取保全措施。

（2）存在法律规定的特定情形。诉讼行为保全与诉前行为保全的特定情形分别规定于《民事诉讼法》第 103 条、第 104 条。诉讼行为保全存在因一方当事人特定行为使判决难以执行或者造成当事人其他损害的情形。诉前行为保全存在情况紧急，不立即申请保全将会使其合法权益受到难以弥补的损害的情形。法律规定的表述不同，但实质均指向"有特定行为的紧急情况"，这种紧急情况会造成"难以弥补的损害"。最高人民法院的司法解释对何为"紧急情况"作了明确规定，涉及商业秘密、知识产权人的人身权利，以及时效性强的场合。①"难以弥补的损害"，一般是指损害无法挽回或者损害显著增加或者市场份额明显减少，司法解释对此也作了列举。②

（3）申请人提供相应的担保。诉前行为保全和人民法院认为需要提供担保的，申请人必须提供担保。提供担保的目的在于使因申请错误而蒙受损失的被申请人能够及时得到赔偿。申请人如果不愿意或者不能提供担保，法院将驳回其保全申请。申请人提供的担保数额也应与诉讼请求相当，原则上不应超过发生保全错误时被申请人受到的损失，即应当相当于被申请人可能因执行行为保全措施所遭受的损失，包括责令停止侵权行为所涉产品的销售收益、保管费用等合理损失。

（4）向有管辖权的法院提出申请。诉讼行为保全的管辖法院是受理案件的人民法院。我国《民事诉讼法》对诉前保全的法院作了规定。③ 由于知识产权的无形性，对于知识产权行为保全，申请人应当向被申请人住所地具有相应知识产权纠纷管辖权的人民法院或者对案件具有管辖权的人民法院提出申请。

此外，诉讼行为保全还要求采取诉讼行为保全的案件具有给付内容。

（三）知识产权行为保全程序

1. 申请

除法院依职权裁定行为保全外，知识产权行为保全程序的启动需要申请人提出书面申请。申请人向人民法院申请行为保全，应当递交申请书和相应证据。

2. 审查

人民法院收到保全申请后，应当综合下列因素进行审查：（1）申请人是否适格和权利是否稳定，即审查申请人的请求是否具有事实基础和法律依据，以及请求保护的知识产权

---

① 参见《最高人民法院关于审查知识产权纠纷行为保全案件适用法律若干问题的规定》第 6 条。
② 参见《最高人民法院关于审查知识产权纠纷行为保全案件适用法律若干问题的规定》第 10 条。
③ 参见《民事诉讼法》第 104 条。

效力是否稳定。知识产权特别是专利、商标等工业产权有效与否对案件的审理极其重要，法院在决定是否进行保全时，会考虑权利是否稳定等因素。最高人民法院司法解释对此作了明确规定。① (2)不采取行为保全措施是否会使申请人的合法权益受到难以弥补的损害或者造成案件裁决难以执行等损害。(3)不采取行为保全措施对申请人造成的损害是否超过采取行为保全措施对被申请人造成的损害。(4)采取行为保全措施是否损害社会公共利益。这里的社会公共利益包括文化、教育、医疗、环保、交通、国防等重大社会利益。(5)其他应当考量的因素。

3. 裁定与执行

对于诉前保全和情况紧急的诉讼保全申请，受理法院应当在 48 小时内完成审查并作出裁定。经法院审查，不符合行为保全条件的，裁定驳回申请。符合法定条件的，可以裁定采取保全措施。当事人对行为保全裁定不服的，可以自收到裁定书之日起五日内向作出裁定的人民法院申请复议，复议期间不停止裁定的执行。人民法院在收到复议申请后十日内审查。裁定正确的，驳回当事人的申请；原裁定不当的，变更或者撤销原裁定。

人民法院裁定采取行为保全措施前，应当询问申请人和被申请人，但因情况紧急或者询问可能影响保全措施执行等情形除外。裁定采取保全措施的，应当立即开始执行，采取相应的保全措施。保全措施为责令停止侵害知识产权行为或者责令作出一定行为。知识产权行为保全措施一般为禁止作出一定行为，我们称之为禁令。禁令既包括禁止一般的侵权行为，也包括禁止诉讼行为。2020 年，最高人民法院知识产权法庭作出了中国知识产权领域首例禁诉令裁定。此外，在前述权利人请求侵权人停止侵权行为之外，出现了被诉侵权人请求停止投诉、恢复链接的"反向行为保全"申请，即要求作出一定行为。2019 年，国内首例"反向行为保全"裁定(2019)苏 01 民初 687 号中，南京市中级人民法院在被诉侵权人提供了基本可实现侵权赔偿的担保后，裁定恢复被诉产品在网购平台的链接。此种恢复链接的行为就是责令作出一定行为，这是一种积极行为。

(四)知识产权行为保全的解除

法院裁定采取保全措施后，除作出保全裁定的人民法院自行解除或者其上级人民法院决定解除外，在保全期限内，任何单位均不得解除保全措施。知识产权行为保全的期限是根据申请人的请求或者案件的具体情况等因素确定的。裁定停止侵害知识产权行为的效

---

① 参见《最高人民法院关于审查知识产权纠纷行为保全案件适用法律若干问题的规定》第 8 条。该条文主要从所涉权利的类型或者属性，所涉权利是否经过实质审查，所涉权利是否处于宣告无效或者撤销程序中以及被宣告无效或者撤销的可能性，以及所涉权利是否存在权属争议等方面判定权利的稳定性。

力，一般应当维持至案件裁判生效时止。

知识产权行为保全解除的原因和条件有：(1)申请保全错误；(2)申请人撤回申请；(3)申请人的起诉或诉讼请求被生效裁判驳回；(4)法院认为应当解除保全的其他情形。人民法院采取的行为保全措施，一般不因被申请人提供担保而解除，但是申请人同意的除外。符合解除条件的，人民法院应当作出解除保全的裁定。

此外，解除以登记方式实施的保全措施的，人民法院应当向登记机关发出协助执行通知书。

(五)知识产权行为保全错误的赔偿

申请保全有错误的，申请人应当赔偿被申请人因保全所遭受的损失。人民法院依职权采取的保全措施造成公民、法人或其他组织财产损失的，应依据《国家赔偿法》的相关规定予以赔偿。

六、知识产权民事诉讼程序

知识产权民事诉讼程序是指自然人、法人或者其他组织基于知识产权民事纠纷请求人民法院进行救济的一系列法律程序，包括第一审程序、第二审程序以及审判监督程序。

(一)第一审程序

1. 第一审普通程序

第一审程序有普通程序与简易程序之分。就普通程序而言，知识产权民事诉讼第一审程序与其他民事诉讼第一审程序相同，均由起诉与受理、审理前准备、开庭审理与合议宣判等阶段组成。从具体流程来看，当事人首先应向有管辖权的人民法院提起诉讼，符合条件的，人民法院立案受理。案件受理后，人民法院进行审理前的准备工作，包括送达诉讼文书、告知当事人诉讼权利与义务、组成合议庭、交换证据、更换或追加当事人、召开庭前会议等有关事项。最后进入开庭审理与合议宣判阶段，包括开庭前的准备、宣布开庭、法庭辩论、合议庭评议与宣判。第一审民事案件的审理期限一般为六个月，有特殊情况需要延长的，经本院院长批准，可以延长六个月；还需要延长的，报请上级人民法院批准。

与其他民事案件不同的是，知识产权案件往往专业性强、案件复杂。为弥补法官专业知识的不足，缓解技术事实查明难的问题，提高审判效率，实现公正，2019 年 1 月 28 日最高人民法院审判委员会第 1760 次会议通过的《最高人民法院关于技术调查官参与知识产权案件诉讼活动的若干规定》引入了技术调查官制度。在专利、植物新品种、集成电路布图设计、技术秘密、计算机软件、垄断等专业技术性较强的知识产权案件审理过程中，技术调查官作为审判辅助人员，可以参与询问、听证、庭前会议、开庭审理等活动。开庭审理过程中，经法官同意，技术调查官可以就案件所涉及的技术问题向当事人及其他诉讼参与人发问。合议庭合议案件时，技术调查官列席合议庭会议，在案件评议前就案件所涉技术问题提出的技术调查意见可以作为合议庭认定技术事实的参考。

2. 简易程序

（1）简易程序的适用范围。知识产权简易程序是指基层人民法院及其派出法庭审理简单的第一审知识产权民事案件时所适用的程序。

适用简易程序的人民法院只能是基层人民法院及其派出法庭。适用简易程序的案件包括两类：一类是法定适用案件，[1] 另一类是约定适用案件。[2] 已经按照普通程序审理的案件，在开庭后不得转为简易程序审理。

（2）简易程序的内容。简易程序起诉方式简便，原告可以口头起诉，法院立即受理，由审判员独任审判。案件受理后，法官可以采取简便方式传唤双方当事人、通知证人和送达诉讼文书。举证期限灵活，审理前的准备也可以简便方式进行。判决书、裁定书、调解书制作时也可适当简化。简易程序审理期限较短，一般为三个月。特殊情况下可以延长，但累计不得超过四个月。

此外，符合小额诉讼条件的知识产权案件也可采用小额诉讼程序审理。

3. 知识产权民事公益诉讼程序

知识产权民事公益诉讼程序是指知识产权民事公益诉讼案件所适用的程序。

提起知识产权公益诉讼应满足以下条件：（1）原告主体适格。《民事诉讼法》规定了可以提起民事公益诉讼的主体。[3] 现阶段，知识产权民事公益诉讼案件主要集中于种业知识产权的公益保护，商标权、著作权公益损害案件，文物和文化遗产公益损害案件。由于不存在有关社会组织，知识产权民事公益诉讼的起诉主体为人民检察院；（2）有明确的被告；（3）有具体的诉讼请求；（4）有社会公共利益受到损害的初步证据；（5）属于人民法院受理民事诉讼的范围和受诉人民法院管辖。由于涉及侵犯社会公共利益，因此知识产权民事公益诉讼的管辖法院为侵权行为地或者被告住所地的中级人民法院。

为防止当事人勾结，维护社会公共利益，民事公益诉讼案件的审理有其特殊程序规

---

① 参见《民事诉讼法》第160条第1款。
② 参见《民事诉讼法》第160条第2款。
③ 参见《民事诉讼法》第58条。

定。根据《人民陪审员法》第 15 条、第 16 条的规定，知识产权民事公益诉讼案件合议庭成员由七人组成，包括人民陪审员和法官。在当事人达成和解或者调解协议后，人民法院应当将和解或者调解协议进行公告，以便接受监督。公益诉讼案件的原告在法庭辩论终结后申请撤诉的，人民法院不予准许。

（二）第二审程序

知识产权民事诉讼第二审程序是指当事人不服人民法院作出的知识产权一审判决、裁定，向上一级人民法院提起上诉，上级人民法院对上诉案件审理所适用的程序。

一般而言，对知识产权第一审判决、不予受理裁定、管辖异议裁定和驳回起诉裁定，第一审程序的原告、被告、有独立请求权的第三人和依法享有上诉权的无独立请求权的第三人，在法定上诉期内均可向第一审法院的上一级人民法院提起上诉。但由于专利等专业技术性较强的知识产权案件事关国内国际大局，为统一知识产权案件的裁判标准，加大知识产权司法保护力度，2018 年 10 月 26 日全国人民代表大会常务委员会第六次会议通过《关于专利等知识产权案件诉讼程序若干问题的决定》，该决定对知识产权第二审程序的管辖法院作出特殊规定，即当事人对发明专利、实用新型专利、植物新品种、集成电路布图设计、技术秘密、计算机软件、垄断等专业技术性较强的知识产权民事案件第一审判决、裁定不服，提起上诉的，无论第一审法院是否为高级人民法院，第二审案件均由最高人民法院审理。

第二审人民法院围绕上诉请求的事实和适用法律进行审查。人民法院审理第二审民事案件，一般由审判员组成合议庭审理，特殊情况下也可独任审理，即中级人民法院对第一审适用简易程序审结或者不服裁定提起上诉的第二审民事案件，事实清楚、权利义务关系明确的，经双方当事人同意，可以由审判员一人独任审理。第二审人民法院审理上诉案件，以开庭审理为原则，以径行裁判为例外。第二审人民法院对不服第一审判决或者裁定的上诉案件，经过审理，根据不同情形采取不同的处理方式。[①] 第二审判决、裁定具有终局效力。

（三）审判监督程序

知识产权审判监督程序是指人民法院对已经发生法律效力的知识产权判决、裁定和调解书，基于法律事由，对案件进行再一次审理所适用的程序。审判监督程序包括审查和审理两个阶段。我国法律法规没有对此阶段的知识产权案件的审理作出特别规定。

---

① 参见《民事诉讼法》第 177 条。

第二节　知识产权行政诉讼

一、知识产权行政诉讼概述

(一)知识产权行政诉讼的概念及特征

知识产权行政诉讼是针对知识产权争议,以实施具体行政行为的国家行政机关为一方,以该行政行为相对人(公民、法人或者其他组织)为另一方,由人民法院主持审理并作出裁判的诉讼制度。[1]

知识产权行政诉讼源于行政争议。这类争议是行政主体通过行使行政权力,进行行政管理活动,对知识产权权利主体或者利害关系人的利益产生侵害或者影响,进而在行政主体、行政相对人和第三人之间形成的纠纷。由于知识产权本质上是私权,从国外的立法实践看,较少采用行政手段进行保护。但由于我国知识产权保护水平不高,加之有些知识产权权利的行使事关公共利益和社会利益,因此为行政权力介入知识产权行政争议的解决创造了条件。[2]

知识产权行政诉讼的特征如下:首先,知识产权行政诉讼的主体多元。从牵涉的主体看,既包括国家知识产权局等国家机关,也包括著作权集体管理组织等社会团体,还涉及著作权、专利权、商标权的权利主体及利害关系人。

其次,知识产权行政诉讼是在人民法院主持下审查行政行为的合法性。人民法院在整个诉讼过程中居于核心和主导地位,通过行使国家的审判权,处理和解决争议。这类行政争议只能是人民法院受案范围内的争议,需要符合行政诉讼法有关受案范围的规定。

最后,知识产权行政诉讼的当事人具有恒定性。行政诉讼只能依申请进行,并且请求权只归属于行政相对人。也就是说,知识产权行政诉讼只能是"民告官"的诉讼。

(二)知识产权行政诉讼的分类

依据争议的类型不同,知识产权行政诉讼主要包括行政确认、行政处罚、行政行为依据的规范性文件审查三大类情形。

第一,基于行政确认产生的行政诉讼。行政确认引发的行政诉讼是指在知识产权案件中,行政机关依法确认或认定行政相对人的法律地位、法律关系或相关法律事实的具体行

---

[1]　翁岳生.行政法[M].北京:中国法制出版社,2009:226.

[2]　王迁.知识产权法教程[M].北京:中国人民大学出版社,2021:87.

为。这类确认必须以书面形式严格依据法律和技术规范进行，不能随意裁量，必须基于客观事实和法律标准。① 知识产权行政确认引发的诉讼常见于涉及专利权和商标权的确权争议。

第二，基于行政处罚引发的行政诉讼。行政处罚引发的行政诉讼主要涉及违反知识产权管理规定的行为。行政处罚可以根据不同的标准进行分类。若以行政处罚的性质为标准，行政处罚可分为限制或剥夺权利性的处罚、科以义务性的处罚、影响声誉的处罚；以行政处罚的内容为标准，其可分为人身自由罚、声誉罚（申诫罚、精神罚）、财产罚、行为罚四类。② 每一类处罚中又各有具体的处罚形式。在知识产权行政争议中，相关的行政处罚包括罚款、没收违法所得、责令停产停业、吊销许可证等情况。

第三，基于行政规范性文件争议引发的行政诉讼。行政规范性文件是除国务院的行政法规、决定、命令以及部门规章、地方政府规章以外，由行政机关或者法律、法规授权管理公共事务的组织依照法定权限、程序制定并公开发布，涉及公民、法人和其他组织权利义务，具有普遍约束力，在一定期限内反复适用的公文。③ 在此类审查中，如果法院认为文件可能不合法，应当听取规范性文件制定机关的意见，确保对规范性文件的审查符合上位法的要求。当规范性文件与更高级别的法律不相抵触时，法院应尊重上级机关的判断；但仅在规范性文件涉及与上位法相同的对象或事项时，才适用上位法优于下位法的原则。

二、知识产权行政诉讼的受案范围

（一）受案范围的概念、依据与标准

知识产权行政诉讼的受案范围是指人民法院对哪类知识产权行政案件拥有司法审查的权限；从行政相对人的角度看，是指认为自身利益受到侵害的公民、法人或其他组织受司法保护的范围。受案范围决定了法院管辖知识产权行政诉讼案件的广度。

从各国的实践看，知识产权行政诉讼的受案范围并不相同。由于各国政治体制、法律体系和法律文化的差异，受案范围各异。结合我国法律的规定和具体的国情，行政诉讼的受案范围应考虑以下因素④：

第一，我国的政治制度特点。从我国法律的规定看，对行政机关的监督不仅限于法院，还可能通过权力机关进行监督，尤其是通过规范性文件审查来实现。从这点看，知识产权行政诉讼的受案范围受到我国目前政治制度的影响。

---

① 杜颖，王国立.知识产权行政授权及确权行为的性质解析[J].法学，2011（8）：92-100.
② 黄锫.行政执法中声誉制裁的法律性质与规范形态[J].学术月刊，2022，54（5）：95-106.
③ 张向东.作为行政法学基本范畴的行政决策及其证立[J].学术研究，2020（4）：73-78.
④ 江必新.法律规范体系化背景下的行政诉讼制度的完善[J].中国法学，2022（3）：24-38.

第二，知识产权行政诉讼的诉讼目的。我国《行政诉讼法》第 1 条规定，为保证人民法院公正、及时审理行政案件，解决行政争议，保护公民、法人和其他组织的合法权益，监督行政机关依法行使职权，根据宪法，制定本法。从《行政诉讼法》的规定看，知识产权行政诉讼的目的在于维护行政相对人的权益，并对行政机关的权力进行监督，从而对行政权力进行限制。

第三，注重知识产权的专业性和特殊性。专利权和商标权的取得需要经过行政机关的确认程序。在此过程中，经常出现多个主体主张权利的情况。但由于专利权和商标权的权属确认具有一定的技术性和复杂性，因此由专门行政机关对权利归属作出裁决，既符合管辖便利性，也有助于快速高效地解决争议，实现权利的流动。①

(二)受案范围的设定方式

我国行政诉讼受案范围的设定采取了一种综合性的方法，结合了概括性、列举性和排除性三种方式来界定法院对行政案件的管辖范围。这种方式有助于平衡司法监督与行政自主性，确保行政诉讼的受案范围在实现合法权益保护的同时，避免对特定国家行为进行不当干预。首先，概括性的规定为行政诉讼受案范围提供了广泛的基础。根据《行政诉讼法》第 2 条，公民、法人或其他组织在认为行政行为侵害其合法权益时，有权向法院寻求救济。② 此类规定简明扼要地明确了行政诉讼的总体适用范围，为受案范围奠定了基本框架。其次，列举性规定进一步细化了可诉案件的类型，使得一些常见或典型的行政争议得到列明，例如行政处罚、行政强制措施、行政许可等。③ 通过列举方式，行政诉讼的受案范围得以明确，这不仅为司法机关提供了具体操作依据，也为相对人提供了权利救济的清晰指引。最后，排除性规定则限定了某些特定事项不属于法院管辖范围，从而体现出对国家重大事项的特殊保护。此类排除通常涉及国防、外交等国家行为，以及行政机关的某些内部人事决策等，④ 从而保障了行政管理中的一定自主性，避免对特定领域进行过度的司法介入。

(三)知识产权行政诉讼的受案范围

结合我国目前法律的规定，知识产权行政诉讼基于知识产权的不同类别可以分为以下几方面内容：

第一，著作权行政诉讼的受案范围。主要涉及著作权人(包括著作权集体管理组织)、

---

① 戴芳芳．专利侵权诉讼中功能性特征的特殊解释规则研究[J]．法律适用，2022(4)：167-176.
② 参照《行政诉讼法》第 2 条。
③ 参照《行政诉讼法》第 12 条。
④ 参照《行政诉讼法》第 13 条。

侵权方以及相关行政机关之间的法律关系。著作权集体管理组织依授权收取使用费，并在与使用者协商未果的情况下，可以申请主管部门裁决。如不服裁决，著作权人有权提起行政诉讼，寻求司法救济。此外，著作权集体管理组织因从事不当经营行为或擅自设立分支机构而受到行政处罚时，也可通过行政诉讼提出异议。此外，当涉及侵犯公共利益的著作权侵权行为时，主管部门有权责令停止侵权，没收非法所得，甚至销毁侵权复制品及相关工具①，对处罚不服的主体则可通过诉讼寻求救济。

第二，专利行政诉讼的受案范围。专利权的行政诉讼受案范围涵盖对专利行政决定的争议。常见的专利行政诉讼涉及专利权人对行政机关强制许可决定的异议、不服行政机关对侵权行为的决定或处罚等情形。专利权人可就强制许可的授权及使用费裁决提起诉讼，以保护其合法权益。② 此外，当管理专利工作的部门处理侵权行为并作出处罚决定或责令停止侵权时，当事人如对该决定不服，也可提起行政诉讼。③ 针对假冒专利的行为，相关部门除追究民事责任外，应没收非法所得并处以罚款，④若当事人对该处罚不服，可以提起行政诉讼。

第三，商标权行政诉讼的受案范围。商标权的行政诉讼受案范围主要涉及商标注册审查、注册异议、无效宣告等情形。根据《商标法》的相关规定，如果商标申请被驳回，申请人对驳回决定不服，可提起行政诉讼。⑤ 此外，在初步审查公告期间，任何对商标提出异议的当事方在不服商标局决定的情况下，可申请复审并最终向法院寻求裁定。同样地，当商标局宣告某注册商标无效时，不服该决定的当事人可以经过行政复审程序并进一步诉诸司法途径。这类诉讼范围的规定确保商标权人在商标注册、异议和无效宣告过程中能够获得充分的救济和公正的裁决。

三、知识产权行政诉讼的管辖

（一）知识产权行政诉讼管辖的概念和原则

行政诉讼管辖是人民法院之间受理第一审行政案件的职权划分，具体明确了各级人民法院以及不同区域、不同专业属性的人民法院受理一审行政案件的分工和权限。知识产权行政诉讼管辖的确定，既要考虑到便于人民法院审判，又要有利于人民法院排除各种干扰，公正办案。行政诉讼不同于民事诉讼，其被告是国家公权力机关。在司法管理体制

---

① 参照《著作权法》第 53 条。
② 参照《专利法》第 63 条。
③ 参照《专利法》第 65 条。
④ 参照《专利法》第 68 条。
⑤ 参照《商标法》第 34 条。

中，政府对法院的人事、财务、资金的影响较大，为确保司法审判权独立不受干预，有必要坚持人民法院独立、公开审判的原则。同时坚持这一原则，也符合《中华人民共和国宪法》中关于审判权独立不受干预的规定。① 此外，既要考虑到便于行政机关应诉，又要充分保障原告行使诉讼权利，便于原告起诉。便于当事人诉讼实质上是以行政相对人的合法权益保障为出发点，优先考虑便于行政相对人参加诉讼，同时兼顾便于被诉行政主体应诉。② 既要考虑到各级人民法院承担审理行政案件的合理性与可能性，又要兼顾各级人民法院分担的工作量的适当与均衡。这要求管辖问题应保留一定的灵活性和伸缩性，以适应客观情况的变化。最后，兼顾专业性和技术性。充分考虑到知识产权争议中较强的技术性，为了统一知识产权案件的裁判标准，强化知识产权司法保护，优化科技创新的法治环境，并推动创新驱动发展战略的实施，国家对知识产权行政诉讼的管辖问题实行集中管理。

（二）知识产权行政诉讼的级别管辖

级别管辖机制界定了上下级人民法院在受理一审知识产权行政诉讼案件时的职责划分与权限配置。依据《中华人民共和国宪法》和《人民法院组织法》的规定，我国人民法院分为基层人民法院、中级人民法院、高级人民法院和最高人民法院。这四级法院都有权管辖一审行政案件，只是具体管辖的案件范围不同。

针对著作权行政纠纷的案件，我国《著作权法》等相关法律并未对管辖法院作出明确规定。一般情况下，依据《行政诉讼法》的相关规定，中级人民法院主要负责审理涉及国务院部门、县级以上地方人民政府的行政行为所引发的诉讼，以及涉及海关的案件、管辖区内重大复杂案件和其他法律规定由其管辖的案件。对于大多数著作权相关纠纷，通常由县级以上人民政府负责处理，因此，当涉及此类政府处理决定的诉讼时，通常由中级人民法院负责一审管辖。然而，如果案件由县级人民政府下属职能部门作出处理决定，则依据《行政诉讼法》的规定，基层人民法院有权管辖此类纠纷。从我国当前的司法实践看，基层人民法院是否拥有对著作权在内的知识产权案件的管辖权，各地做法不一。例如，上海市2020年发布的《关于调整本市基层法院知识产权案件集中管辖的公告》规定，为了完善知识产权案件的集中管辖机制，基层人民法院的知识产权案件将实行相对集中管辖，具体由浦东新区、徐汇区、杨浦区和普陀区人民法院负责审理。

针对专利行政纠纷案件，最高人民法院在《最高人民法院关于审理专利纠纷案件适用法律问题的若干规定》中明确，专利纠纷的第一审案件应由各省、自治区、直辖市人民政

---

① 杨小敏. 法院依照法律规定独立行使审判权条款的宪法变迁[J]. 法学家，2022（2）：1-14，191.
② 倪洪涛. 论行政诉讼原告资格的"梯度性"结构[J]. 法学评论，2022，40（3）：36-50.

府所在地的中级人民法院以及最高人民法院指定的部分中级人民法院管辖。同时，在司法实践中，各地法院已逐步采取集中管辖的方式，以提高专利案件审理的专业化程度。例如，山西省高级人民法院规定，涉及专利、驰名商标、植物新品种、集成电路布图设计、不正当竞争、垄断等纠纷的案件，均由太原市中级人民法院专属管辖。此外，高级人民法院负责审理其辖区内具有重大或复杂性的第一审行政案件。2018年，全国人大常委会通过的《全国人民代表大会常务委员会关于专利等知识产权案件诉讼程序若干问题的决定》进一步明确了在技术性较强的知识产权案件中的上诉程序。依据该决定，对于专利、植物新品种、集成电路布图设计、技术秘密、计算机软件、垄断等具有高技术含量的知识产权行政案件的第一审判决或裁定不服时，当事人可向最高人民法院提起上诉，由其进行二审审理。与此同时，最高人民法院在实践中也有权根据具体情况指定特定的基层法院负责第一审专利纠纷案件的审理，以适应不同区域的需求。

在商标权行政纠纷的管辖上，通常依据《行政诉讼法》关于级别管辖的规定进行划分。然而，各地在具体实践中对此存在一定的差异。部分省份，如山西省，明确要求该类案件由中级人民法院管辖；而其他省份则允许在中级和基层人民法院之间灵活分配管辖权。

（三）知识产权行政诉讼的地域管辖

在知识产权行政诉讼中，地域管辖通常基于当事人住所地、诉讼标的物所在地或法律事实发生地来确定。具体来说，案件应由当事人住所地、诉讼标的物所在地或相关法律事实发生或结果所在地的人民法院受理。具体到著作权行政诉讼，地域管辖主要基于《著作权法》的相关规定。依据该法的要求，著作权侵权案件一般由侵权行为实施地、侵权复制品储藏地或查封扣押地、被告住所地的人民法院负责审理。[1] 其中，侵权复制品储藏地是指大规模或用于经营目的而储存侵权复制品的场所；查封扣押地则包括由海关、版权部门或工商行政机关依法查封、扣押侵权复制品的所在地。

在专利权行政诉讼方面，依据《最高人民法院关于审理专利纠纷案件适用法律问题的若干规定》，当专利执法部门作出行政处罚后，如果当事人不服，可在专利执法部门所在地（即被告所在地）提起行政诉讼。该类案件的地域管辖主要由专利执法部门所在地决定，这为专利行政纠纷提供了相对明确的管辖依据。

至于商标权行政诉讼，依据《商标法》的相关条款，当地工商行政管理部门负责查处侵犯注册商标专用权的行为，必要时将案件移送司法机关处理。[2] 在行政执法过程中，县级

---

[1]　参照《最高人民法院关于审理著作权民事纠纷案件适用法律若干问题的解释》第4条。
[2]　参照《商标法》第61条。

以上工商行政管理部门可行使调查、现场检查、查封或扣押等权力，以核实涉嫌侵权行为①。如果当事人对工商部门的行政行为不服，可以在相关工商管理部门所在地的人民法院提起行政诉讼。通过由执法机关所在地法院审理案件的方式，一定程度上能够协调行政执法和司法程序，确保商标权的有效保护。

四、知识产权行政诉讼的参加人

(一)知识产权行政诉讼参加人的理论问题

知识产权行政诉讼参加人是指依法参加行政诉讼活动，享有诉讼权利、承担诉讼义务的当事人和与当事人诉讼地位相似的诉讼代理人。诉讼当事人是诉讼活动不可或缺的参加者，指因民事权利义务争议或纠纷，以自己的名义提起诉讼、应诉并接受法院判决约束的当事人，最常见的就是诉讼的原、被告双方。原告是诉讼中提出诉讼的一方，没有原告不能诉讼；被告是原告提起诉讼的对象，没有被告也不能诉讼，没有原被告则诉讼无法提起和进行。② 诉讼当事人有平等的诉讼权利。诉讼当事人必须具有诉讼权利能力和行为能力，没有诉讼行为能力的，则应由他们的法定代理人或指定代理人代为诉讼。

法院审理案件，应当保障和便利当事人行使诉讼权利，对当事人在适用法律上一律平等。公民、法人和其他组织均可作为诉讼当事人。

知识产权行政诉讼具有恒定性的特征，也就是说行政诉讼只能由行政相对人发起，请求权只能归属于行政相对人，而行政诉讼的被告是恒定的，只能是行政主体。这是因为行政诉讼的争议产生多是源自行政主体实施行政管理活动的行为，这一活动具有公权力的性质，行政相对人必须服从。从控制行政权力的角度，行政相对人可通过提起行政诉讼，请求法院对这一活动进行司法审查。因此，行政管理的性质和特点决定了知识产权行政诉讼的恒定性特征。

(二)知识产权行政诉讼的当事人

知识产权行政诉讼从类别上主要涉及著作权、专利权和商标权。据此，下文将依据具体的类别进行系统分析。

第一，著作权行政诉讼的当事人。主要包括著作权主管机关对侵犯著作权和与著作权有关的权利的行为进行处理以及对著作权集体管理组织进行处罚的情况。在第一种情形下，依据《行政诉讼法》的规定，对处理结果不服的，行政相对人可以提起行政诉讼。对于

---

① 参照《商标法》第 62 条。
② 赵一璇 . 解析专利恶意诉讼之司法审查标准[J]. 中国发明与专利，2020，17(10)：75-83.

后一种情形，著作权集体管理组织对著作权行政管理部门的行政处罚不服的，也可以提起行政诉讼。

第二，专利权行政诉讼的当事人。主要包括对假冒专利行为进行查处以及对宣告专利权无效不服提起诉讼的情况。在第一种情况下，如果行为人对行政机关查处其假冒专利行为的决定不服，可以以行政机关为被告提起诉讼。对宣告专利权无效的决定不服的，当事人可以在收到专利复审委员会的决定通知后三个月内，以国家知识产权局为被告向人民法院提起诉讼。人民法院应通知无效宣告请求程序中的另一方当事人作为第三人参加诉讼。

第三，商标权行政诉讼的当事人。主要包括商标的注册和审查、无效宣告、撤销商标注册、违法处罚四种情形。第一种情形表现为对初步审定公告的商标提出异议的，被异议人对商标局不予注册的决定不服的，可以请求复审，对复审仍然不服的，可以向人民法院提起诉讼，法院应将异议人列为案件第三人。在第二种情形下，分为两种情况：一是其他单位或个人请求商标评审委员会宣告注册商标无效。如果当事人不服商标评审委员会的裁定，可以在收到通知后三十日内，以国家知识产权局为被告向人民法院提起诉讼，法院应通知商标裁定程序中的对方当事人作为第三人参加诉讼。二是当商标评审委员会收到宣告注册商标无效申请，当事人对商标评审委员会的裁定不服的，可以自收到通知之日起三十日内以国家知识产权局为被告向人民法院起诉。人民法院应当通知商标裁定程序的对方当事人作为第三人参加诉讼。第三种情形是对撤销商标注册的决定不服的情况。对商标局作出的撤销或者不予撤销注册商标的决定，当事人对商标评审委员会的决定不服的，可以自收到通知之日起三十日内以国家知识产权局为被告向人民法院起诉。第四种情形是对行政主体的处罚决定不服的情形。在处罚主体是县级以上政府部门的情况下，可以以该政府部门为被告，提起行政诉讼。

五、知识产权行政诉讼程序

知识产权行政诉讼程序是指公民、法人或其他组织就知识产权争议认为行政主体的行政行为侵犯其合法权益，请求国家司法机关进行救济的一系列法律程序，具体包括一审程序、二审程序和审判监督程序。

（一）一审程序

知识产权行政诉讼的一审程序包括一审前准备和开庭审理两个主要程序。一审前庭前准备涉及交换诉状、依法组成合议庭、提交证据、更换或追加当事人、决定有关事项等。开庭审理程序包括开庭前的准备、宣布开庭、法庭辩论、合议庭评议和宣判。一审行政案件的审限一般为 6 个月，有特殊情况需要延长的，由高级人民法院批准；高级人民法院审理一审案件需要延长的，由最高人民法院批准。

　　一审程序中涉及多个重要问题，其中以举证责任问题、法律适用问题、一审案件的裁判问题最为关键。下文将结合知识产权行政诉讼进行分析。

　　第一，举证责任问题。举证责任问题本质上是一种后果责任，主要指诉讼进行到终结时，争议中的事实仍然处于真伪不明的状态，主张该事实存在的一方需要承担举证不能的法律后果。从知识产权行政诉讼的类型看，可以将举证责任划分为两种情况，一种是以主体为依据，分为被告的举证责任、原告的举证责任和第三人的举证责任。另一种是从诉讼性质看，可以分为一般行政诉讼的举证责任和行政赔偿诉讼的举证责任。① 在知识产权行政诉讼中，既要求被告承担举证责任，也要求原告承担举证责任。被告承担举证责任的范围包括提供作出该行政行为的证据和所依据的规范性文件。这要求被告要对自身行为的合法性提供证据予以证明，要求法院审理行政案件时，对行政行为是否合法进行审查。②

　　被告对行政行为合法性的证据和依据承担举证责任是指以事实为依据，以法律规范为准则，提供作出行政行为时所依据的规范性文件。提供规范性文件的目的是证明被告作出相应的行政行为不是主观任意的，而是有行为依据，法院对行政行为所依据的内容进行审查。③ 被告不提供或者无正当理由逾期提供证据的，视为没有相应证据。被告在作出行政行为时已经收集了证据，但因不可抗力等正当事由不能提供的，经人民法院准许，可以延期提供。被告若需延期提交证据，应在收到起诉状副本后十五日内以书面形式向人民法院提出申请。若法院同意延期，被告应当在正当事由消除后十五日内提供证据。逾期未提供证据的，视为未能提交相关证据。若证据可能灭失或难以获取，诉讼参加人可以向法院申请证据保全，法院也可主动采取保全措施。

　　原告的证明责任包括起诉人的初步证明责任。即按照我国《行政诉讼法》《知识产权证据规定》的规定，公民、法人或其他组织向人民法院起诉时，应当提供其符合起诉条件的证据材料。这实际上是赋予起诉人证明自身起诉具有事实根据的责任。原告应当在庭审开始之前，或遵循法院指定的证据清单交换日期提交证据。若因正当理由请求推迟提交证据并获得法院批准，则可在法庭调查阶段出示证据。对于超过规定时间提交证据的情况，法院将责令其说明理由；若拒绝说明或所给理由不成立，将视为自动放弃举证权利。④ 此外，我国《行政诉讼法》详细阐明了原告在特定情形下的举证责任，特别是在一并提起的行政赔偿诉讼中，原告应当证实所受损害源于被指控的行政行为。行政赔偿诉讼作为一项法

　　① 李何文静．专利诉讼中的证据问题[J]．合作经济与科技，2023(2)：190-192.

　　② 徐明．我国商标恶意诉讼的司法规制优化研究——以民事抗辩权为展开进路[J]．知识产权，2020(11)：86-96.

　　③ 马立群．行政诉讼标的理论溯源及其本土化路径[J]．比较法研究，2022(6)：88-102.

　　④ 张海燕．知识产权行政行为所认定事实在民事诉讼中的效力[J]．法学论坛，2022，37(3)：60-70.

律制度，旨在追究行政机关对国家侵权行为的赔偿责任。此类诉讼有别于一般的行政诉讼，其核心不在于对具体行政行为的合法性的争论，而是聚焦于行政赔偿事宜，即行政机关是否应赔偿及赔偿金额的问题。这些问题由原告作为主张提出，并依据"谁主张，谁举证"的原则，相应的举证责任归属于原告。当然，此种举证责任也存在例外情况。在行政赔偿、补偿案件中，因被告的原因导致原告无法就损害情况举证的，应当由被告就该损害情况承担举证责任。对于各方主张损失的价值无法认定的，应当由负有举证责任的一方当事人申请鉴定，但法律、法规、规章规定行政机关在作出行政行为时依法应当评估或者鉴定的除外；负有举证责任的当事人拒绝申请鉴定的，由其承担不利的法律后果。当事人的损失因客观原因无法鉴定的，人民法院应当结合当事人的主张和在案证据，遵循法官职业道德，运用逻辑推理和生活经验、生活常识等，酌情确定赔偿数额。

第二，法律适用问题。合法性审查原则要求法院在审查被诉行政行为时，严格依据法律规范进行评估。这一原则意味着法院不仅要在具体案件中判定法律的适用性，还要确保判决的标准符合《行政诉讼法》的明确要求，即对行政争议中的法律适用性进行公正审查。具体而言，行政诉讼中的法律适用是指法院依据《行政诉讼法》等相关法律规范，对行政行为的合法性作出裁判的过程。这不仅包括对相关法律和法规的适用，还涉及对规章制度的参照应用，以确保在不同类型的行政案件中形成合理的判决标准。行政诉讼中的法律适用具有独特性，它既不同于行政管理机关在日常行政管理中的法律适用，也不同于法院在刑事诉讼和民事诉讼中的法律适用，其特点包括：

一是法律适用的主体为人民法院。根据《行政诉讼法》，行政诉讼程序是法院在公民、法人或其他组织的请求下，通过审查行政行为的合法性来解决行政争议的过程。在这一过程中，法律适用的权力专属于法院，而行政机关则以被诉方身份参与诉讼，不能决定法律适用的内容和标准。

二是行政诉讼中的法律适用属于"二次适用"，即法院对行政机关在先行行政程序中已作出的具体行政行为的合法性进行再次审查与适用。具体而言，在行政诉讼启动之前，行政机关已经根据特定法律规范对相关事实作出认定并采取相应行动，这是第一次法律适用。而当公民、法人或其他组织对该行为不服并提起诉讼时，法院将对行政机关的行为进行审查，这一审查过程即构成"第二次法律适用"。法院的第二次适用旨在确认第一次适用的合法性，确保行政行为符合相关法律规范。此外，行政机关和法院在法律适用过程中各有侧重。行政机关在适用法律时，主要关注的是行为事实的客观性和行政管理的执行效果；而法院则聚焦于行政机关在认定事实时所依据的法律规范，尤其是行政机关在作出具体行为时的事实依据。在诉讼过程中，法院审查的重点不在于公民、法人或其他组织的行为事实本身，而是行政机关如何认定这些事实并将其作为法律适用的基础。因此，法院的法律适用是对行政机关在认定事实基础上所采取的法律措施合法性的再审查。

三是行政诉讼法律适用具有最终的法律效力。在行政诉讼过程中，人民法院的法律适用效力优先于行政机关作出具体行政行为时的法律适用。《立法法》明确规定，法律的效力层级高于行政法规、地方性法规和规章，同时行政法规的效力也高于地方性法规和规章。

四是行政诉讼的法律适用主要聚焦于合法性问题的判定。合法性审查是行政诉讼的基本原则。原则上，人民法院仅对具体行政行为的合法性进行审查，并不涉及合理性问题，除非涉及行政处罚或行政赔偿的诉讼案件。合理性问题主要由行政机关在行政程序中负责处理。

第三，案件的裁判问题。裁判是指人民法院在审理知识产权纠纷行政案件过程中，为了有效地行使审判权，根据已经查明的事实和有关法律规定，对行政案件的实体问题和程序问题作出具有强制性的结论性判定。判决是指人民法院根据已经查明的案件事实和法律、法规的有关规定，对实体性问题作出的结论性判定。判决主要包括以下类型：（1）驳回诉讼请求的判决。适用于在查明事实和适用法律后，法院认定行政行为证据确凿、法律适用正确且符合法定程序的情况。此外，当原告提出的请求不符合要求（如要求行政机关履行法定义务的理由不充分），法院也可判决驳回原告的诉讼请求。（2）撤销判决，适用于法院认为行政行为存在主要证据不足、适用法律错误、违反法定程序、超越或滥用职权或行为明显不当等情况，判决撤销或部分撤销该行政行为，并可以要求行政机关重新作出行政行为。（3）变更判决包括行政处罚明显不当，或者其他行政行为涉及对款额的确定、认定确有错误的，人民法院可以判决变更。人民法院判决变更，不得加重原告的义务或者减损原告的权益，但利害关系人同为原告，且诉讼请求相反的除外。（4）确认判决包括确认违法判决、判决确认违法、确认无效判决。

行政诉讼的裁定是指人民法院为了有效行使审判权，在审理行政案件过程中，对程序性问题所作的具有强制性的判定。具体包括起诉不予受理、驳回起诉、驳回管辖权异议、中止或终结诉讼、中止或终结执行等情形。行政诉讼决定是指人民法院在审理行政案件的过程中，为了保证行政诉讼活动的顺利进行，就行政诉讼中发生的某些特定事项所作的判定。

为深化行政诉讼制度的改革，完善审判流程，推进行政案件的繁简分流、轻重分离及审理速度的差异化处理，加强对公民、法人及其他组织合法权益的保护，确保司法过程中的公平性和有效性，支持和监督行政机关依法行政，2021年，最高人民法院发布《最高人民法院关于推进行政诉讼程序繁简分流改革的意见》，对事实清楚、权利义务关系明确、争议不大的商标授权确权等行政案件，人民法院可以结合被诉行政行为合法性的审查要素和当事人争议焦点开展庭审活动，并可以制作要素式行政裁判文书。①

---

①　最高人民法院．最高人民法院关于推进行政诉讼程序繁简分流改革的意见［EB/OL］．（2021-05-29）［2023-10-04］．https：//baijiahao.baidu.com/s？id=1701063764472731166&wfr=spider&for=pc.

（二）二审程序

行政诉讼第二审程序是上一级人民法院对下级人民法院就第一审行政案件所作的裁判，在其发生法律效力以前，由于当事人的上诉，而对上诉案件进行审理所适用的程序。根据《行政诉讼法》的规定，人民法院审理行政案件，除最高人民法院管辖的行政案件实行一审终审外，其他行政案件的审理，实行两审终审制，即一个行政案件经过两级人民法院审理而告终结的制度。第二审程序是继第一审程序之后的又一个独立的诉讼程序。

第二审程序是为了保证当事人依法行使上诉权和上一级人民法院依法进行审判而设置的，基础是第二审人民法院在审判上的监督权和当事人不服第一审人民法院对案件所作裁判的上诉权。第二审程序发生后，上一级人民法院就要继续行使国家赋予的审判权，全面审查第一审人民法院的判决、裁定在认定事实和适用法律上是否正确，作出终审判决或裁定，最终解决当事人之间的争议。第二审程序并不是每个行政案件的必经程序。如果一个案件经过第一审程序审理，当事人在上诉期限内没有上诉，就不会引起第二审程序的发生，也就无须经过第二审程序。第二审程序可以纠正第一审裁判中的错误，保护行政诉讼当事人的合法权益，也有利于上一级人民法院监督和检查下级人民法院的行政审判工作。

二审程序和一审程序的区别在于：一是两者的启动基础不同。二审程序是基于当事人对一审判决不服，行使上诉权而启动的；而一审程序则是基于当事人认为自身权益受损或与他人存在争议，行使起诉权而启动的。二是提起诉讼程序的理由也有所差异。一审起诉的理由是当事人的权益受到侵害或与他人存在争议；而二审上诉的理由则是对一审法院的判决持有异议。三是两者的职能有所不同。一审程序主要实现人民法院的审判职能；而二审程序除了继续履行审判职能外，还承担着上级人民法院对下级人民法院审判活动的监督职能。四是两者的审判组织形式也有所区别。一审审判程序的组织形式包括独任审判庭和由审判员或审判员与陪审员共同组成的合议庭两种；而在二审程序中，案件的审理全部由审判员组成的合议庭负责，陪审员不参与二审的审判工作。

二审程序中涉及两个关键问题：一个关键问题是当事人在二审中提交新证据以证明自身主张或反驳对方主张的问题。这类问题在2020年8月《最高人民法院关于审理专利授权确权行政案件适用法律若干问题的规定（一）》中进行了规定。在这类案件中，若专利申请人或专利权人提交新的证据以证明专利申请不应被驳回或专利权应保持有效，法院通常应予以审查。然而，对于无效宣告请求人提交的新证据，法院一般不予审查，但以下几类证据构成例外情形：一是可证明在无效宣告审查程序中已经主张的公知常识或惯常设计；二是证明相关技术领域内技术人员或一般消费者的知识水平和认知能力；三是证明外观设计专利产品的设计空间或现有设计的整体状况；四是补强在无效宣告程序中已被采信的证据的证明力；五是用于反驳其他当事人在诉讼中提供的证据的材料。这些例外性证据为法院提供了进一步审查的依据，有助于更准确地判断案件的实体问题。另一个关键问题是二审裁判的问题。人民法院审理上诉案件，应当在收到上诉状之日起三个月内作出终审判决。有特殊情况需要延长的，由高级人民法院批准。高级人民法院审理上诉案件需要延长的，由最高人民法院批准。二审法院对上诉案件的处理主要包括以下几种情形：当一审判决事实认定清楚、法律适用正确时，二审法院将驳回上诉、维持原判；若一审判决存在事实认定错误或法律适用错误，二审法院则依法进行改判、撤销或变更；若一审判决事实认定不清或证据不足，法院可以将案件发回重审或在查清事实后自行改判；当一审程序存在遗漏当事人或非法缺席判决等严重程序性错误时，二审法院将撤销原判并发回重审。值得注意的是，对于已发回重审的案件，一审法院重新作出判决后，若当事人再次提起上诉，二审法院不得再次将案件发回重审。此外，二审法院若决定改判，应对被诉行政行为的合法性作出明确判决，以维护审判的统一性和公正性。

（三）再审程序

在行政诉讼的再审程序中，为了确保当事人正确行使申请再审的权利，保障人民法院生效裁判的稳定性和权威性，相关法律法规规定了详细的程序性要求，行政案件当事人应注意以下事项：

第一，再审申请条件。再审申请人必须满足一定条件才能提出再审申请，包括：（1）再审申请人必须是生效裁判文书列明的当事人，或者因非本人原因未列入裁判文书的利害关系人，如公民、法人或其他组织；（2）再审申请应向作出生效裁判的上一级人民法院提出；（3）申请的裁判必须是《行政诉讼法》第90条规定的已生效裁判；（4）再审申请事由须符合《行政诉讼法》第91条所规定的情形。

第二，申请再审应当提交材料。再审申请人须提交符合要求的再审申请书，内容包括再审申请人及被申请人基本信息、原审法院名称、判决案号、再审请求、法定事由及其事实与理由。此外，再审申请人还需提交身份证明材料，法人或其他组织还需提供营业执照等证明文件；若委托代理人代为申请，则需提供授权委托书和代理人的执业证件复印件。再审申请人还需提供支持再审请求的证据材料，包括原审裁判文书、主要证据材料，以及与行政机关行为相关的证据等。

第三，申请再审的期限。再审申请应在判决、裁定或调解书生效后六个月内提出，期间从裁判文书送达之日起算至再审申请提交之日止，且为不变期间，不适用中止、中断或延长。对于2015年5月1日《行政诉讼法》实施前已生效的裁判文书，人民法院依据相关司法解释规定的两年期限确定再审申请时限，但若该期限在2015年10月31日前尚未届满的，截止至2015年10月31日。

第四，不予立案的情形。人民法院对某些情形下的再审申请不予立案，包括：（1）已驳回的再审申请重复提交的；（2）针对再审判决或裁定再次提出申请的；（3）在人民检察院不予抗诉或不提检察建议后提出申请的。在第一项与第二项情形中，法院将告知当事人可向人民检察院申请检察建议或抗诉。

第三节 知识产权刑事诉讼

知识产权刑事诉讼是指针对涉嫌知识产权刑事犯罪的行为，人民法院、人民检察院和公安机关在当事人及其他诉讼参与人的参加下，依照法律规定的程序进行的一系列刑事诉讼活动的总称。知识产权刑事诉讼与知识产权刑事犯罪紧密相关，除了具有维护知识产权管理秩序的工具价值外，也具有发展刑事实体法、实现公平正义的独立价值。[①]

一、知识产权刑事诉讼概述

（一）知识产权刑事诉讼的概念

知识产权刑事诉讼是指针对涉嫌知识产权刑事犯罪的行为，人民法院、人民检察院和公安机关在当事人及其他诉讼参与人的参加下，依照法律规定的程序，解决被追诉者刑事责任问题的活动。

知识产权刑事诉讼是行使国家刑事处罚权的活动。其核心在于处理犯罪嫌疑人及被告人是否涉及知识产权刑事犯罪，并确定其应负的刑事责任。在通过刑事诉讼程序，准确、及时查明案件事实的基础上，对构成犯罪的被告人依照刑法的相关规定适用刑罚。[②] 同时，从另一个角度看，国家刑事处罚权的行使还需要践行保障人权的理念，保证无辜的人不受追究，有罪的人受到公正处罚，诉讼权利得到充分的保障和行使。

知识产权刑事诉讼是确保实现法律正义的过程。正义是法的价值目标，知识产权刑事诉讼的正义需要在实体公正和程序公正两方面实现。关于实体公正，要求定罪量刑的犯罪事实的证据确实充分。在确定具体罪名时，准确认定犯罪嫌疑人、被告人是否犯罪及其罪名，按照罪责刑相适应的原则确定其具体刑罚。对于错误处理的案件，应提供救济性手段及时纠正错误或者及时给予赔偿或者补偿。[③] 关于程序公正，要求严格遵守刑

———————————

① 王文华. 侵犯著作权犯罪立法若干问题研究[J]. 深圳大学学报（人文社会科学版），2006（5）：44-47.

② 上海市人民检察院课题组. 知识产权权利人实质性参与刑事诉讼制度研究[J]. 犯罪研究，2022（6）：97-103.

③ 王统. 刑事诉讼法学理论体系的哲学构建——评《刑事诉讼法哲理思维》[J]. 广东财经大学学报，2021，36（1）：115-116.

事诉讼法的规定，认真保障当事人和其他诉讼参与人的权利，保障诉讼程序的公开性和透明度。

知识产权刑事诉讼必须严格按照法定程序进行。它必须依照法律所明确规定的步骤和流程来执行，这与其他社会活动显著不同，因为它是基于刑事诉讼法的框架和规定而展开的。刑事诉讼要求必须有当事人及其他诉讼参与人参与。除了公安机关、人民检察院和人民法院作为主要的诉讼主体外，刑事诉讼还涉及犯罪嫌疑人、被告人、被害人、自诉人、辩护人、诉讼代理人、附带民事诉讼的原告和被告，以及证人、鉴定人、书记员、翻译人员等一系列诉讼参与人。

(二)知识产权刑事诉讼的分类

知识产权刑事诉讼的法院审理刑事案件，分为公诉和自诉两种。公诉案件，亦即刑事公诉案件，是指由各级检察机关依照法律相关规定，代表国家追究被告人的刑事责任而提起诉讼的案件；自诉案件，是指被害人或其法定代理人，为了追究被告人的刑事责任，依法直接向人民法院提起诉讼的刑事案件。刑事诉讼法中的公诉案件和自诉案件，主要有以下六方面的不同。

第一，案件来源不同。公诉案件由检察院提起，通常涉及较为严重的犯罪行为，危害性较大。自诉案件则多为轻微刑事案件，检察机关未提起公诉，因而由被害人通过证据直接向法院提起诉讼。

第二，犯罪性质和危害程度不同。公诉案件一般涉及更为严重的犯罪行为，对社会的危害较大，因而一旦起诉，除特殊情况(如证据不足)外，检察机关不得撤回诉讼。而自诉案件的危害性相对较小，在法律允许下可以调解，被害人也有权在宣判前与被告人达成和解并撤诉。

第三，审查程序不同。公诉案件的审查过程相对简化，由法院审判组织进行程序性审查；而自诉案件则需经两次审查。立案前，法院需审查该案件是否符合立案条件，并由专门人员负责审查。在开庭前，还需再次确认是否符合"犯罪事实清楚、证据充足"的标准，未达到条件的自诉案件可以撤回或驳回。

第四，诉讼当事人的权利在各类案件中并非完全一致。具体而言，自诉案件的被告人及其代理人可以对原告发起反诉，而在公诉案件中，被告人只能对诉讼过程中的程序问题或司法人员的行为提出控告，无权对案件事实本身发起反诉。此外，自诉案件的被害人如不服一审判决或裁定，可以在法定上诉期限内独立提出上诉；而公诉案件的被害人则无独立上诉权，只有在判决下达后五日内请求检察机关在法定期限内提起抗诉。

第五，当事人的诉讼地位不同。自诉案件的被害人作为原告提出诉讼，而公诉案件中的原告是检察机关，被害人则多作为证人参与庭审，这也反映了两类案件在原告主体上的不同。

第六，自诉案件一般涉及较轻的刑罚，通常为三年以下有期徒刑、拘役或管制；公诉案件则可能涉及较重的刑罚，甚至包括十年以上有期徒刑、无期徒刑或死刑。

(三) 知识产权刑事诉讼的程序

刑事诉讼主要包括立案、侦查、起诉、审判、执行五个阶段，下文主要对前四个阶段进行讨论。立案是指公安机关、人民检察院、人民法院对报案、控告、举报以及犯罪人的自首情况进行审查。这一过程的目的是判断是否存在犯罪事实且需要追究刑事责任，并依法决定是否启动刑事案件的侦查或审判程序。根据我国《刑事诉讼法》的规定，公安机关或者人民检察院发现犯罪事实或者犯罪嫌疑人，应当按照管辖范围立案侦查。任何单位和个人发现有犯罪事实或者犯罪嫌疑人，都有权利和义务向公安机关、人民检察院或者人民法院报案或举报。

侦查是公安机关、人民检察院对已经立案的案件，依照法定程序收集证据，证实犯罪、查获犯罪人及在侦查中对犯罪嫌疑人采取必要的强制措施的诉讼活动。对于已经立案的刑事案件，公安机关需开展侦查工作，搜集并调取能证明犯罪嫌疑人是否有罪、罪责轻重的证据材料。针对现行犯或重大嫌疑分子，公安机关有权依法先行拘留；对符合逮捕条件的犯罪嫌疑人，依法执行逮捕。完成侦查后，公安机关应对有确凿证据支持的案件进行预审，并核实所收集的证据材料。

起诉有两种方式，包括公诉和自诉。凡需要提起公诉的案件，一律由人民检察院审查决定。自诉案件是依据最高人民法院 2020 年发布的《最高人民法院关于适用〈中华人民共和国刑事诉讼法〉的解释》第 1 条第 2 款第 7 项的规定，人民检察院没有提起公诉，被害人有证据证明的侵犯知识产权的轻微刑事案件，被害人可提起刑事自诉。

审判是指人民法院对提起公诉的案件进行审理和裁决的司法活动。简单来说，就是法院根据法律规定，通过一系列程序，对案件进行审理并作出判决或裁定的过程。基层人民法院、中级人民法院审判第一审案件，应当由审判员三人或者由审判员和人民陪审员共三人或者七人组成合议庭进行。基层人民法院在适用简易程序或速裁程序审理案件时，可以仅由一名审判员独任审理。高级人民法院审判第一审案件，应当由审判员三人至七人或者由审判员和人民陪审员共三人或者七人组成合议庭进行。

二、知识产权刑事诉讼的立案程序

知识产权刑事诉讼中的立案，是指公安机关、人民检察院发现犯罪事实或者犯罪嫌疑人，或者公安机关、人民检察院、人民法院对于报案、控告、举报和自首的材料，以及自诉人起诉的材料，按照各自的管辖范围进行审查后，决定作为刑事案件进行侦查或者审判的一种诉讼活动。

立案标志着刑事诉讼的起始，是每个刑事案件必经的法定阶段。它具备独立性和特定的诉讼职能，核心在于判断是否启动刑事诉讼程序。根据我国《刑事诉讼法》的规定，公安机关或人民检察院一旦发现犯罪事实或嫌疑人，需按管辖范围立案侦查。任何单位或个人在发现犯罪事实或嫌疑人时，均有权利和义务向公安机关、人民检察院或人民法院报案或举报。被害人对侵犯其人身、财产权益的犯罪事实或嫌疑人，有权向上述机关报案或控告。对于接收到的报案、控告、举报，公安机关、人民检察院、人民法院均须受理。若案件不属于其管辖范围，则需移送至主管机关处理，并通知相关报案人、控告人、举报人；若虽不属于其管辖但需立即采取紧急措施，则应先采取紧急措施后再移送至主管机关。

依照我国《刑法》的规定，知识产权刑事犯罪的立案标准基于罪名的不同而有所差异，具体包括以下类型：

第一，假冒注册商标罪。《刑法》对其定义为未经注册商标所有人许可，在相同商品上使用与注册商标相同标识的行为，且情节严重。立案标准主要涉及非法经营金额和违法所得数额，或者在假冒多种商标的情况下达到一定金额。

第二，销售假冒注册商标的商品罪。销售假冒注册商标的商品罪，是指明知商品为假冒注册商标商品仍进行销售的行为。此罪名的立案标准是销售金额在 5 万元以上。

第三，非法制造、销售非法制造的注册商标标识罪。非法制造、销售非法制造的注册商标标识罪涉及未经授权伪造、制造、销售他人注册商标标识的行为，并要求违法所得或非法经营数额达到法定数额或情节严重方可立案。

第四，假冒专利罪。假冒专利罪，是指未经专利权人许可，擅自假冒他人专利的行为。该行为的立案标准主要围绕非法经营数额、违法所得、直接经济损失以及假冒专利数量等情节进行判定。

第五，侵犯著作权罪。侵犯著作权罪则针对未经著作权人许可，以营利为目的复制发行他人作品或出版他人享有专有出版权的图书的行为。对于该罪名，立案标准涉及非法经营金额或复制品数量达到特定标准。

第六，销售侵权复制品罪。销售侵权复制品罪同样以营利为目的，销售明知是侵犯他人著作权的作品，包括文字、音乐、影视等复制品。立案标准是违法所得金额在 10 万元以上。

第七，侵犯商业秘密罪。侵犯商业秘密罪定义为以不正当手段获取、披露或使用权利人商业秘密的行为，并要求造成权利人重大损失方可立案。根据刑法，该类案件的立案标准是给权利人造成的直接经济损失在 50 万元以上。

三、提起公诉的程序

提起公诉，作为起诉的一种类型，是指人民检察院对公安机关侦查终结、移送起诉的案件，进行全面审查，对应当追究刑事责任的犯罪嫌疑人提交人民法院进行审判的一项诉讼活动。提起公诉是人民检察院的一项专门权力，其他任何机关、团体和个人都不得行使。人民检察院作为国家的公诉机关，应当谨慎地行使公诉权，保证犯罪行为得到应受的惩罚，无罪的人不受刑事追究，以保护人权。

根据我国《刑事诉讼法》，提起公诉是人民检察院的专属职权，所有须进入公诉程序的案件均由检察院负责审查并作出是否起诉的决定。对公安机关侦查终结并移送起诉的案件，检察院需进行全面审查，确认案件事实是否清晰，证据是否确凿充分，罪名的认定是否准确，是否遗漏其他犯罪行为或应追责的人员，是否存在不应追究刑事责任的情况，并审查侦查活动的合法性及是否涉及附带民事诉讼。

在审查过程中，检察院有权讯问被告人，并可询问证人和被害人。若检察院认为犯罪事实已查清且证据确凿，符合追究刑事责任的法定条件，即应依法作出起诉决定，并依据刑事审判管辖的规定向人民法院提起公诉。

人民检察院在提起公诉时，要对案件进行审查。根据《刑事诉讼法》的规定，人民检察院审查案件的时候，必须确保犯罪事实、情节清晰明确，证据确凿充分，犯罪性质和罪名认定准确，同时检查是否遗漏罪行或未追究责任的人，评估案件是否属于不追究刑事责任的情形，留意是否存在附带民事诉讼，并核实侦查活动的合法性。一旦确认犯罪嫌疑人犯罪事实清楚，证据充分，且依法应追究责任，人民检察院将作出起诉决定，根据审判管辖规定向人民法院提起公诉，并移送相关案卷材料和证据。

犯罪嫌疑人认罪认罚的，人民检察院应当就主刑、附加刑、是否适用缓刑等提出量刑建议，并随案移送认罪认罚具结书等材料。

针对涉及被害人的案件，若人民检察院决定不起诉，须将不起诉决定书送达被害人。被害人如有异议，可在收到决定书后七日内向上级人民检察院提出申诉，请求提起公诉。人民检察院须将复查决定通知被害人。若维持不起诉决定，被害人有权选择向人民法院提起诉讼。被害人也可以不经申诉直接起诉。一旦人民法院受理案件，人民检察院须将相关案件材料移送至法院。

四、提起自诉的程序

(一) 自诉案件的提起

自诉案件，是由被害人本人或者其法定代表人、近亲属直接向人民法院提起的诉讼。

自诉案件的范围在《刑事诉讼法》第 210 条作出明确规定，一般包含三种情形：第一，告诉才处理的案件，如侮辱、诽谤、暴力干涉婚姻自由、虐待以及侵占等案件。第二，受害者有确凿证据支持的轻微刑事案件。第三，受害者有充分的证据证明被告侵犯了他们的人身或财产权益，且该行为应受到刑事处罚，但公安机关或检察院并未对此进行刑事追究的情况。

自诉案件的提出和受理流程包括：自诉人应向法院提交刑事自诉状，如涉及附带民事诉讼，则应提交刑事附带民事自诉状。法院在受理自诉案件时应进行严格审查，对犯罪事实清楚、证据充分的案件应直接受理。不符合立案标准的，应通知自诉人撤回起诉并说明理由；若自诉人坚持起诉，法院应作出驳回起诉的裁定，自诉人可对该裁定提起上诉。若自诉人撤回起诉或其诉讼被驳回后，又提出足以证明被告人有罪的新证据的，法院可以重新受理案件。若自诉人经两次合法传唤后无正当理由未到庭，或未经允许中途退庭，则按撤诉处理。

(二)知识产权刑事自诉程序的案例分析

自诉人 AXX 阿某有限公司(以下简称 AXX 公司)是一家根据瑞士法律成立的公司，主要产品包括低压控制及自动化产品、自动转换开关电器、断路器等，经商标局核准注册了第 XXXX497 号"AXX"商标、第 XXXX216 号"AXX"商标，核定使用商品类别均为第 9 类电容器、电源材料、断路器等，续展注册有效期至 2025 年 11 月 20 日。被告人张某某1998 年毕业于某学院两年制外贸英语专业，1999 年至 2000 年在某中学从事英语教学。2001 年至 2014 年，张某某在温州从事断路器等电气产品的出口贸易业务。2014 年 12 月26 日，张某某设立被告单位芜湖市迪某电气贸易有限公司(以下简称迪某公司)，经营范围包括电子元件、仪器仪表、电力变压器、五金机械、电线电缆销售以及自营和代理各类商品、技术的进出口业务。2016 年 5 月，被告人张某某将 1629 箱共 165480 个小型断路器从江西鄱阳提至安徽芜湖并委托报关公司报关出口。

《海关出口货物报关单》与《海关出口货物报关单企业留存联》显示收发货人与生产销售单位为"迪某公司"、货物运抵国为"利比亚"、境内货源地为"温州"、合同协议号为"TXXXXX2016001"、件数 1629、数量 165480 个、商品名称为"小型断路器"，单价0.9127 美元，总价 151040 美元。《委托报关协议》上申报要素中载明品牌为"TXXXXX"，申报型号为"DZ47-63"。《装箱单》和《商业发票》上载明合同编号为"TXXXXX2016001"，并详细列明了箱号、货名、数量、箱数、单价、金额、运抵口岸、装运口岸等信息。"品名和规格"具体包括"SH203-C32""SH203-C40""SH203-C63""SH201-C16""SH201-C20""SH201-C25""SH201-C32""SH201-C40""SH201-C63"两个系列共九个型号的小型断路器。而"SH203-C"系列和"SH201-C"系列均为 AXX 公司的断路器产品规格型号，该系列产品在天猫、京东等官方网店及线下实体店铺均有销售，售价远远超过张某某报关出口的价格。芜湖海关在对上述申报出口货物进行查验时，发现包装箱内的货物印有"AXX"商标，遂要求迪某公司说明申报货物的知识产权并提供相关证明，迪某公司未能提交。后经AXX公司确认，该部分断路器均系侵犯"AXX"注册商标专用权的商品。随后，芜湖海关对涉案货物作出扣留决定。2018年7月20日，芜湖市鸠江区公安分局将张某某涉嫌销售假冒注册商标的商品罪移送芜湖经济技术开发区人民检察院审查起诉。

2018年12月29日，芜湖经济技术开发区人民检察院作出"芜经开检刑不诉〔2018〕1X号"《不起诉决定书》，认为现有证据不足以认定张某某明知是假冒注册商标的商品而予以销售，且销售金额无法确定，不符合起诉条件，决定对张某某不起诉。AXX公司对此不服，未向上一级人民检察院申诉，直接向人民法院提起刑事自诉。

安徽省芜湖经济技术开发区人民法院一审判决：被告单位迪某公司犯销售假冒注册商标的商品罪，单处罚金八十五万元，于本判决生效之日起十日内缴纳；被告人张某某犯销售假冒注册商标的商品罪，判处有期徒刑三年六个月，并处罚金八十万元；扣押的165480个假冒AXX注册商标的微型断路器，由扣押机关中华人民共和国芜湖海关依法予以处理。安徽省芜湖市中级人民法院二审裁定驳回上诉，维持原判。①

(三)知识产权刑事自诉程序的意义

自诉救济制度赋予被害人独立的诉讼主体人格，是刑事诉讼实现科学化和民主化的成果。然而，在现行刑事诉讼法规定和证据规则条件下，知识产权权利人提起刑事自诉存在证据收集、法律适用等困难。司法实践中，侵犯知识产权犯罪自诉案件的数量寥寥无几。本案系安徽省首例知识产权权利人提起刑事自诉后成功由法院定罪量刑的知识产权刑事自诉案件。本案在被告人无罪辩解，其辩护人亦提出无罪辩护，且缺乏相关证人证言等直接证据的情况下，运用形成锁链的间接证据，借助逻辑推理，整合、构建出案件主要事实，利用被告人实施的客观行为推定其主观故意，被告人与被告单位最终受到法律的严惩。该案的成功办理，破解了知识产权刑事自诉案件在实践中长期面临的困境，为同类知识产权刑事自诉案件提供了参考，有效发挥了刑罚惩治与震慑知识产权犯罪的功能，彰显了知识产权刑事自诉制度为权利人权益保障补充救济渠道的有效性，增强了我国知识产权司法保护的国际影响力和公信力。②

---

① 张某某、芜湖市迪某电气贸易有限公司销售假冒注册商标的商品案——知识产权刑事自诉案件的审查与认定，安徽省芜湖市中级人民法院(2020)皖02刑终62号判决书。
② 安徽高院知识产权司法保护刑事典型案例[EB/OL]. (2022-04-29)[2025-06-07]. https：//www.ciplawyer.cn/articles/148274.html.

五、知识产权刑事诉讼的审理

刑事审判旨在解决涉嫌犯罪的个人或团体与国家之间基于刑法产生的纠纷。刑事审判的任务包括以下三个方面：

第一，审查判断证据与犯罪事实。法庭需要对控方和辩方提供的所有证据进行全面的审查，包括物证、书证、证人证言、被告人的供述等。法官需要判断这些证据是否具有合法性、真实性和关联性。在审查证据的基础上，法庭需要对案件的犯罪事实进行认定，对所有证据进行综合评估，判断证据链是否完整、证据之间是否存在矛盾、证据是否足以证明被告人有罪。

第二，审查有关程序性事项。法庭需要审查案件的侦查、起诉和审判程序是否符合法律规定。例如，是否存在非法取证、是否遵守了诉讼时效、是否保障了被告人的诉讼权利等。

第三，适用法律，对案件作出裁判。法庭需要审查案件所适用的法律是否正确，包括刑法、刑事诉讼法等相关法律法规。法官需要根据案件的具体情况，选择适用的法律条款。在确定法律适用后，法庭需要制作裁判文书，包括判决书、裁定书等。裁判文书需要详细说明案件的事实、证据、法律适用和裁判结果。

刑事审判的三项任务紧密联系，共同构成了刑事审判工作的完整体系。审查判断证据与犯罪事实是基础，审查有关程序性事项是保障，适用法律对案件作出裁判是最终目的。

基于案件性质的不同，审判可分为公诉案件的审判和自诉案件的审判。

1. 公诉案件的审判

（1）开庭前准备。公诉案件的审判程序始于开庭前的准备阶段。法院在审查公诉案件时，如起诉书中指控的犯罪事实明确，则应决定进入庭审环节。庭审准备包括组成合议庭，将起诉书副本提前送达被告人及其辩护人，并召集公诉人、辩护人等，讨论回避、证人出庭及非法证据排除等问题。开庭日期确定后，法院将庭审时间、地点通知相关人员。公开审判的案件应提前公告案情、被告人姓名及开庭信息。

（2）决定是否公开审理。在是否公开审理的问题上，法院通常应公开审理公诉案件，但若涉及国家秘密、个人隐私，法院可在依法作出相应说明后决定不公开审理；若涉及商业秘密，依当事人的申请，法院可以决定不公开审理。公诉案件的庭审过程中，人民检察院应当派员出庭支持公诉。

（3）开庭程序。庭审程序正式开始后，审判长确认各方是否到庭，并宣读案由、列出合议庭及其他相关人员的名单，告知当事人可申请相关人员回避并提醒被告人享有的辩护权利。若被告人认罪认罚，审判长需确认其陈述的自愿性及具结书的真实性与合法性。随后，公诉人宣读起诉书，被告人及被害人可以发表陈述，控辩双方和审判人员可进行询问。

（4）举证质证。在举证质证阶段，若证人证言对定罪量刑有重大影响且存在异议，法院有权要求证人出庭作证。公安机关的办案人员可以作为证人出庭说明情况。对鉴定意见有异议的，法院也可要求鉴定人出庭，鉴定人拒不出庭的，其鉴定意见不得作为定案依据。证人若无正当理由拒绝出庭，法院可强制其到庭，并对其拒证行为进行训诫或拘留。证人作证时，审判长告知其有如实陈述的义务及伪证的法律责任。控辩双方在审判长许可下可对证人、鉴定人发问，审判长可制止无关发问。庭审过程中，法院可中途休庭调查核实证据，并采取必要的保密措施来保护商业秘密或其他敏感信息。

（5）法庭辩论。庭审的法庭辩论环节中，控辩双方围绕定罪与量刑进行讨论并展开辩论。辩论结束后，被告人有最后陈述权。随后，审判长宣布休庭，由合议庭评议后作出判决。

（6）宣判。在作出判决时，法院根据查明的事实、证据及法律规定综合考量。如果被告具有从重处罚情节，如以侵犯知识产权为业、在特定公共事件期间假冒注册商标等，则一般不适用缓刑；相反，如果被告认罪认罚、取得权利人谅解或具有悔罪表现，则可酌情从轻处罚。在知识产权犯罪案件中，法院根据违法所得、非法经营额及侵权行为的社会危害性确定罚金，未能查清违法所得时则按非法经营额的百分比确定，确保量刑适度且符合法律规范。

2. 自诉案件的审判

在审理自诉案件时，人民法院根据案件的具体情况作出相应处理。若案件中的犯罪事实明确且证据充分，法院应进入开庭审理程序。对于证据不足的案件，如自诉人无法提供补充证据，法院则会建议自诉人撤诉，或直接裁定驳回其诉讼请求。如果自诉人经过两次合法传唤而无正当理由未到庭，或未经法庭允许在庭审中途离席，法院将按撤诉处理。

在审理过程中，法院可以在自诉案件中尝试调解，自诉人也有权在宣判前与被告人自行达成和解或撤回起诉。

第三章 知识产权纠纷行政解决机制

近年来，知识产权纠纷呈现出专业性强、形式多样、隐蔽性强、数额较大等特点。如何高效解决知识产权纠纷，是当事人、利害关系人以及行政管理机关共同面临的现实问题。在私有财产权的法律保护体系中，侵权纠纷的解决往往通过私法进行，司法机构在其中承担着重要职责。而在我国的知识产权法律保护体系中，行政机关在侵权纠纷解决过程中却扮演着重要的角色。① 知识产权纠纷行政解决机制一般是指知识产权行政管理机关依照法定职权或者相关当事人的请求，处理知识产权侵权纠纷或者违法行为的活动。一般而言，知识产权纠纷行政解决机制包括行政裁决、行政执法和行政调解等形式。

第一节 知识产权纠纷行政裁决

由于权利保护范围的模糊性，知识产权纠纷的不确定性较高，诉讼结果往往难以预测，权利人在维权过程中还可能会存在民事争议与行政争议交叉的情况。因此，构建知识产权纠纷多元化解决机制成为有效解决双方矛盾、保护权利人合法权益的现实选择。其中，行政裁决作为替代性纠纷解决机制的重要内容之一，具有加快纠纷解决、保障当事人权益、协调社会关系等作用。

一、知识产权纠纷行政裁决的理论概述

（一）知识产权纠纷行政裁决的内涵特征

行政裁决是行政机关根据当事人的申请，根据法律法规授权，居中对与行政管理活动密切相关的民事纠纷进行裁处的行为。行政裁决具有效率高、成本低、专业性强、程序简便的特点，有利于促成矛盾纠纷的快速解决，发挥化解民事纠纷的"分流阀"作用。② 2018

---

① 曹博. 知识产权行政保护的制度逻辑与改革路径[J]. 知识产权，2016(5)：52-62.
② 中共中央办公厅 国务院办公厅印发《关于健全行政裁决制度加强行政裁决工作的意见》[EB/OL].（2019-06-02）[2023-10-04]. http：//www.xinhuanet.com/politics/2019-06/02/c_1124574296.htm.

年 12 月 31 日，中共中央办公厅、国务院办公厅印发的《关于健全行政裁决制度加强行政裁决工作的意见》，为知识产权行政裁决工作提供了科学指引。2023 年《国家知识产权局　司法部关于加强新时代专利侵权纠纷行政裁决工作的意见》出台，旨在构建法治健全、实施高效、有机衔接、执行有力的专利侵权纠纷行政裁决工作体系，为加快建设知识产权强国、推动高质量发展提供有力支撑。[①]　具体而言，知识产权纠纷行政裁决具有如下特点：

1. 专业性

首先，由于知识产权客体范围广泛，不仅涉及文学艺术领域，还涉及自然科学、信息技术等领域。特别是人工智能等新兴领域的侵权行为频发，使得纠纷判定的专业性较强。其次，专利复审程序中对发明创造是否符合《专利法》的规定，需要运用技术手段进行审查，司法机关工作人员虽然具有较高的法律水平，但对诸如移动通信、生物医药等领域的专业知识难以全面掌握，导致纠纷案件的处理难度较大。而知识产权行政管理部门通常具备复合型背景知识，能够综合自身的专业技术背景，较为准确地作出行政裁决。

2. 高效性

一般而言，由于知识产权具有一定的法定期限，期限届满后不再受到相关法律的保护，因此，发生知识产权纠纷时如何快速解决纠纷，直接影响权利人享有的市场收益。民事诉讼案件处理时间较长，程序也较复杂，行政机关遵循效率优先原则，相比而言更高效便捷。此外，知识产权侵权成本低而收益高，如果不能及时得到规制，会给权利人带来难以挽回的损失。行政裁决以非诉讼方式的柔韧性灵活、妥善地处理纠纷，建立起社会冲突的缓冲机制，不仅有利于化解矛盾，也有助于促成知识产权纠纷的快速解决。

3. 便捷性

行政裁决相比于司法诉讼而言，当事人付出的各类成本较低。首先，权利人选择行政裁决方式维护自身合法权利，不需要支付相应的律师费；其次，调查取证环节通常由知识产权行政机关办案人员依职权进行，可以减轻权利人的举证压力；最后，行政裁决不收取相关案件裁决费用、在 4 个月内结案[②]的规定，可以有效节约权利人的时间、金钱。对社会而言，行政裁决还可以有效节约司法资源，一定程度上减轻法院的工作压力。

---

① 国家知识产权局　司法部关于加强新时代专利侵权纠纷行政裁决工作的意见[EB/OL]. (2023-09-15)[2025-06-07]. https：//www.cnipa.gov.cn/art/2023/9/15/art_75_187582.html？siteId＝zhongguancun.
② 按照 2019 年国家知识产权局印发的《专利侵权纠纷行政裁决办案指南》的相关规定，管理专利工作的部门处理专利侵权纠纷，应当自立案之日起 3 个月内结案。案件特别复杂需要延长期限的，应当由管理专利工作的部门的负责人批准。经批准延长的期限，最多不超过 1 个月。

4. 非终局性

为了监督行政机关依法行使职权以及保证司法权的统一性，法律规定了"如果知识产权纠纷各方当事人对行政裁决决定不服，可以就同一侵权纠纷再次以其他途径申请权利救济"的制度，体现为行政裁决方式的非终局性。以专利纠纷行政裁决为例，结案方式主要分为作出裁决决定、撤销案件和达成调解协议结案，其中，作出的行政裁决决定包括责令停止侵权和驳回请求两种情形，权利人不服行政裁决决定的，可以向人民法院提起行政诉讼。

(二)知识产权纠纷行政裁决的概念比较

党的十八届四中全会审议通过的《中共中央关于全面推进依法治国若干重大问题的决定》，明确指出"健全社会矛盾纠纷预防化解机制，完善调解、仲裁、行政裁决、行政复议、诉讼等有机衔接、相互协调的多元化纠纷解决机制"。基于此，学理上有必要加强知识产权行政裁决与相关概念的比较。

1. 行政裁决与行政调解

当发生知识产权侵权纠纷时，权利人可向行政机关申请行政裁决要求其进行裁处，也可依法对知识产权侵权纠纷、知识产权许可使用费用、损害赔偿数额等事项申请调解。行政裁决与行政调解的主要区别如下：

(1)启动方式不同。知识产权纠纷行政裁决程序的启动取决于当事人的选择，行政机关不能主动作出行政裁决，即由权利人或者利害关系人向知识产权行政部门申请，不需要双方同意；而行政调解则充分体现了"意思自治"原则，既能由双方当事人申请，也能由调解委员会或者行政机关主动介入调查，但必须经双方当事人协商一致同意以调解方式解决纠纷才可以启动。

(2)处理方式不同。知识产权行政裁决是在当事人提出申请之后，由知识产权行政管理机关根据其法定职权单方作出的具体行政行为，当事人不服行政裁决的，可以依法向法院提起诉讼；而在行政调解程序中，行政管理机关是作为第三人居中进行调解，反映的是双方当事人的共同意愿。

(3)处理对象不同。知识产权行政裁决是根据事实对相关行为是否构成侵权进行责任认定，依据法律、行政法规以及部门规章作出裁决；而行政调解往往是对于侵权行为造成的赔偿数额进行处理，例如，管理专利工作的部门应当事人的请求，可以就侵犯专利权的赔偿数额进行调解。

(4)效力不同。行政裁决形成的裁决决定具有强制力但不具有终局性效力，当事人在裁决生效后拒不履行的，可申请人民法院强制执行；行政调解以双方当事人自愿为前提，要让调解协议具有强制执行力，需要先完成司法确认程序。

（5）救济方式不同。当事人对行政裁决不服的，可以提起行政诉讼；而一方当事人拒不履行行政调解协议的，另一方当事人只能提起民事诉讼。

2. 行政裁决与行政诉讼

行政裁决在行政性纠纷解决机制中发挥着"中坚力量"的作用。为了促进行政裁决与诉讼机制的衔接，需深入探究不同种类行政裁决的独特性质，构建差异化的诉讼救济途径。[①] 行政裁决与行政诉讼的主要区别如下：

（1）处理机构不同。知识产权行政裁决由知识产权行政管理部门依照有关法律规定作出裁决；行政诉讼是由人民法院作出司法判决。

（2）法律依据不同。行政裁决是国家行政机关依据职权和有关行政法规来处理与行政管理活动密切相关的民事纠纷；而行政诉讼是人民法院依据《行政诉讼法》以及相关的法律、法规等来进行合理性和合法性审查。

（3）裁决性质不同。行政裁决是由国家行政管理机关依据其职权，以领导与被领导、管理与被管理的隶属关系进行的裁决，是行政机关行使行政权的行为；而国家审判机关审理行政案件属于行使司法权的行为，是审判机关对行政机关的监督活动，是人民法院行使司法权对行政行为的司法审查。

（三）知识产权纠纷行政裁决的制度发展

《著作权法》在2020年第三次修订的过程中，增加了因集体管理组织使用费收取标准发生争议的具体解决程序，即"著作权集体管理组织根据授权向使用者收取使用费。使用费的收取标准由著作权集体管理组织和使用者代表协商确定，协商不成的，可以向国家著作权主管部门申请裁决，对裁决不服的，可以向人民法院提起诉讼；当事人也可以直接向人民法院提起诉讼"。

从专利侵权纠纷行政裁决来看，1984年《专利法》第60条明确规定："对未经专利权人许可，实施其专利的侵权行为，专利权人或者利害关系人可以请求专利管理机关进行处理，也可以直接向人民法院起诉。"在2000年第二次修改《专利法》之前，通过行政裁决方式解决专利民事纠纷一直是我国专利管理机关的重要职能，专利管理机关起着类似于法院的作用。[②] 2000年《专利法》第57条明确规定了当事人协商、司法诉讼、专利行政管理部

① 宋华琳，苗奕凡．行政裁决在多元化纠纷解决机制中的定位与完善[J]．北京行政学院学报，2023（4）：117-128．

② 邓建志．我国专利行政保护制度的发展路径[J]．知识产权，2012（3）：68-74．

门调解等多种纠纷解决方式，进一步厘清了专利管理机关处理专利侵权纠纷和维护公平竞争秩序的关系。2020 年《专利法》新增第 70 条："国务院专利行政部门可以应专利权人或者利害关系人的请求处理在全国有重大影响的专利侵权纠纷。地方人民政府管理专利工作的部门应专利权人或者利害关系人请求处理专利侵权纠纷，对在本行政区域内侵犯其同一专利权的案件可以合并处理；对跨区域侵犯其同一专利权的案件可以请求上级地方人民政府管理专利工作的部门处理。"

从政策层面来看，国家知识产权局 2019 年印发《专利侵权纠纷行政裁决办案指南》；2021 年发布《重大专利侵权纠纷行政裁决办法》，进一步明确了立案条件和调查权限等；2021 年《国家知识产权局关于对专利侵权纠纷行政裁决案件鉴定期限起算点的批复》，明确了鉴定期限起算点以案件承办机关准予鉴定之日起算；2023 年《国家知识产权局 司法部关于加强新时代专利侵权纠纷行政裁决工作的意见》明确提出了"构建法治健全、实施高效、有机衔接、执行有力的专利侵权纠纷行政裁决工作体系"。自 2020 年以来，国家知识产权局会同司法部在全国大力推进专利侵权纠纷行政裁决规范化建设试点工作，累计组织三批次包括北京、上海等 23 个省区市开展行政裁决规范化建设试点，持续提升全系统行政裁决工作制度化、规范化、法治化水平。[①]

二、知识产权纠纷行政裁决的主要内容

(一)知识产权纠纷行政裁决的基本原则

知识产权行政裁决首先应当符合合法性和合理性原则。此外，结合其在纠纷解决机制上的专业性、高效性、简约性等特点，知识产权行政裁决还须遵守下列基本原则，以符合知识产权侵权纠纷行政裁决的主要功能。

1. 自愿原则

自愿原则，指知识产权行政机关解决相关纠纷，必须根据当事人提出申请而启动，而不得依职权主动介入；对侵权损害赔偿的调解应当由当事人提出申请而启动，并充分尊重当事人意愿。但自愿也不意味着裁决结果的自愿，相对于行政调解是充分尊重双方当事人的意愿，行政裁决仅将当事人意愿作为其中一个参考因素，主要是由知识产权行政机关居中依法进行裁断。

---

① 《国家知识产权局 司法部关于加强新时代专利侵权纠纷行政裁决工作的意见》政策解读［EB/OL］.（2023-09-16）［2023-10-04］. https：//www.gov.cn/zhengce/202309/content_6904379.htm.

2. 程序公正原则

程序公正原则，是指知识产权行政裁决应遵守公开与公信原则。首先，裁决机构应当将行政裁决的申请受理条件和案件裁判标准以便于普通民众周知的形式进行公开；其次，向社会公众公开行政裁决的过程和裁判结果，对未涉及国家秘密、商业秘密或者个人隐私的纠纷允许公众旁听和监督，允许纠纷当事人查阅、复制与案件有关的资料。从过程到结果的公开化和透明化，最大程度保证裁决的公正性，增加当事人对行政裁决制度的信任，有效维护行政裁决的公信力。

3. 回避原则

回避原则，是指案件审理人员和其他有关办案人员因某些原因可能影响案件公正审理，依照法律规定由负责办案的部门决定退出案件办理工作。回避原则可以减少因非正当因素对案件审理带来的影响，维护诉讼结果和司法程序的公正性。办案人员有下列情形之一的，应当自行回避：（1）是案件的当事人或者与当事人有直系血亲、三代以内旁系血亲及近姻亲关系的；（2）本人或者其近亲属与案件有利害关系的；（3）担任过案件的证人、鉴定人、代理人的；（4）与案件当事人有其他关系，可能影响案件公正处理的。当事人申请回避的，应当说明理由。知识产权行政部门应当自申请回避之日起3个工作日内决定是否回避，并以口头或者书面形式通知当事人。被申请回避的办案人员在该负责办案的部门作出是否回避的决定前，应当暂停参与该案的工作。当事人对回避决定不服的，可以申请复议。知识产权行政部门应当在3个工作日内作出复议决定并通知当事人，复议期间被申请回避的办案人员不停止参与案件审理工作。

（二）知识产权纠纷行政裁决的具体程序

1. 立案、审理程序

（1）立案。知识产权纠纷行政裁决依据知识产权纠纷案件的申请人提交的裁决申请而展开。如专利权人或者利害关系人应符合《民事诉讼法》规定的相关条件，在具备该条件之后，且当事人任何一方均未向人民法院提起民事诉讼、未约定其他纠纷解决方式的前提下，向知识产权行政部门申请行政裁决并提交申请书。知识产权行政部门应当自收到请求书之日起5个工作日内审查申请人、被申请人主体条件是否满足，同时对请求书、授权委托书、专利证明文件等材料进行形式审查，审查后决定是否立案并通知请求人。决定立案的应组成合议组办理案件，不予立案的向申请人说明理由；案情特别复杂或者有其他特殊情况的，经批准，立案期限可以延长 5 个工作日。①

（2）审理。知识产权行政部门立案后应该将需要补正的材料一次性告知当事人补正，立案后向被请求人发出请求书及其副本，被请求人应当在收到之日起 15 日内提交答辩书。被请求人逾期不提交答辩书的，不影响案件处理。

（3）口头审理。知识产权行政部门根据案情需要决定是否进行口头审理，需要口头审理的应当至少在口头审理前 5 个工作日内，将口头审理的时间、地点通知当事人，审理过程中经双方当事人当场质证以确保案件纠纷有效解决。当事人无正当理由拒不参加口头审理或者未经许可中途退出的，对请求人按撤回请求处理，对被请求人按缺席处理。

（4）结案。知识产权行政部门应当自立案之日起 3 个月内，根据调查的证据及口头审理结果及时结案。如专利侵权纠纷中认定侵权行为成立，应及时作出裁决，责令侵权人立即停止侵权，若要追究赔偿责任，则应及时达成调解协议结案。此外，对于应当撤销的案件，知识产权行政部门应及时予以撤销。因案件复杂或者其他原因，不能在规定期限内结案的，经批准可以延长期限。

（5）行政裁决书。知识产权行政部门作出行政裁决时应当制作行政裁决书并加盖公章。行政裁决认定侵权行为成立的，应当责令侵权人立即停止侵权行为，并根据需要通知有关部门协助配合并及时制止侵权行为。

2. 中止、撤销裁决

（1）中止。中止是指在行政裁决过程中由于某种法定情形的出现，致使行政裁决活动难以继续进行，知识产权行政部门依照当事人申请或依职权裁定暂时停止行政裁决程序的制度。有下列情形之一的，中止案件审理：知识产权行政部门已受理被请求人提出的无效宣告请求；一方当事人死亡，需要等待继承人表明是否参加审理的；一方当事人丧失民事行为能力，尚未确定法定代理人的；作为一方当事人的法人或者其他组织终止，尚未确定权利义务承受人的；一方当事人因不可抗拒的事由，不能参加审理的；该案必须以另一案件的审理结果为依据，而另一案尚未审结的；其他需要中止处理的情形。

（2）撤销。出现下列情形之一时，知识产权行政部门可以撤销侵权纠纷案件：一是立案后发现不符合受理条件的；二是请求人撤回行政处理请求的；三是当事人在案件处理过程中自行达成和解协议，并向知识产权行政部门提出撤回处理请求的；四是请求人死亡或注销，没有继承人，或者继承人放弃处理请求的；五是被请求人死亡或注销，没有遗产或剩余财产，或者没有应当承担义务的人的；六是其他依法应当撤销案件的情形。

---

① 《重大专利侵权纠纷行政裁决办法》，国家知识产权局第 426 号文件。

3. 证据

（1）申请人提供的证据分为三类：涉及申请人主体资格和权利的证据，如申请人主体资格证明、专利证书、专利登记簿等；涉及侵权行为的证据，如侵犯知识产权行为的证据、与被控侵权产品或方法相关的证据等；涉及权利人利益损失的证据，如专利实施许可合同、申请人因侵权所受损失等。

（2）被申请人提供的证据包括：权利瑕疵抗辩的证据、不落入知识产权保护范围抗辩的证据、先用权抗辩的证据、合法来源抗辩的证据。

（3）知识产权行政部门收集的证据主要分为两种类型：依申请和依职权调查收集的证据。知识产权行政部门作出行政裁决之前要先进行证据采集，办案人员在取证或者检查的过程中，有权对当事人涉嫌侵权行为的场所实施现场检查，检查与涉嫌侵权行为有关的产品，询问有关当事人及其他有关单位和个人，调查与涉嫌侵权行为有关的情况等。因知识产权行政部门作出行政裁决所依据的证据专业性较强，一般会委托权威鉴定部门或专家学者对有关证据进行认定，认定后出具的鉴定意见经当事人质证后作为定案依据。①

三、知识产权纠纷行政裁决的实施现状

（一）知识产权纠纷行政裁决的适用范围

1. 地域范围

行政执法属地管理是行政法的一般原则，行政执法人员都有执法区域的界定，只能在有管辖权的行政区域内开展行政执法工作。以专利侵权纠纷行政裁决为例，该类案件由被请求人所在地或者侵权行为地的管理专利工作的部门管辖。② 这里的"侵权行为地"包括"侵权行为实施地"和"侵权结果发生地"。因在专利侵权案件中行政裁决权由法律规定，专利行政机关担任居间裁决的裁判角色而非管理者角色，作出的行政裁决是在专利侵权已经认定成立的情形下责令立即停止侵权行为的决定，其效力范围由专利的说明书及权利要求书所保护的技术方案范围确定，而不受其专利行政管理的地域范围约束，因此在全国范围内生效，不受行政机关所属地域范围的限制。③

---

① 重大专利侵权纠纷行政裁决办法[J]. 中华人民共和国国务院公报，2021（23）：65-68.

② 张飞虎. 专利侵权纠纷救济"双轨制"下行政裁决与司法裁判程序衔接相关问题的探讨[J]. 电子知识产权，2020（12）：79-86.

③ 夏淑萍. 专利侵权纠纷行政裁决的程序协调及相关问题之解构——以苹果公司诉北京市知识产权局及其关联案件为例[J]. 知识产权，2017（5）：52-60.

2. 时间范围

知识产权行政裁决一经作出立即生效，当事人不服的，可以自收到行政裁决书之日起15 日内向人民法院提起行政诉讼。当事人提起行政诉讼，法律规定有下列情形之一的，应当停止执行行政裁决：（1）人民法院规定停止执行的；（2）人民法院裁定停止执行的；（3）作出行政裁决的管理专利工作的部门认为需要停止执行的。除以上情形外不停止行政裁决的执行，如果被请求人期满不起诉又不停止侵权行为，专利行政部门可以向人民法院申请强制执行。

3. 裁决结果

知识产权行政裁决虽然在程序规范上与民事诉讼程序相似，具有准司法性质，但处理侵权问题仍属于知识产权管理机关的行政管理权限，对行政裁决的救济只能由人民法院对知识产权管理部门作出的裁决的合法性进行形式审查。人民法院依职权作出维持原决定，或者撤销原决定并判令知识产权管理机关重新作出决定的判决，不能自行对侵权行为本身违法与否作出判决。而在侵权损害赔偿的处理上，由于损害赔偿数额属于双方可以意思自治的范畴，应当充分尊重当事人选择纠纷处理途径的权利，行政部门作为权力机关不应过多介入私权利范畴，当事人对于侵权造成的损害及其赔偿问题可通过调解解决，调解不成时，当事人可依法向人民法院提起民事诉讼，寻求损害赔偿。

（二）知识产权纠纷行政裁决的实施效果

近年来，我国着力完善知识产权纠纷多元化解机制，推进知识产权行政裁决改革工作，积极开展行政裁决示范建设，为权利人提供便捷的争议解决渠道，推动知识产权行政裁决制度化、标准化、专业化、规范化。数据统计显示，2019—2023 年，最高人民法院知识产权法庭共受理了有关行政裁决、行政处理类纠纷 65 件，审结 52 件，二审改判率21.2%、撤诉率 15.4%。① 国家知识产权局还先后印发《专利侵权纠纷行政裁决办案指南》《专利纠纷行政调解办案指南》等规范性文件，进一步完善专利侵权纠纷行政裁决的程序标准。此外，《知识产权强国建设纲要（2021—2035 年）》《"十四五"国家知识产权保护和运用规划》等政策文件，都对加强知识产权领域行政裁决工作作出重要部署。北京、上海、江苏、浙江、湖北、广东、深圳、河北等 8 个省市作为第一批开展专利侵权纠纷行政裁决

---

① 最高人民法院知识产权宣传周新闻发布会答记者问［EB/OL］.（2024-04-22）［2024-08-27］.https：//www.court.gov.cn/zixun/xiangqing/430702.html.

示范建设试点，相继出台了知识产权强省、强市建设纲要，多措并举完善知识产权行政裁决工作制度，推动构建国家知识产权治理能力和体系现代化。

(三)知识产权纠纷行政裁决的经验模式

近年来，国家层面不断强化关于行政裁决的顶层设计，行政裁决制度在知识产权保护工作中"落地生根"。国家知识产权局组织各地方知识产权系统积极开展专利侵权纠纷行政裁决工作实践，涌现出一批可借鉴、可复制、可推广的有益经验。① 自 2020 年开始，国家知识产权局确定北京、上海、河北、江苏、浙江、湖北、广东和深圳等 8 个地方作为第一批试点，在全国范围率先开展专利侵权纠纷行政裁决试点工作并取得良好成效，确定 6 个方面 23 项基本任务整体全部完成。② 国家知识产权局还与司法部联合向各地知识产权局、司法厅(局)发出《国家知识产权局办公室 司法部办公厅关于推介第二批全国专利侵权纠纷行政裁决建设典型经验做法的通知》，推介北京、河北等地在专利侵权纠纷行政裁决建设方面涌现出的 13 个典型经验做法③(如表 3-1 所示)。

表 3-1　　　　　　　　　第二批全国专利侵权纠纷行政裁决建设典型经验

行政裁决建设维度	行政裁决典型经验
完善行政裁决工作制度 细化行政裁决程序规定 健全行政裁决工作机制 创新行政裁决工作方式 加强行政裁决能力建设	(1)北京构建行政裁决"庭前询问、书面审理、当庭裁决"相结合审理模式；(2)河北石家庄改革创新行政裁决结果运用；(3)辽宁率先将行政裁决纳入地方性法规；(4)上海打造"三位一体"行政裁决工作机制；(5)江苏建立行政裁决规范化培训体系；(6)江苏南京畅通行政裁决案件受理渠道；(7)浙江率先运行"互联网+"行政裁决数字化系统；(8)安徽打出行政裁决制度建设组合拳；(9)山东泰安建立行政裁决三级联动处置机制；(10)湖北构建"四位一体"行政裁决政策协同机制；(11)湖南全域推进行政裁决试点建设；(12)广东广州建立行政裁决书面审理机制；(13)重庆打造"快调+速裁+精审"行政裁决模式。

① 李杨芳. 专利行政裁决彰显效能优势[EB/OL]. (2022-04-13)[2022-11-21]. https：//www.cnipa. gov.cn/art/2022/4/13/art_2432_175886.html.

② 国家知识产权局. 第一批专利侵权纠纷行政裁决试点工作成效良好[EB/OL]. (2022-06-15) [2022-11-21]. https：//www.cnipa.gov.cn/art/2022/6/15/art_53_176027.html.

③ 国家知识产权局与司法部联合发出通知 推介第二批全国专利侵权纠纷行政裁决建设典型经验做法[EB/OL]. (2022-11-02)[2022-11-21]. https：//www.cnipa.gov.cn/art/2022/11/2/art _ 2432 _ 180226. html.

第二节　知识产权纠纷行政执法

现阶段，我国采用的是以司法救济为主、行政救济为辅的知识产权保护模式，非诉纠纷解决机制的有限适用，未能将法院从诉讼压力中解救出来以减轻当事人的讼累。在知识产权综合管理改革背景下，行政执法作为知识产权保护的刚性手段，是完善知识产权纠纷多元化解决机制的关键环节。

一、知识产权行政执法的内涵特征

（一）知识产权行政执法的内涵界定

知识产权行政执法在不同的语境下有着不同的语义，广义的知识产权行政执法是"行政机关根据法定职权和程序，由权利人申请或其他法定方式，履行职责，授予或确认权利人特有权利，管理知识产权运用、变更、撤销等事项，纠正侵权违法行为，维护知识产权秩序的活动"。① 狭义的知识产权行政执法则是指行政管理机关实施的专项行政处理行为，在特定场合行政执法仅指行政监督检查和行政处罚行为，不包括行政审批、行政许可、行政确认等行为。② 也有学者将知识产权行政执法分为"知识产权专业行政执法"与"知识产权管理机关直接执法"，前者是指知识产权专业行政执法机构、取得授权的专业执法组织以及涉及知识产权的准司法行政机构查处知识产权侵权行为，后者则是指知识产权行政管理机关和取得授权的组织依据法律规范直接查处侵权纠纷，既不包括海关等专业行政执法部门的行政执法，也不包括准司法行政机关的行政执法。③

知识产权行政执法一直以来被认为是我国知识产权保护的特色，但这一特色并没有在理论界与实务界形成统一的认识。学术界关于我国《专利法》修改的若干争议，也反映了知识产权行政执法的存废之争。在《专利法》第四次修订的过程中，部分学者认为专利权作为私权，赋予其行政公权力的保护会造成行政权对私权的非法干预，因而主张废除专利权行政执法。此外，反对理由还包括由专利行政部门同时作为专利行政管理者与执法裁判者，违反了公共利益原则，④ 同时也让政府部门承担了过多的负担。但是，《与贸易有关的知识产权协定》第49条对知识产权行政执法已然作出了规定，加强知识产权行政保护并不会

---

① 李浩成. 完善我国知识产权行政保护制度的路径选择[J]. 齐鲁学刊, 2015(3)：93-99.

② 万里鹏. 论我国专利行政执法权的边界[J]. 湖湘论坛, 2016, 29(4)：114-118.

③ 李顺德. 知识产权综合管理与市场监管综合管理协调统一势在必行[J]. 中国发明与专利, 2018(4)：6-12.

④ 冯静梅. 对专利行政执法的若干思考[J]. 科技促进发展, 2018(4)：270-274.

引发现实侵害。知识产权系私权,不能因公权力赋予知识产权产生、运营和保护的效力就认定其为公权,知识产权的私权属性与公权力保护并不矛盾,加强对私权的公权力保护才能真正营造出"私权至上"的社会理念。① 因此,行政执法介入专利侵权纠纷仍具有存在的基础,但应当划定权力介入的合理边界。专利侵权行政执法应当反映和回归私权属性,执法范围以维护公共利益和公平竞争秩序为限。②

(二)知识产权行政执法的主要特征

相较于司法裁判,知识产权行政执法的优势在于:一是有着更强的主动性,知识产权行政管理机关可主动采取强制性保护措施,及时、有效地打击知识产权侵权行为,而司法机关一般只能遵循"不告不理"原则,必须由当事人主动申请才能被动实施保护;二是知识产权行政执法受理难度相对较小,当事人提供侵权线索即可立案,不需要详细的侵权证据。司法裁判中由于知识产权的无形性、涉案地域的广泛性等特点,侵权证据难以获取、法院难以立案;三是行政程序简便、成本低廉,行政机关立案快、案件处理时间较短,而司法裁判的时间长,诉讼过程中的律师费、保全费用、鉴定费用等都提高了当事人的维权成本。③ 正是基于这些特性,行政执法在知识产权保护领域被广泛采用,但也不能忽视行政执法的非终局性、程序不透明、监管缺位、以罚代刑等问题。④

二、知识产权行政执法的价值功能

自 2004 年最高人民法院提出"多元化纠纷解决机制改革"以来,建设多元化纠纷解决机制已经成为国家知识产权综合治理体系的有机组成部分。而行政执法作为知识产权纠纷多元化解决的刚性手段和重要组成部分,克服了单一司法争议解决机制的局限性,充分发挥了诉讼与非诉讼衔接的聚能优势。

(一)实施创新驱动发展战略的重要保障

构建知识产权纠纷多元化解决机制,能够最大程度发挥知识产权的财产属性。知识产权制度本质上就是保护创新成果,行政执法正是维护知识产权制度权威的有效手段,行政执法越严格、保护范围越广泛,知识产权的经济价值和社会价值也就越高。知识产权保护

---

① 唐素琴,姚梦.专利权行政保护的正当性探析[J].知识产权,2014(1):50-54.
② 王亚利.专利侵权行政执法的边界——兼论《专利法》第四次修改[J].知识产权,2016(5):72-78.
③ 黄训.知识产权行政执法和司法保护两种模式比较研究[J].中国机构改革与管理,2021(5):54-56.
④ 李伟民.知识产权行政执法与司法裁判衔接机制研究[J].中国应用法学,2021(2):100-123.

工作与科技创新之间是相互融合、互促互进的紧密共生关系。知识产权全链条多方位的行政保护，为科技创新营造良好的法律和营商环境，促进全社会形成尊重智力成果、尊敬科技人才的优良社会氛围，激发创新助推动力，提高非诉纠纷解决方式的社会信任基础。

（二）抑制知识产权侵权行为的传播速度

在知识经济时代，知识产权的独创性、权利保护期限等因素，会直接影响争议解决的运筹决策，当事人必须在市场经济环境变化前达成非零和博弈的双赢局面。行政执法作为多元纠纷解决机制的重要组成部分，能够充分发挥行政管理部门的专业优势，由专业人才处理技术难点、疑点问题。而知识产权的无形性也导致侵害知识产权行为往往不限于一个特定地域，整体呈跨地域、跨领域、传播速度快、蔓延地区广等侵权特征，而针对异地侵权的复杂案件，知识产权跨地区行政协作和联合执法机制能够发挥聚能优势、加快执法速度、加强执法力度，最大限度控制知识产权侵权病毒式传播，减少被侵权人的损失。

（三）提升知识产权网络侵权的维权实效

近年来随着互联网高速发展，知识产权保护主要集中在电商、游戏、流媒体等互联网领域，社会公共利益与互联网愈发密不可分，越来越多的智力成果的产生、应用、运营和保护都通过网络完成，互联网的开放创新让人们在享受到巨大的生活便利之时，也催生了大量假冒伪劣、盗版侵权等知识产权侵权行为，短视频、网络游戏、电商等领域的知识产权侵权案件更是呈现井喷态势，让知识产权侵权行为呈现出链条化、网络化、复杂化等新特点。① 互联网知识产权侵权行为受到时间、空间等多重因素的影响，再加上其本身的隐蔽性，更难被发现，也更难取证，而行政执法具有高效便捷、成本低廉、举证责任较低、程序简单等特点，能够更快地发现并打击不断裂变的网络知识产权侵权现象。

三、知识产权行政执法的法律依据

中共中央、国务院于 2021 年印发了《知识产权强国建设纲要（2021—2035 年）》，提出"统筹推进知识产权强国建设，全面提升知识产权创造、运用、保护、管理和服务水平"；国务院 2021 年印发《"十四五"国家知识产权保护和运用规划》，强调"加强知识产权行政执法指导制度建设"；2023 年 8 月，国家市场监督管理总局发布《市场监管总局关于新时代加强知识产权执法的意见》，强调深化综合行政执法改革和打击侵权假冒工作协调机制改革，全面履行知识产权执法职责，完善知识产权执法保障措施，不断提高执法效能。

知识产权行政执法是公共政策的重要组成部分，但作为一种政策工具，知识产权行政

---

① 张平. 互联网开放创新的专利困境及制度应对[J]. 知识产权，2016(4)：83-88.

执法制度由知识产权行政管理部门基于"便于执行"原则制定，立法层次高低不等、执法前提各不相同、行政处罚宽严有别、执法程序繁简不同，造成法律依据条块分割、琐碎杂乱。知识产权行政执法应依据具体法律法规，包括但不限于行政执法程序和《行政诉讼法》的相关规定。厘清知识产权法律中行政执法规定的变迁，可以为知识产权行政执法制度建设提供启示。

（一）《著作权法》关于行政执法的规定

2020 年《著作权法》增加了与《商标法》《专利法》类似的行政执法规定，行政执法权进一步扩张，如新增条款第 55 条第 1 款①赋予行政机关询问权、现场调查权、查阅复制权、查封扣押有关场所和物品等职权，进一步明确有关当事人的协助和配合义务。强化著作权执法机制，赋予行政机关查封扣押权，有助于加大著作权保护力度，解决执法实践中"举证难""赔偿低""执法手段偏少、偏软"等问题。自 2010 年以来，与《著作权法》相配套的《著作权行政处罚实施办法》的部分规定在执法工作实践中步调不一的问题也逐渐显露。国家版权局于 2015 年 9 月 8 日公布《著作权行政处罚实施办法（修订征求意见稿）》并公开向社会公众征集意见，但由于《著作权法》及相关法律规定在近年不断修改，学术理论性不断加强，需要修改的内容具有高度盖然性，著作权行政执法举步维艰，因而《著作权行政处罚实施办法》修订稿至今尚未通过。②

（二）《专利法》关于行政执法的规定

第四次修订的《专利法》于 2021 年 6 月 1 日起正式实施，这次修改的一大亮点就是加强完善专利领域的行政执法手段和措施，主要体现在调整行政执法机构、调整执法层级和权限、增加行政执法措施等方面。③ 与《专利法》《专利法实施细则》相配套的《专利行政执法办法》也在 2015 年进行了修改，对专利管理部门的工作内容、工作方向、具体职权以及假冒专利行为处理方式等进行了细化，统一规范专利行政执法手段措施，加强了专利行政执法力量建设，严格行政执法人员资格管理，落实行政执法责任制，为规范开展专利行政执法指引方向。其中，第 2 条明确规定了专利行政执法范围，但随着现代技术的快速发展，专利信息传播越来越便捷，侵权假冒专利行为越发隐蔽，专利管理部门的行政执法范

---

① 《著作权法》第 55 条第 1 款规定："主管著作权的部门对涉嫌侵犯著作权和与著作权有关的权利的行为进行查处时，可以询问有关当事人，调查与涉嫌违法行为有关的情况；对当事人涉嫌违法行为的场所和物品实施现场检查；查阅、复制与涉嫌违法行为有关的合同、发票、账簿以及其他有关资料；对于涉嫌违法行为的场所和物品，可以查封或者扣押"。

② 李伟民. 知识产权行政执法与司法裁判衔接机制研究［J］. 中国应用法学，2021（2）：100-123.

③ 陈扬跃，马正平. 专利法第四次修改的主要内容与价值取向［J］. 知识产权，2020（12）：6-19.

围相较多样化侵权行为过窄，致使对那些不属于执法范围的侵权行为专利管理部门无法可据，计无所施，专利行政执法范围亟待进一步扩大。①

(三)《商标法》关于行政执法的规定

2019 年的《商标法》第 60 条②、第 61 条③、第 62 条④等条文，对商标领域行政执法主体、执法权限、执法措施等进行了细致规定。《商标侵权判断标准》还针对各地商标行政执法侵权判断尺度不一的现状，明确了统一的执法标准，对《商标法》第 57 条规定的各类商标侵权行为判断作出细化操作的规定。《商标侵权判断标准》明确了统一的侵权判断标准和判断方法，有利于解决各地在商标行政执法中的侵权判断标准及执法尺度不一的问题。⑤《商标侵权判断标准》吸收新业态、新常态中商标行政执法工作经验，将互联网经济融入商标行政保护中，并协调商标司法保护与行政保护尺度，引进司法解释确定的标准，明确了《类似商品和服务区分表》《商标审查及审理标准》的应有地位，强调商标行政执法全链条的一致贯通。但是不同范畴的知识产权仍存在不协调的情况，如《最高人民法院关于审理商标民事纠纷案件适用法律若干问题的解释》第 21 条第 2 款规定，行政管理部门对同一侵犯注册商标专用权行为已经给予行政处罚的，人民法院不再予以民事制裁，这与专利行政执法程序相失调。

四、知识产权行政执法的实践发展

知识产权纠纷多元化解决机制的构建，一方面，需要通过纠纷解决机制的制度优势吸引当事人的选择；另一方面，也需要加强对多元化纠纷解决机制的社会引导，保障知识产权纠纷当事人有能力选择达成非零和博弈的纠纷解决机制。⑥我国知识产权行政执法经过近 40 年的发展，对打击知识产权侵权、营造创新型社会氛围、促进经济社会高质量发展作出了重要贡献，行政执法的"短平快"优势在应对知识产权侵权快速处理过程中也得到了发挥。

---

① 王秉一. 完善专利行政执法制度的几点思考[J]. 电子知识产权，2018(2)：83-87.

② 《商标法》第 60 条："有本法第五十七条所列侵犯注册商标专用权行为之一，引起纠纷的，由当事人协商解决；不愿协商或者协商不成的，商标注册人或者利害关系人可以向人民法院起诉，也可以请求工商行政管理部门处理。"

③ 《商标法》第 61 条："对侵犯注册商标专用权的行为，工商行政管理部门有权依法查处；涉嫌犯罪的，应当及时移送司法机关依法处理。"

④ 《商标法》第 62 条："县级以上工商行政管理部门根据已经取得的违法嫌疑证据或者举报，对涉嫌侵犯他人注册商标专用权的行为进行查处时，可以行使下列职权。"

⑤ 杜颖. 商标行政执法有了统一标准[N]. 中国知识产权报，2020-06-24(10).

⑥ 梁平，陈焘. 论我国知识产权纠纷解决机制的多元构建[J]. 知识产权，2013(2)：54-58.

(一)知识产权行政执法数据情况

近年来,我国知识产权行政执法能力、执法水平、执法强度不断提升,知识产权保护成效得到国际社会广泛认可。2024年,全国市场监管部门积极行动,共查办商标、专利等领域违法案件4.4万件,涉案金额达到11.29亿元,并将1311件案件移送司法机关处理。这些举措切实有力地保护了权利人和消费者的合法权益,也让创新环境和营商环境得到了进一步优化。① 企业知识产权维权意识逐步增强,知识产权侵权损害赔偿救济力度不断加大,企业应对知识产权侵权行为更加积极主动。知识产权行政主管部门不断发力,持续加大行政执法力度,组织开展"护航""雷霆"专项行动,加强大型展会、电子商务等重点领域及场所的专利保护,不断提升知识产权纠纷的应对水平。

1. 全国版权执法情况统计

近年来,版权法律体系进一步完善,版权公共服务体系和社会参与体系逐步形成,版权认知度和国民版权意识显著增强。版权执法部门坚持强化行政处罚工作,严厉打击著作权侵权行为,持续巩固视听作品、电商平台、社交平台等领域专项治理成果,规范网络平台版权传播秩序,加强部门联合挂牌督办,发挥版权行政保护的聚能优势。

2024年,版权执法部门组织开展了打击网络侵权盗版"剑网2024"行动、院线电影版权保护工作、青少年版权保护季等专项行动。2024年,各级版权执法部门检查实体市场相关单位68.38万家(次),查办实体市场侵权盗版案件3219件。②

2. 全国专利执法情况统计

2024年,全国各级市场监管部门共查处专利违法案件2074件,涉案金额666万元。全国各级知识产权管理部门共办理专利侵权纠纷行政案件7.2万件,受理药品专利纠纷早期解决机制行政裁决案件68件,审结43件。③ 各级行政机关加大执法力度,深化重点领域专利行政执法,提升行政执法效能,加大对恶性侵权假冒行为的打击力度。此外,国家市场监督管理总局、国家知识产权局每年发布典型案例,完善侵权判断标准,突出问题导向,深化重点领域治理工作。我国强调专利纠纷早期解决机制,推动专利纠纷解决调解端

---

① 市场监管总局通报2024年知识产权执法情况专题新闻发布会实录[EB/OL].(2025-04-29)[2025-06-07]. https://www.samr.gov.cn/hd/zxft/art/2025/art_618644fae1d5404482b7d768254d2f24.html.

② 2024年版权执法部门打击侵权盗版取得积极成效[EB/OL].(2025-02-12)[2025-06-07]. https://www.ncac.gov.cn/xxfb/ywxx/202502/t20250211-884523.html.

③ 国家知识产权局.《二〇二四年中国知识产权保护状况》白皮书正式发布[EB/OL].(2025-04-26)[2025-06-07]. https://www.cnipa.gov.cn/art/2025/4/26/art_53_199324.html.

口前置，调动知识产权调解组织、仲裁组织、公证服务中心等资源，提升群众对非诉机制的信任，充分发挥诉前调解高效便民的优势。

3. 全国商标执法情况统计

近年来，国家市场监督管理总局对侵权假冒行为保持高压打击态势，切实加强对商标专用权的保护，以电子电器、日用百货、食品、建筑装饰等生活必需品和农药化肥种子等涉农产品为重点，在全国范围内部署开展打击"傍名牌"活动，并以保护驰名商标、地理标志、涉外高知名度商标为重点，加大力度打击侵犯商标专用权的违法行为。根据国家知识产权局《二〇二四年中国知识产权保护状况》统计数据，2024 年，全国各级市场监管部门共查处商标违法案件 4.04 万件，涉案金额 11.1 亿元，依法向司法机关移送涉嫌犯罪案件 1220 件。[①] 通过组织"红盾网剑""龙腾行动""蓝网行动"等行政保护专项行动，坚决打击重点领域、重要行业的商标侵权假冒和商标违法使用行为，形成严厉打击商标违法行为的高压态势，有效维护公平竞争的市场环境。

（二）知识产权行政管理部门设置情况

2021 年国务院印发的《"十四五"国家知识产权保护和运用规划》，明确要求加强中央在知识产权执法保护的宏观管理、区域协调和涉外事宜统筹等方面事权，这与我国知识产权行政管理部门设置殊途同归。总体而言，我国知识产权行政执法体制具有一体化、多元化、多层级的特点。[②] "一体化"是指知识产权行政管理权与行政执法权两位一体；"多元化"是指著作权、商标权、专利权、集成电路布图设计权等不同类型的知识产权，归属不同的行政部门管理；而"多层级"则是指中央与地方上下形成一套体系，国家知识产权局专利和商标执法、农业农村部农业植物品种权执法、国家林业和草原局林业植物品种权执法均为从中央到地方、从上至下的三级政务服务体系，但集成电路布图设计执法权只在中央，地方尚无行政执法权，因此授权量以及纠纷量相对较少。[③]

我国地方层面的知识产权行政管理不仅采用了多元化管理机制，其知识产权行政执法权也在不断下沉，例如，2009 年《著作权行政处罚实施办法》第 6 条[④]就对著作权执法的级

---

① 国家知识产权局. 二〇二四年中国知识产权保护状况[EB/OL].（2025-05-20）[2025-06-07]. http://ahiptc.ustc.edu.cn/2025/0520/c15579a684960/page.htm.

② 武善学. 健全中国特色知识产权行政管理和执法体制[J]. 法学杂志，2010，31（4）：123-125.

③ 李春晖. 我国知识产权行政执法体制机制建设及其改革[J]. 西北大学学报（哲学社会科学版），2018，48（5）：64-74.

④ 《著作权行政处罚实施办法》第 6 条规定："国家版权局可以查处在全国有重大影响的违法行为，以及认为应当由其查处的其他违法行为。地方著作权行政管理部门负责查处本辖区发生的违法行为。"

别管辖进行了明确规定。自 2005 年文化市场综合执法改革以来，全国各市县都基本组建了文化市场综合执法机构。其中，省级（含副省级城市）文化综合执法机构统一行使文化文物、广播影视经营、新闻出版（版权）等部门的文化经营活动行政处罚权，市县两级建立专门的文化综合执法机构，其与文化市场主管部门或直接合并或仍然分设，① 从而满足基层刚性治理的需求。作为知识产权保护能力的微观体现，我国地方行政执法权的下沉方式将直接影响知识产权顶层政策的执行效果和社会公众情感认同的高低程度。

五、知识产权行政执法的完善路径

我国知识产权管理采取分散模式，行政部门的执法权限在修法过程中不断扩张，其结果可能导致多头管理、部门利益主义，无法发挥行政保护机制高效率、低成本的优势。因此，厘清知识产权行政执法的现实困境与对策，统一行政执法标准，提高办案水平，是当下亟待探讨的重要议题。

（一）完善知识产权行政执法体系

从知识产权行政执法的法律依据来看（如表 3-2 所示），构成知识产权行政执法体系的法律、法规和规章，是由不同的知识产权管理部门或机构在不同时间基于"便于执行"的原则制定的，立法层次高低不等、执法主体多元分散、执法内容不尽一致、行政查处前提各不相同、行政执行措施不一、行政处罚宽严有别、执法程序繁简不同、司法审查规定相对混乱，② 容易造成知识产权行政执法的法律依据条块分割、琐碎杂乱的局面。国家市场监督管理总局 2023 年印发的《市场监管总局关于新时代加强知识产权执法的意见》提出，到 2025 年基本建成行政执法、行业自律、企业维权、社会监督协调运作的知识产权执法体系。

表 3-2　　　　　　　　　　知识产权行政执法依据与权限列举

要素	专利权	商标权	著作权
执法依据	《专利法》 《专利行政执法办法》	《商标法》 《商标侵权判断标准》	《著作权法》 《著作权行政处罚实施办法》
执法主体	市场监督管理局	市场监督管理局	文化市场综合执法机构

---

① 中国行政管理学会课题组，高小平，沈荣华. 推进综合执法体制改革：成效、问题与对策[J]. 中国行政管理，2012(5)：12-14.

② 何焕锋. 知识产权行政执法依据的体系化思考[J]. 山东行政学院学报，2020(2)：62-67.

要素		专利权	商标权	著作权
执法内容		处理专利侵权纠纷	商标侵权及假冒案件、商标违法使用案件	《著作权法》第47条列举的侵权行为，同时损害公共利益的
		调解专利纠纷	商标使用许可违法案件、非法印制或者买卖商标标识案件	《计算机软件保护条例》第24条列举侵权行为，并损害公共利益
		查处假冒专利行为	其他	其他
查处前提		认定侵权行为	认定侵权行为	认定侵权行为（须同时损害公共利益）
执法措施		询问、调查、现场检查、查阅复制	询问、调查、现场检查、查阅复制	询问、调查、现场检查、查阅复制
		查封扣押（仅限）假冒专利的产品	查封扣押侵犯他人注册商标专用权的物品	查封扣押涉嫌违法行为的场所和物品
执法权限		责令停止侵权	责令停止侵权	责令停止侵权
		申请法院强制执行	没收、销毁侵权商品和制作工具	予以警告
		调解赔偿数额	罚款	没收违法所得
			调解赔偿数额	罚款
				没收、无害化销毁处理侵权复制品以及主要用于制作侵权复制品的材料、工具、设备等

由于我国知识产权行政保护为部门立法，但多头执法和部门利益致使行政执法的统一困难重重。因此，必须在立法层面统一法律标准，以创新驱动为指导，协调各部门利益，解决执法主体过多、执法措施难以统一的问题，确定各类知识产权部门综合行政执法范围，进一步明晰每类知识产权执法的职责范围和具体权限。当前，我国尚没有专门的知识产权行政执法程序法，只能辅以《民事诉讼法》以及行政执法程序相关法为参照，在这样错综复杂的法律背景下，要坚持司法终局性的基本原则，以司法裁判为第一要义，保证行政执法与司法裁判的统一性。严格把握知识产权行政执法立法质量关，吸取基层行政执法机关的经验教训，从知识产权的基本属性和行政执法的基本职能出发，以保护公共利益、维持市场秩序为原则，建立知识产权行政执法法律效果评估机制，既关乎行政执法的合法性

和正当性，也关系到知识产权保护的统一性和整体性。①

(二) 加强行政执法协同机制建设

我国知识产权行政执法主体是各级知识产权行政部门，多头管理和执法主体模糊限制了知识产权行政执法的效率和质量。虽然执法权的下沉有助于打击基层盗版猖獗、假冒伪劣产品层出不穷的现象，但其弊端在于为打击新型跨地域知识产权侵权行为设置了障碍。仅就中央层面知识产权行政部门数量来看，知识产权行政执法机构有十个之多，每个机构又有自己独立的一套人员体系、办公场所等，每个机构都需投入大量财力、物力、人力。各类知识产权本具有相同的特性和协调统一的运行规律，单独设置的知识产权执法部门反而造成重复，浪费本就紧张的高素质知识产权人才资源，增加知识产权行政管理成本，违背了精简行政的方针。② 因此，在实践中存在大量的知识产权联合执法情形，而纠纷当事人在司法救济、行政救济、民间自治并存的知识产权纠纷解决机制中，存在着不知向哪个(或哪些)部门求助的问题。

由于知识产权的固有特性，各权利既相互独立又密不可分，知识产权不像物权或其他财产权有清晰的界限，各类知识产权保护相互交叉、相互借鉴。随着科学技术进步，将会出现更多新型知识产权保护客体，统一的知识产权行政执法机构，才能更从容地面对新品类的保护，并且避免行政机构为了职能匹配而不断地调整改革。③ 整合知识产权行政执法主体，并不意味着设置单一行政机构对知识产权行政执法进行全方位管理，行政管理与行政执法的职能分离是必不可少的。知识产权行政管理与知识产权行政直接执法的分离便于集中使用行政资源，提高专业行政效能，行政管理机构可以将全部精力投入服务社会、维护社会公共利益的职能中，行政执法由专门的行政执法机构负责，组建专门的行政执法队伍，降低相互协调成本，减少部门推诿，实现行政执法的专业化。④

(三) 优化行政执法与司法衔接机制

长期以来，我国知识产权保护实行行政执法与司法保护"两条途径、并行运作、相融互补"的双轨制模式，这是顺应我国改革开放之初司法资源不足的历史国情，也符合国际

---

① 李芬莲. 中国知识产权行政执法的困境及出路[J]. 广东社会科学，2014(3)：232-239.
② 朱雪忠，黄静. 试论我国知识产权行政管理机构的一体化设置[J]. 科技与法律，2004(3)：82-85.
③ 朱雪忠，黄静. 试论我国知识产权行政管理机构的一体化设置[J]. 科技与法律，2004(3)：82-85.
④ 李顺德. 知识产权综合管理与市场监管综合管理协调统一势在必行[J]. 中国发明与专利，2018(4)：6-12.

知识产权公约的基本要求。双轨制的知识产权保护模式强调私权救济，重法律实施，注重对商标、专利和著作权等传统知识产权的保护，但是对于我国具有优势的遗传资源、民间文化艺术等知识产权保护还略有不足。① 行政执法和司法保护有效衔接问题，是一个具有国情特色的现实问题，同时也是理论研究相对薄弱的实践问题。部分学者认为，妨碍中国知识产权制度长效发展的源头，是知识产权有效激励运行机制的缺失，特别是在知识产权纠纷案件井喷式增长、司法资源紧张、行政执法权有限的背景下，优化刑事司法与行政执法衔接、强化知识产权有效激励运行机制，是构建知识产权纠纷多元化解决机制的必经之路。②

　　行政与司法保护的冲突可以分为显性冲突和隐性冲突，前者表现为知识产权行政程序与诉讼程序的结果完全相反，后者是指知识产权诉讼的最终裁决事实和行政部门认定的事实不一致。③ 隐性冲突多出现在专利和商标领域，当事人可以向专利复审委员会或商标评审委员会提出异议，若对行政裁决不服，可以向人民法院提起行政诉讼。但在专利侵权或者商标侵权的民事案件中，被告若向法院提出专利无效或者商标无效的抗辩，法院作出的司法裁判就存在隐性冲突的可能。司法与行政之间的职能交叉，让司法裁判与行政执法之间的冲突具备了现实条件，这让社会大众无所适从，个体正义无法得到保证，浪费社会资源，影响社会和谐稳定。司法保护作为最后一道防线，应最大限度地对纠纷予以分流，以行政执法予以过滤，最终再以司法对少而精的知识产权案件进行审理。④

　　概言之，知识产权保护既离不开行政执法，也需发挥司法裁判的主导作用，以实现二者的有机统一。首先，明确知识产权司法审判与行政保护的重点，充分发挥行政执法主动性，将社会舆论关注热点、群众生活关注重点等关键领域作为执法重点开展专项工作，充分发挥知识产权审判的激励促进作用，将涉及国家安全等重大科技项目作为司法保护工作重点；其次，完善行政执法和司法的衔接机制，加强国家知识产权战略实施工作部门统筹全局的协调作用，建立健全信息共享机制，降低协调沟通成本，明确案件移送标准、移送程序、监督机制，让每个案件的去路都有据可循，杜绝"有案不移、有案难移、以罚代刑"等问题；最后，深化知识产权管理机制改革，构建权责清晰、运行高效的知识

---

① 王淇. 知识产权保护三元架构研究[J]. 科技促进发展，2018，14(Z1)：80-83.

② 温州市科学技术局. 温州：运用多种有效途径构建专利纠纷多元解决机制[J]. 今日科技，2018(6)：25-26.

③ 郑书前. 论知识产权保护双轨制的冲突及协调[J]. 河南大学学报(社会科学版)，2007(5)：63-68.

④ 韩秀成，谢小勇，王淇. 构建知识产权大保护工作格局的若干思考[J]. 知识产权，2017(6)：83-86.

产权管理体系。

第三节　知识产权纠纷行政调解

在知识产权纠纷日益复杂化、专业化的背景下，知识产权行政调解作为我国知识产权行政保护的重要组成部分，其价值日益凸显。在知识产权纠纷调解中，行政机关充分尊重当事人的意思自治，注重争议双方的对话沟通，从而化解纠纷、解决矛盾，在节约社会治理成本的同时，可以实现各方利益的最大化。当前，我国知识产权纠纷行政调解在实践中还存在许多问题，例如，知识产权行政调解的定位模糊、行政调解程序欠缺、调解协议效力虚置等，这些问题导致知识产权行政调解在纠纷解决中效率低下、难以适用。因此，国家政策、立法和司法层面要加快完善知识产权行政调解制度，构建便捷高效、公开透明、严格公正的知识产权行政保护体系，以高水平的知识产权保护促进经济社会高质量发展。

一、知识产权纠纷行政调解的概念特征

知识产权行政调解，是指在处理知识产权纠纷的过程中，知识产权行政管理部门作为行政调解主体居中调解，通过释法明理，促使争议双方签订调解协议，使双方当事人就争议内容达成合意的一种纠纷解决方式。行政调解作为具有中国特色的非诉纠纷解决方式，主要具有以下特点：

(一) 合法性

知识产权行政调解的合法性是其主要特征，知识产权纠纷要经过双方同意才可以启动行政调解程序。行政调解必须依照相关法律法规进行，并充分尊重当事人的意思自治。行政机关在纠纷调解过程中采取灵活变通的方法，须符合法律、法规和有关规定，不得突破法律的底线。此外，双方当事人也须遵守调解活动的相关法律制度的规定，达成内容合法的调解协议。

(二) 中立性

知识产权纠纷行政调解主体的中立性区别于诉讼程序中法官的中立性。知识产权纠纷中的行政调解主体既不能像法官一样消极被动，又不能像执法人员一样强制主动，应当以居中的方式，积极为双方当事人提供解决纠纷的沟通机会，传递与纠纷有关的法律信息，尊重各方当事人对自身权益的主张，明晰双方当事人的利益诉求，通过倾听和疏导方式缓

解双方对立情绪，消除双方分歧，并引导双方当事人就纠纷进行协商，自愿达成调解协议。①

(三) 契约性

知识产权行政调解必须是双方当事人真实的意思表示，双方当事人的法律地位是平等的。在知识产权纠纷解决过程中，双方当事人的调解意图是否能够实现，关键在于双方当事人对解决方案是否认同。因此，在知识产权纠纷诉调对接的设计中，应当尊重当事人的选择自主性。调解协议不能达成的，应允许当事人提起诉讼；即使达成，也应允许当事人反悔。② 行政调解机关不得利用公权力强迫当事人调解，当事人不同意调解的，调解机关应当及时指导当事人采用其他方式解决纠纷。当事人双方同意调解的，调解机关也不得强迫当事人接受调解的结果。行政调解必须是双方自愿的行为。

(四) 保密性

在相关法律法规中，调解的保密性一般以当事人的权利或者调解程序的具体规定等形式体现。例如，我国《人民调解法》第四章明确规定，当事人有"要求调解公开进行或者不公开进行"的权利。此外，《民诉法解释》第 146 条规定："人民法院审理民事案件，调解过程不公开，但当事人同意公开的除外。"调解的前提就是双方自愿坦诚地交换信息，提出自己的需求，调解程序的保密性有利于增强公众对行政调解的信心，有助于当事人双方提出合适的方案并达成调解协议。

二、知识产权纠纷行政调解的价值功能

知识产权纠纷的行政调解机制，是立足于我国的国情和建立健全中国特色多元化纠纷解决机制的需要产生的。在众多纠纷解决方式中，行政调解机制具有天然的优势，显示出强大的生命力。它既是知识产权多元化纠纷解决机制中不可或缺的一部分，也是知识产权纠纷调解中的中坚力量。

(一) 知识产权行政调解有利于化解多元化纠纷

知识产权纠纷具有较强的专业性和政策性，覆盖范围广且权利义务关系较为复杂。而法律本身具有局限性，对于一些新问题与新情况，法律极有可能没有规定或者虽有规定但

---

① 邓文武. 知识产权纠纷行政调解的服务转向和制度供给[J]. 重庆大学学报(社会科学版)，2017 (4)：86-94.

② 何炼红，邓文武. 知识产权纠纷调解确认机制的体系协调与功效衔接[J]. 湘潭大学学报(哲学社会科学版)，2023，47(2)：64-72.

不够具体，难以根据出现的新情况及时进行调整。因此，仅仅依靠司法机关对各种纠纷进行非黑即白的判决和处理，往往难以从根本上解决纠纷。此外，在知识产权领域，实践的发展经常走在理论研究的前面，法院作为主要解决争议的司法机关，虽然可以对法律知识进行娴熟的解释和适用，但是在一些知识产权领域的新型纠纷和专业知识的认知方面，则可能存在较为严重的滞后性问题。[①] 在此背景下，知识产权行政调解为此类纠纷的及时解决提供了可能。相较于司法判决而言，行政调解机关更容易综合考虑法律、政策、各种专业技术及各个案件的特殊情况，在明晰争议双方当事人利益诉求的基础上，及时为当事人双方提供沟通机会和合理的解决方案，争议双方当事人可以在不违背原则的情况下进行协商，从根本上化解知识产权纠纷，既可以弥补法律的滞后性，也可以为法律完善提供一些现实参考依据。

（二）知识产权行政调解有利于节约纠纷解决成本

随着市场主体创新需求的不断增长，知识产权保护意识的不断增强，知识产权纠纷也越来越多。权利的存在是纠纷产生的前提，在知识产权客体范围中，商标专用权或者专利权的获得都需要行政机关的法定授予。因此，出现知识产权纠纷时，首先需要确认的就是行政机关对双方当事人权利的授予是否具有瑕疵。[②] 在确权结果尚未得出之前，解决双方争议的民事诉讼往往就需要中止。若争议一方对行政机关的确权结果不服，可以针对行政裁定纠纷的结果提起行政诉讼，由此就延长了诉讼程序所需要的时间。由于知识产权纠纷具有较强的技术性，因此，在知识产权的诉讼程序中，还涉及许多复杂的评估、鉴定等程序。在音像制品侵权、计算机软件侵权等纠纷中，都需要对技术、音源等方面进行鉴定。知识产权纠纷的复杂性，使得关于知识产权纠纷的诉讼解决过程冗长，一旦产生知识产权纠纷，争议双方当事人都需要耗费极大的时间、精力和财力，不仅对当事人来说是难以承受的，对于司法资源来说也是一种浪费。运用行政调解既可以节约司法资源和当事人的成本，又可以经济高效地解决纠纷。

（三）知识产权行政调解有利于促进技术创新

知识产权纠纷行政调解促进技术创新的主要方式，就是通过激发企业的创新动力，推动知识产权技术的创新和扩散。首先，在知识产权纠纷中，企业关注的不仅仅是其技术是否被侵权，更关注其技术被侵权后所丧失的竞争优势和经济收益。以专利权为例，在技术

①　王聪. 作为诉源治理机制的行政调解：价值重塑与路径优化[J]. 行政法学研究，2021（5）：55-66.

②　何炼红. 论中国知识产权纠纷行政调解[J]. 法律科学（西北政法大学学报），2014，32（1）：155-165.

研发初期，市场中的各个企业思想的碰撞交流更有利于创新，但在技术研发中期阶段，技术创新过程具有较高的风险性，企业往往偏好模仿而止步于创新。当企业的专利权遭遇侵权时，行政调解可以为企业提供合法的途径，向侵权一方索取专利权使用费的赔偿，不仅有利于提高科技成果的收益，还可以弥补企业在创新过程中的巨额研发投入；其次，知识产权纠纷往往耗时长、成本大且具有很大的不确定性，企业对新技术投入了大量资金进行研究，一旦被他人侵权则会对企业的创新能力和效益产生巨大影响。行政调解与行政处理相比，行政调解是争议双方当事人在平等的基础上进行协商或者互相妥协，降低了双方当事人对纠纷处理结果的不确定性，避免了面临较大风险的处罚和冗长的诉讼程序，使得企业可以更快地从知识产权纠纷中脱身，更大胆地进行创新投资，从而实现知识产权领域技术的不断突破和发展。

三、知识产权纠纷行政调解的运行现状

当前，我国出台了大量的政策、法律和司法解释，大力倡导构建多元化纠纷解决机制，为知识产权纠纷调解提供充足的政策法律依据。2021 年，国家知识产权局、司法部联合印发《关于加强知识产权纠纷调解工作的意见》，旨在建立组织健全、制度完善、规范高效的知识产权纠纷调解工作体系。根据国家知识产权局数据，2025 年，全系统指导管理的知识产权纠纷调解组织达到 2230 家，知识产权领域"总对总"在线诉调对接工作实现 31 个省（区、市）全覆盖。2024 年，知识产权纠纷调解组织受理案件近 14 万件，服务民营企业15.7 万家。①

（一）知识产权纠纷行政调解的政策指引

目前，我国关于知识产权纠纷的调解主要有司法调解、行政调解和人民调解三种方式。行政调解作为非诉讼纠纷解决机制的一种，被普遍认为具有灵活性、及时性、高效性等特点。② 关于知识产权保护的表述，可以追溯到 1992 年党的十四大报告，报告在"加速科技进步，大力发展教育，充分发挥知识分子的作用"方面，首次提出要"不断完善和保护知识产权的制度"；关于知识产权行政调解的具体论述，在 2014 年党的十八届四中全会《中共中央关于全面推进依法治国若干重大问题的决定》中有所体现，该文件提出"健全社会矛盾纠纷预防化解机制，完善调解、仲裁、行政裁决、行政复议、诉讼等

---

① 国家知识产权局.《关于加强知识产权纠纷调解工作的意见》解读［EB/OL］.（2021-10-29）［2022-11-16］. https：//www.cnipa.gov.cn/art/2021/10/29/art_66_171054.html.
② 张栋凯. 浅谈我国知识产权纠纷中的行政调解［N］. 中国知识产权报，2019-02-15(8).

有机衔接、相互协调的多元化纠纷解决机制"；2019 年中共中央办公厅、国务院办公厅印发《关于强化知识产权保护的意见》，强调要"完善知识产权仲裁、调解、公证工作机制，培育和发展仲裁机构、调解组织和公证机构"，对知识产权纠纷调解工作的开展提出了纲领性的意见。

2021 年 8 月 11 日，中共中央、国务院印发实施《法治政府建设实施纲要（2021—2025年）》，明确提出了"各职能部门要规范行政调解范围和程序，组织做好教育培训，提升行政调解工作水平"。为了深入贯彻实施党中央和国务院关于全面加强知识产权保护的决策部署，国家知识产权局于 2022 年 1 月印发《2022 年全国知识产权行政保护工作方案》，该方案对知识产权行政保护工作作出了具体安排，夯实了行政保护工作基础，完善了知识产权保护标准政策体系，深化了知识产权大保护工作机制建设。可以看出，行政调解在知识产权纠纷解决过程中是有国家政策作为支撑的。国家对知识产权坚持严格保护、统筹协调、重点突破、同等保护，高效解决知识产权纠纷。国家对知识产权行政调解的支持力度在不断增强，知识产权保护效能和保护水平也在不断提高。

（二）知识产权纠纷行政调解的立法表达

虽然知识产权行政调解大多是通过各种政策文件来推动，但这些规定也从制定法的层面肯定了行政调解在知识产权纠纷解决中的价值。知识产权纠纷行政调解依当事人申请，专利、商标、版权等行政主管部门可以直接以第三方的身份介入纠纷，以相关法律、法规作为依据，通过对当事人的说服和劝导，促使当事人就民事纠纷达成调解协议，促进知识产权纠纷的快速解决，更加高效地维护市场主体与创新主体的权益。2010 年颁布的《人民调解法》对人民调解工作有明确的规定，包括人民调解委员会的设立、调解协议的法律效力等内容。我国《民事诉讼法》第 122 条、第 194 条、第 195 条还规定了调解的条件、调解协议的生效时间及效力。

在知识产权纠纷领域，知识产权行政调解主要在《著作权法》《专利法》《商标法》等立法中体现。《专利法》第 65 条规定："进行处理的管理专利工作的部门应当事人的请求，可以就侵犯专利权的赔偿数额进行调解；调解不成的，当事人可以依照《中华人民共和国民事诉讼法》向人民法院起诉。"《专利法实施细则》第 102 条还规定了涉及专利的纠纷，只要应当事人的请求，管理专利工作的部门都可以进行行政调解。行政调解程序依请求启动后，任何一方拒绝调解或者无法达成调解协议的，调解即可终止。我国《著作权法》第 60 条规定著作权纠纷可以调解，也可以依法向仲裁机构申请仲裁。《商标法》第 60 条第 3 款同样规定："对侵犯商标专用权的赔偿数额的争议，当事人可以请求进行处理的工商行政管理部门调解，也可以依照《中华人民共和国民事诉讼法》向人民法院起诉。经工商行政管理部门调解，当事人未达成协议或者调解书生效后不履行的，当事人可以依照《中华人民共和国民事诉讼法》向人民法院起诉。"

(三)知识产权纠纷行政调解的司法实践

为促进知识产权行政调解，最高人民法院办公厅和国家知识产权局办公室在 2021 年发布《最高人民法院办公厅　国家知识产权办公室关于建立知识产权纠纷在线诉调对接机制的通知》，明确"人民法院在多元化纠纷解决机制改革中的引领、推动、保障作用"，2021 年国家知识产权局和司法部联合印发《关于加强知识产权纠纷调解工作的意见》，要求"知识产权管理部门要积极履行行政调解职能，按照《专利纠纷行政调解办案指南》等规定，严格依法依规开展行政调解"。① 此外，最高人民法院发布的《人民法院一站式多元纠纷解决和诉讼服务体系建设(2019—2021)》，还从形成"中国模式"、彰显"中国优势"、贡献"中国方案"、创造"中国速度"和塑造"中国范式"等方面，针对在线多元调解作出了明确规定。②

在司法实践中，《专利纠纷行政调解办案指南》对行政调解工作的受理、立案、调解、结案等环节，以及请求调解时应当提交的材料、材料的送达、证据审查、调解方式、调解笔录、结案方式等内容均作出了详细的规定，并针对不同的纠纷类型调解及侵权损害赔偿计算等方面的处理进行了具体指导。在此背景下，各地法院也在积极探索知识产权纠纷调解工作体系的建构。例如，北京市知识产权局在 2021 年成功调解 11 起专利侵权纠纷案件，其中有 5 起案件的调解协议完成了司法确认。③ 与此同时，广州市也开辟了知识产权纠纷调解新路径，广州市市场监督管理局与广州知识产权法院签署《关于知识产权纠纷行政调解司法确认合作框架协议》，双方在案件办理、工作衔接、业务交流、信息共享和宣传培训等方面展开合作，加快建立知识产权行政保护与司法保护的衔接机制，推进知识产权纠纷快速处理试点工作的开展，切实提高知识产权的维权效率，促进知识产权纠纷的快速解决，更加高效地维护市场主体的权益。④

---

① 国家知识产权局.《关于加强知识产权纠纷调解工作的意见》解读[EB/OL].（2021-10-29)[2022-11-21]. https：//www.cnipa.gov.cn/art/2021/10/29/art_66_171054.html.

② 最高人民法院.人民法院一站式多元纠纷解决和诉讼服务体系建设（2019—2021)[EB/OL].（2022-02-24)[2022-11-21]. https：//www.court.gov.cn/zixun/xiangqing/346831.html.

③ 侯岭.行政调解+司法确认 知识产权保护更有力[EB/OL].（2022-01-25)[2022-11-19]. http：//www.cneip.org.cn/html/8/43144.html.

④ 贸促会港专公司.广州建立知识产权纠纷调解新路径推动行政调解司法确认无缝衔接[EB/OL].（2022-10-19)[2025-06-07]. https：//www.ccpit.org/a/20221019/20221019xzg8.html.

四、知识产权纠纷行政调解的制度完善

(一)制度供给不足,需细化相关制度设计

在知识产权纠纷领域,我国目前尚未出台关于行政机关调解知识产权纠纷活动的专门性法律,相关法律制度涉及知识产权行政调解部分,通常仅对行政调解主体或者事项作出实体性授权,如《著作权法》第 60 条规定"著作权纠纷可以调解",《专利法》第 65 条规定"进行处理的管理专利工作的部门应当事人的请求,可以就侵犯专利权的赔偿数额进行调解",却没有针对具体程序、调解范围、职责等方面作出相对具体的规定。知识产权行政调解工作更多停留在国家政策层面,法律法规中对知识产权行政调解制度的规定较少,相关制度供给不足,制约了行政调解在知识产权纠纷中发挥更大的作用。

近年来,国家知识产权局等部门发布了知识产权纠纷行政调解的系列政策指引。2020年,国家知识产权局发布《专利纠纷行政调解办案指南》,涉及专利归属纠纷、发明人或设计人署名权纠纷、奖酬纠纷、发明专利临时保护期使用费纠纷等专利纠纷。2021 年,国家知识产权局、司法部联合印发《关于加强知识产权纠纷调解工作的意见》,旨在构建人民调解、行政调解、行业性专业性调解、司法调解优势互补、有机衔接、协调联动的大调解工作格局。此外,2024 年国家知识产权局印发《专利纠纷行政裁决和调解办法》,针对行政调解的具体程序、实体标准以及专利开放许可实施纠纷的行政调解作出规定。

随着我国知识产权拥有量快速增长,市场主体运用知识产权的能力逐步提高,传统以诉讼为主导的纠纷解决方式已不能满足实际需要,行政调解在化解知识产权纠纷方面具有独特优势。在知识产权纠纷行政调解过程中,规范具体可行的制度是及时、合理、公正解决纠纷的有力保障。推进知识产权纠纷行政调解工作,要出台规范统一的行政调解细则,通过立法的方式对知识产权领域行政调解的定位、调解程序的启动、调解协议的性质等方面进行具体规定,以保障调解主体平等地对待双方当事人,尊重其自主意思的表达,并且要保障双方当事人在调解过程中法律地位的平等和权利义务的对等。因此,知识产权纠纷行政调解制度的优化,需进一步加强与实体性授权相配套的程序性制度设计,使知识产权侵权纠纷适用行政调解机制有法可依、有章可循,既可充分保障双方当事人平等地沟通和协商,又能保证知识产权纠纷调解有序、有效地进行。

(二)协议效力虚置,应赋予其可执行力

在知识产权纠纷领域,现行法律对知识产权行政调解的定位模糊不清。各单行法虽规定了知识产权纠纷可以行政调解,但却均未对行政调解协议的司法确认程序作出规定。司法确认制度最初由最高人民法院通过司法解释形式予以明确,《人民调解法》在立法上又明

确了人民调解协议的效力，2012年《民事诉讼法》在第十五章"特别程序"中，增加第六节"确认调解协议案件"，规定了调解协议司法确认的法律依据和效力。从法律规定层面来看，人民调解协议由《民事诉讼法》和《人民调解法》明确规定可以申请司法确认，而行政调解协议可否申请司法确认，法律规定并未提供明确依据。知识产权纠纷行政调解协议无法获得司法公信力的保障，自然也难以产生强制性的法律后果，从而使得行政机关与当事人耗费时间、精力、财力所达成的调解协议变成一纸空文。

相较于民间调解而言，行政调解作为知识产权纠纷调解方式的一种，行政调解机关具有专业性知识和行业主管权力，具有更高的权威性和公信力，其调解结果应当得到法律的肯定。知识产权纠纷行政调解所达成的调解协议基于双方的意思表示，在性质上属于民事合同而非行政合同，需要公权力机关的介入，对调解协议中约定的给付内容进行司法确认，赋予其法律效力。2016年《关于人民法院进一步深化多元化纠纷解决机制改革的意见》明确规定了经行政机关、人民调解组织、商事调解组织、行业调解组织或者其他具有调解职能的组织调解达成的具有民事合同性质的协议，当事人可以向调解组织所在地基层人民法院或者人民法庭依法申请确认其效力。2019年中共中央办公厅、国务院办公厅印发《关于强化知识产权保护的意见》后，上海市在全国率先推进知识产权纠纷行政调解司法确认制度，办理了首件知识产权纠纷行政调解协议司法确认案件，这对知识产权纠纷行政调解具有积极的探索意义。① 实践中，对于知识产权行政调解的法律地位不清、调解程序欠缺、调解协议效力虚置等问题，我国应当通过法律、法规、规章等形式，对行政调解协议的效力、法律地位、基本原则等内容作出明确规定，进一步增加具有可操作性的程序，完善知识产权行政调解协议司法确认制度，促进社会纠纷解决体系的协调统一。

(三)缺乏专门组织，应打造专业调解机构

鉴于知识产权具有很强的专业技术性，涉及的技术领域种类繁多，这就导致知识产权纠纷具有法律问题与技术问题高度融合的特征。从知识产权纠纷的特征来看，解决知识产权纠纷很难采用单一的模式。目前我国知识产权纠纷调解类型主要包括人民调解、司法调解和仲裁调解。知识产权行政调解的法律依据散见于各个法律法规之中，缺乏统一的行政纠纷调解程序。随着现代商业的不断发展，行业调解在解决知识产权领域争端的作用凸显，但行业调解也面临诸多困境，如行业调解的中立性遭质疑、功能弱化、程序化不足。② 商事调解在我国已存在多年却尚未入法且发展缓慢，律师调解则有待进一步鼓励、

---

① 上海市知识产权局. 上海在全国率先推进知识产权纠纷行政调解协议司法确认机制[EB/OL].（2021-07-13）[2022-05-27]. http：//www. shanghai. gov. cn/nw31406/20210714/d72af1cf9fb84174a271df063db0662d. html.

② 熊跃敏，周杨. 我国行业调解的困境及其突破[J]. 政法论丛，2016(3)：147-153.

引导和支持。汇集在这些团体中的专业人才，是解决知识产权纠纷的宝贵资源，如果不能充分加以利用，调解在知识产权纠纷解决中的效用将会大大降低。

知识产权纠纷案件渐趋新型化、疑难化和复杂化。以专利侵权领域为例，专利交叉许可使得专利和标准更加紧密结合，而医疗健康、自动驾驶等行业的技术产品联网，又带来了基础信息技术产业与应用产业之间的跨领域专利纠纷。打造专业的调解机构是保护知识产权创新成果、加快知识产权强国建设的关键。一方面，应当加快商事调解、行业调解的发展，打造专业化调解机构。特别是为行业组织参加调解纠纷创造有利的政策环境，用有力的措施破除商事调解和行业调解发展的困境，充分利用行业调解组织、商事调解组织的专业性、中立性等特点，发挥出它们在知识产权纠纷化解方面的优势作用。另一方面，应当在知识产权保护协会、专利代理协会、著作权集体管理组织等具有知识产权专业知识的团体中挑选专业的知识产权人才，建立专家调解队伍，以当事人的多元化利益为核心，参与矛盾化解与纠纷调解，切实保障当事人的合法权益。

第四章　知识产权纠纷仲裁解决机制

第一节　知识产权仲裁概述

随着知识产权的迅猛发展，我国法院受理的知识产权案件数量也在增加，法院负荷加重。仲裁作为解决商事纠纷的常用方式，有其自身的特点和优势，应当在知识产权争议的解决中发挥更大作用。为此，我国发布多份文件提倡采用仲裁方式解决知识产权纠纷。①

一、知识产权仲裁的概念和种类

（一）知识产权仲裁的概念

依据《现代汉语词典》，仲为"地位居中的"，仲裁则为"争执双方同意的第三者对争执事项作出决定"。② 我国法律规定了劳动仲裁和商事仲裁两种主要形式，二者区别较大。前者的主要依据为《劳动争议调解仲裁法》，后者则是《仲裁法》。《仲裁法》没有对商事仲裁进行界定，但一般认为，商事仲裁是指发生争议的当事人，根据双方达成的仲裁协议，将争议提交中立的第三方进行裁决的争议解决方式。仲裁在我国历史上也曾被称为公断，北洋政府曾于1912年颁布《商事公断处章程》。③ 知识产权仲裁属于商事仲裁，是指采用仲裁方式解决与知识产权相关纠纷的争议解决方式。

（二）知识产权仲裁的种类

根据是否存在常设仲裁机构，知识产权仲裁可以区分为机构仲裁和临时仲裁（ad hoc

---

① 如2020年5月13日，国务院知识产权战略实施工作部际联席会议审议通过《2020年深入实施国家知识产权战略加快建设知识产权强国推进计划》(国知战联办〔2020〕5号)提出要"大力培育知识产权仲裁机构和调解组织"。再如2021年中共中央和国务院印发的《知识产权强国建设纲要(2021—2035年)》提出要"建立完善知识产权仲裁、调解、公证、鉴定和维权援助体系，加强相关制度建设"。

② 中国社会科学院语言研究所词典编辑室. 现代汉语词典(第6版)[M]. 北京：商务印书馆，2012：1690.

③ 黄进，宋连斌，徐前权. 仲裁法学[M]. 北京：中国政法大学出版社，2002：16.

arbitration)。机构仲裁也称为制度性仲裁、常设仲裁，是指当事人根据仲裁协议，将他们之间的争议提交给约定的常设仲裁机构进行的仲裁。临时仲裁也称为特别仲裁、临时性仲裁。这类仲裁不存在常设仲裁机构，当事人只是根据仲裁协议，将争议提交根据协议组建的仲裁庭审理，由仲裁庭作出裁决。无论是机构仲裁还是临时仲裁，具体仲裁案件的都是仲裁庭，案件仲裁完毕，仲裁庭就不复存在。两种仲裁各有优缺点，临时仲裁是仲裁的原始形式，仲裁费用更为低廉，程序更为灵活。机构仲裁中，有熟悉实务的工作人员协助处理一些程序性的事项，有一套比较成熟的仲裁规则，当事人更为省力，但其费用相对较高。在很长一段时间里，我国内地只有机构仲裁。随着时代发展，我国开始引入临时仲裁。2016 年最高人民法院出台的《最高人民法院关于为自由贸易试验区建设提供司法保障的意见》在一定程度上承认了临时仲裁。① 2017 年 3 月，中国首部临时仲裁规则——《横琴自由贸易试验区临时仲裁规则》正式颁布。2024 年《中华人民共和国仲裁法(修订草案)》(以下简称 2024 年《修订草案》) 删除了仲裁协议需要"约定明确的仲裁机构"的硬性要求②，且在涉外商事纠纷中设立了临时仲裁制度。③

根据有无涉外性，知识产权仲裁可以区分为国内仲裁和涉外仲裁。国内仲裁是指没有涉外因素的仲裁，涉外仲裁则具有涉外因素。根据《国际商事仲裁示范法》第 1 条第(3)项，仲裁在 3 种情形下被视为具有涉外因素。④ 我国《最高人民法院关于适用〈中华人民共和国涉外民事关系法律适用法〉若干问题的解释(一)》第 1 条规定了法院可以认定为涉外民事关系的 5 种情形。前 2 种涉及主体涉外，第 3 种涉及标的物涉外，第 4 种涉及法律事实涉外，最后 1 种为兜底条款。⑤ 一般国家会对国内仲裁和涉外仲裁进行区分，其具体规则也有所区别。如我国《仲裁法》第 7 章对涉外仲裁作出了特别规定。

根据仲裁时是否按照严格的法律进行，仲裁可以区分为依法仲裁和友好仲裁(Amiable Composition)。顾名思义，依法仲裁是依据法律规则所进行的仲裁。而友好仲裁也经常被界定为依据公允及善良原则(*ex aequo et bono*)所进行的仲裁。友好仲裁通常需要当事人的

---

　① 具体条文为"在自贸试验区内注册的企业相互之间约定在内地特定地点、按照特定仲裁规则、由特定人员对有关争议进行仲裁的，可以认定该仲裁协议有效"。

　② 参见 2024 年《修订草案》第 21 条和第 22 条。

　③ 我国称为专设仲裁庭仲裁。参见 2024 年《修订草案》第 91 条、第 92 条和第 93 条。

　④ 这三种情况分别是：第一，仲裁协议的各方当事人在缔结协议时，其营业地点位于不同的国家；第二，下列地点之一位于各方当事人营业地点所在国以外：仲裁协议中确定的或根据仲裁协议而确定的仲裁地点，履行商事关系的大部分义务的任何地点或与争议事项关系最密切的地点；第三，各方当事人明确同意，仲裁协议的标的与一个以上的国家有关。

　⑤ 具体条文如下："民事关系具有下列情形之一的，人民法院可以认定为涉外民事关系：(一)当事人一方或双方是外国公民、外国法人或者其他组织、无国籍人；(二)当事人一方或双方的经常居所地在中华人民共和国领域外；(三)标的物在中华人民共和国领域外；(四)产生、变更或者消灭民事关系的法律事实发生在中华人民共和国领域外；(五)可以认定为涉外民事关系的其他情形。"

授权，其所依据的一般不是严格的法律，而是公允及善良原则以及商事惯例等。《国际商事仲裁示范法》承认友好仲裁①，我国内地对友好仲裁没有明文规定。

(三)仲裁在解决知识产权争议中的优势

相较于诉讼，采用仲裁方式解决知识产权纠纷有一定的优势。

首先，仲裁实行一裁终局，更为高效快捷。知识产权是智力成果权，各国对大多数知识产权的保护都有一定的期限。在现代社会，创新得到各国的支持与鼓励，技术和产品的更迭极为迅速，盈利存在周期性。仲裁的高效性符合知识产权争议解决的时效性要求。

其次，仲裁实行不公开审理。知识产权本质上是一种无形财产权，相对于有形财产，其具有可复制性。知识产权纠纷中，除去已经向社会公开的部分，还涉及大量的商业秘密或者技术诀窍。这些无形的财产一旦公开，就丧失了其价值。现代仲裁以不公开审理为原则，相关人员负有保密义务。仲裁的保密性特点使其尤其适合解决知识产权争议。

再次，仲裁具有专业性。仲裁的专业性主要体现为仲裁员的专业性。仲裁员与法官不同，并非一个固定的群体。仲裁机构可以聘任各行各业的人员担任仲裁员，当事人可以根据自己的意愿选择仲裁员。知识产权的客体是智力成果或知识产品，涉及诸多专业问题。因此，由专业人士解决专业问题更能保证仲裁的高效性。

最后，涉外仲裁裁决具有可流通性。《纽约公约》是最成功的商事方面的公约之一，参加国众多。该公约使得在一国作出的仲裁裁决在他国能够得到承认与执行。现今的国际社会联系密切，知识产权的国际许可和转让也极为常见，选择仲裁方式解决纠纷更易于结果在他国的承认与执行。

二、主要的仲裁机构

(一)WIPO(世界知识产权组织)仲裁与调解中心

WIPO仲裁与调解中心建立于1994年，受理世界范围内任何私人之间的商事纠纷，而不局限于知识产权相关争议。经过多年的发展，该中心提供的程序被广泛认为特别适合涉及知识产权的技术、娱乐和其他争议，其总部设在瑞士的日内瓦。自2010年起，该中心在新加坡设有办公室。

该中心设有两套仲裁规则：《WIPO仲裁规则》和《WIPO快速仲裁规则》。除了少数差异外，二者内容大致相同。当事人可以综合考虑案件的具体情况、所耗费的时间和费用等

---

① 参见《国际商事仲裁示范法》第28条"(3)仲裁庭只有在当事各方明确授权的情况下，才应按照公平合理的原则或作为友好调解人作出决定"。

因素，约定采用何种规则。

(二) 国际商会国际仲裁院

国际商会国际仲裁院(The ICC International Court of Arbitration)是附属于国际商会的一个国际性常设调解与仲裁机构，成立于1923年。设立国际商会国际仲裁院的目的在于通过处理国际性商事争议，促进国际经济贸易合作与发展。

(三) 国内主要的仲裁机构

国内一些仲裁委员会设立了知识产权仲裁机构。① 不仅如此，有些仲裁机构还和知识产权保护机构联手设立专业性的仲裁庭。如2024年湖北省版权保护协会与武汉仲裁委联手成立武汉仲裁委驻湖北省版权保护协会仲裁庭。②

随着越来越多的仲裁机构面向市场开展知识产权仲裁业务，国家为了提升知识产权仲裁的质量，出台了一些文件，如国家知识产权局出台的《关于开展知识产权仲裁调解机构能力建设工作的通知》。

三、知识产权争议的可仲裁性

我国《仲裁法》第2条和第3条规定了争议的可仲裁性问题。③总体而言，合同和其他财产权益纠纷可以仲裁，人身关系以及行政争议不能仲裁。2024年《修订草案》去掉了"平等主体"字样，其他内容没有做实质性更改。

知识产权法也规定了知识产权纠纷的可仲裁性问题。如《著作权法》以及《电子商务法》第60条。④ 除此之外，一些行政法规、部门规章和地方性法规也提及相关知识产权纠纷可以采用仲裁方式解决。

知识产权争议从理论上大致可以分为三类。第一类是合同争议，如著作权许可、专利许可或者商标许可合同产生的争议，根据我国《仲裁法》对仲裁事项的规定，这类争议的可

---

① 如武汉、厦门、广州、上海、重庆、青岛、南京、深圳等。

② 该仲裁庭解决包括但不限于版权归属、版权使用、版权侵权、版权合同签订等领域产生的争议，并且还可以依法对因版权活动产生的合同纠纷和其他财产权益纠纷开展调解工作。

③ 《仲裁法》第2条规定，"平等主体的公民、法人和其他组织之间发生的合同纠纷和其他财产权益纠纷，可以仲裁"。第3条则强调婚姻、收养、监护、扶养、继承纠纷以及依法应当由行政机关处理的行政争议不能仲裁。

④ 前者表述为"著作权纠纷可以调解，也可以根据当事人达成的书面仲裁协议或者著作权合同中的仲裁条款，向仲裁机构申请仲裁。当事人没有书面仲裁协议，也没有在著作权合同中订立仲裁条款的，可以直接向人民法院起诉"。后者则规定"电子商务争议可以通过协商和解，请求消费者组织、行业协会或者其他依法成立的调解组织调解，向有关部门投诉，提请仲裁，或者提起诉讼等方式解决"。

仲裁性毋庸置疑。第二类是侵权争议，如因著作权侵权、商标侵权或者专利侵权而产生的争议，这类争议属于《仲裁法》中规定的其他财产权益纠纷，也可以通过仲裁方式解决。第三类是权属争议，此类争议能否仲裁，存在较大争议。一般而言，著作权为自动取得，无须行政机关授权或者确认，其权属纠纷可以提交仲裁。但是，专利权和商标权的取得与之不同，二者均规定权利的取得需要行政机关的授权。如果因权属发生纠纷，由行政机关处理，对行政机关处理结果不服的，可以提起行政诉讼。因此，此类纠纷在我国不具有可仲裁性。

从世界范围来看，有些国家和地区允许当事人就知识产权权属争议提起仲裁。如根据中国香港地区《2017 年仲裁(修订)条例》①，争议事项不能仅仅因其与知识产权争议相关，就不能通过仲裁解决。当事人可以利用仲裁解决的知识产权争议的范围极其广泛，包括知识产权能否强制执行、知识产权侵权，以及知识产权的存在、有效性、所有权、范围、期限等，无论这些知识产权可否经注册而受到保护，以及是否于中国香港地区或其他司法管辖区注册或存在。但是，仲裁裁决只对仲裁各方具有约束力，对仲裁当事人以外的人不具有约束力。新加坡、美国也有类似立法。

第二节　知识产权纠纷仲裁协议

仲裁协议是仲裁的基石。争议能否提交仲裁，取决于是否存在有效的仲裁协议。有效的仲裁协议是排除法院管辖权的依据。缺乏有效的仲裁协议是撤销仲裁裁决以及拒绝承认和执行仲裁裁决的重要理由之一。

一、仲裁协议的定义

仲裁协议也称为仲裁合同或仲裁契约，是指在争议发生之前或争议发生之后，当事人缔结的将特定争议提交仲裁解决的协议。

二、仲裁协议的种类

根据表现形式的不同，仲裁协议主要分为仲裁条款和仲裁协议书。

仲裁条款作为争议解决条款，通常包含在主合同中。因其在争议发生之前拟定，而当事人在此时更为关注合同中的实体权利和义务，故通常较为简短。仲裁条款可见于著作权转让合同、专利或者商标权许可合同以及特许经营合同中。

---

①　参见香港特别行政区律政司网站：https://www.gld.gov.hk/egazette/pdf/20172125/cs1201721255.pdf。

仲裁协议书是一份单独的法律文件，通常是在争议发生之后拟定的。此时，当事人重视争端的解决。因此，仲裁协议书通常较为复杂，包括的内容较多，如提交仲裁的具体事项、仲裁庭的组成、应遵循的仲裁程序、仲裁地点、仲裁所适用的法律等。在知识产权侵权类案件中，当事人可以选择在纠纷发生之后签订仲裁协议书，将纠纷提交仲裁解决。

现行主要的国际性文件，如《纽约公约》以及《国际商事仲裁示范法》都承认争议发生之前和之后的仲裁协议均有效。但是，民法法系的许多国家在历史上并不执行把将来的争议提交仲裁的协议。虽然大多数国家已经改变了这种做法，但仍有少数国家坚持争议发生之后的仲裁协议才具有可执行性。

我国对仲裁协议的表现形式作了规定，根据《仲裁法》第16条第1款，仲裁协议必须采用书面形式。同时，我国既允许在争议发生之前，也允许在争议发生之后订立仲裁协议。

三、仲裁协议的主要内容

几乎所有的仲裁机构都有推荐性的仲裁条款。这些条款可供当事人参考，一般比较简短。就当事人而言，可以使用这种比较简单的仲裁条款，也可以拟定内容比较详尽的仲裁协议。仲裁协议一般包括：

（1）仲裁事项。这是仲裁协议中的重要事项，一般的推荐性仲裁条款建议尽可能使用较为宽泛的表述，如"产生于或与本合同有关的一切争议"。之所以如此，是因为如果将部分争议规定为可仲裁事项，部分争议规定由法院解决，理论上或许可行，但在实践中会产生诸如某项争议到底是否属于可仲裁事项这种需要事先确定的问题。因此，就知识产权纠纷而言，其仲裁事项也尽可能使用较为宽泛的表述。

（2）所适用的仲裁规则。在主要的仲裁机构的推荐性仲裁条款中，都建议当事人写明所适用的仲裁规则。

（3）仲裁庭的组成方式。仲裁庭的人数一般为1人或3人，由当事人自行约定。考虑到知识产权的专业性强，仲裁庭的组成人员中应当包括案涉知识产权领域的专家或者对相关技术有所了解的人员。

（4）仲裁地点。仲裁地点在涉外仲裁中具有极其重要的作用。仲裁不得违反仲裁地的强制性规定。仲裁地的法院可以对仲裁进行监督，仲裁裁决一般只可能被仲裁地的法院撤销或宣布无效。

（5）仲裁所适用的法律。这在涉外仲裁中较为常见。各国的知识产权法律存在差异，以标准必要专利全球费率为例，虽然都遵循公平、合理、无歧视的原则，但在具体规定上，各国相差甚远。适用不同国家和地区的法律，直接关系到当事人的实体权利。

（6）仲裁所使用的语言文字。仲裁采用何种语言，可由当事人自己选择。

（7）仲裁裁决的终局效力。一般而言，仲裁实行一裁终局，仲裁裁决具有终局效力。但有些国家允许当事人就此进行约定。如根据《1996 年英国仲裁法》第 69 条，当事人可以对仲裁庭法律适用错误的问题向法院提出上诉，但该条为非强制性条款，如果当事人希望一裁终局，可以选择在签订仲裁协议时，约定排除第 69 条的上诉权，避免任何一方就法律问题针对仲裁裁决向法院提出上诉。

我国《仲裁法》明确规定了仲裁协议的主要内容，根据《仲裁法》第 16 条第 2 款，仲裁协议应当具有三项内容。① 与其他国家相比，我国的规定有一定的特殊性，我国强调仲裁协议必须包含"选定的仲裁委员会"。根据《仲裁法》第 18 条，如果没有约定仲裁委员会或者约定不明确的，当事人可以达成补充协议；达不成补充协议的，仲裁协议无效。而国际实践一般认为选定了某个仲裁机构的仲裁规则，就意味着选定了该仲裁机构。为了与国际实践相一致，2006 年《最高人民法院关于适用〈中华人民共和国仲裁法〉若干问题的解释》（以下简称《2006 年司法解释》）第 4 条对《仲裁法》第 18 条予以补充。根据第 4 条，如果仲裁协议中仅约定了仲裁规则，而没有约定具体的仲裁机构的，将被认定为没有约定仲裁机构。但是，如果当事人事后达成了补充协议，或者根据仲裁规则可以确定具体的仲裁机构的，视为约定了仲裁机构。与此一致，我国的仲裁机构通常也在其仲裁规则中规定，一旦约定了该仲裁机构的仲裁规则，就可以认定该仲裁机构具有管辖权。从近期的发展来看，"选定的仲裁委员会"这一严格要件有所松动，我国在实践中有条件地承认了无"选定的仲裁委员会"的仲裁协议的效力。2024 年《修订草案》中的涉外仲裁部分新设了临时仲裁制度，适用于"涉外海事中发生的纠纷"及"自由贸易试验区内设立登记的企业之间发生的具有涉外因素的纠纷"。2021 年《中华人民共和国仲裁法（修订）（征求意见稿）》允许所有涉外仲裁都采用临时仲裁的形式，而 2024 年《修订草案》限制了临时仲裁的适用范围。

四、知识产权仲裁协议的有效性

（一）仲裁协议效力的认定机构

有效的仲裁协议是当事人将争议提交仲裁、排除法院管辖的前提。这里需要首先解决的问题是仲裁协议的效力由谁来认定。

1. 仲裁庭的认定

仲裁庭应当有权认定仲裁协议的效力，这为许多国际文件所确认，如《国际商事仲裁

---

① 这三项内容分别是：请求仲裁的意思表示；仲裁事项；选定的仲裁委员会。

示范法》第 16 条以及《联合国国际贸易法委员会仲裁规则》第 23 条。两者都规定对于当事人提出的仲裁协议是否存在、是否有效以及其他的涉及仲裁庭是否享有管辖权的异议,仲裁庭自己可以作出裁定。后者还规定了仲裁条款的独立性,强调合同无效并不必然导致仲裁条款无效。

2. 法院的认定

在仲裁程序中,对仲裁协议的效力提出异议,通常向仲裁庭提出。但是,许多国家也允许当事人就仲裁协议的效力向法院提出异议。

我国《仲裁法》第 20 条对仲裁协议效力的认定机构作出了规定。依据该条,人民法院和仲裁委员会均可对仲裁协议的效力作出认定,且法院具有一定程度的优先权。《2006 年司法解释》对这种优先权作了一定的限制,规定仲裁协议的效力被仲裁委员会认定后,对于当事人提出的确认仲裁协议的效力或者撤销仲裁机构决定的申请,法院均不予受理。[①] 实践中,依据一些仲裁机构的仲裁规则,仲裁庭也有权对仲裁协议的效力作出认定。2021年的《中华人民共和国仲裁法(修订)(征求意见稿)》对现行规定作了较大修改,将仲裁庭设定为仲裁协议效力的主要认定机构,法院仅有事后审查权。[②] 2024 年《修订草案》将仲裁庭增设为仲裁协议效力认定机构。

(二)对仲裁协议效力提出异议的时间

为了使当事人及时提出异议,各国一般都规定了提出异议的时间限制。根据《国际商事仲裁示范法》第 16 条第 2 款,一般而言,有关仲裁庭无权管辖的抗辩不得在答辩书之后提出,除非仲裁庭认为推迟抗辩有正当理由。《联合国国际贸易法委员会仲裁规则》第 23 条第 2 款规定:对仲裁庭无管辖权的抗辩,至迟应在答辩书中提出,涉及反请求或为抵销目的而提出的请求的,至迟应在对反请求或对为抵销目的而提出的请求的答复中提出。

我国《仲裁法》第 20 条规定当事人提出异议的时间为仲裁庭首次开庭前。而且,根据《2006 年司法解释》,当事人没有及时提出异议,而是选择其后向法院申请确认仲裁协议无效,或者选择在裁决撤销或者执行阶段主张仲裁协议无效的,法院不予支持。但是,如果当事人及时对仲裁协议的效力提出异议,在裁决撤销或者执行阶段再次主张仲裁协议无

---

① 参见《最高人民法院关于适用〈中华人民共和国仲裁法〉若干问题的解释》第 13 条第 2 款。
② 参见《中华人民共和国仲裁法(修订)(征求意见稿)》第 28 条。

效的，法院会就此进行审查，并视具体情况决定支持与否。①

（三）仲裁协议的有效要件

1. 形式有效性

无论是 1958 年《纽约公约》第 2 条，还是 1985 年《国际商事仲裁示范法》第 7 条，都强调仲裁协议必须是书面形式。因此，一般认为仲裁协议的书面性构成仲裁协议形式有效性的要求。但是，随着科学技术的发展，一些新的通信技术的出现，人们对"书面"一词的认定产生了越来越多的困惑。一些国家的立法放宽了对"书面"一词的解释。这方面的典型例证是《1996 年英国仲裁法》。

注意到各国立法以及实践的变化，2006 年联合国国际贸易法委员会作出决议，对 1985 年《国际商事仲裁示范法》进行了修改。修改之前，《国际商事仲裁示范法》②原则上要求仲裁协议必须采用书面形式，但对书面形式作了较为宽泛的解释。③ 修改之后的《国际商事仲裁示范法》对仲裁协议的形式要件提出了两个备选案文。备选案文之一还是规定仲裁协议应当采用书面形式，但对书面形式作了扩大规定。备选案文之二只界定了仲裁协议，对仲裁协议的形式未作任何要求。

同时，2006 年联合国国际贸易法委员会还通过了对 1958 年《纽约公约》第 2 条的解释建议，这份建议也认为应当在比较宽泛的意义上解释公约第 2 条规定的书面形式要求。我国《仲裁法》规定仲裁协议必须是书面形式。为了适应现代技术的发展，《2006 年司法解释》④对"书面"也作了宽泛的解释。2021 年司法部发布的《中华人民共和国仲裁法（修订）（征求意见稿）》进一步放宽了形式要求，规定"一方当事人在仲裁中主张有仲裁协议，其他当事人不予否认的，视为当事人之间存在仲裁协议"。2024 年《修订草案》也对形式要求有所放宽，但强调经仲裁庭提示并记录后，才能视为存在仲裁协议。

---

① 参见《最高人民法院关于适用〈中华人民共和国仲裁法〉若干问题的解释》第 13 条和第 27 条。
② 参见《国际商事仲裁示范法》第 7 条。
③ 依据第 7 条，协议如果载于当事各方签字的文件中，或载于往来的书信、电传、电报或提供协议记录的其他电讯手段中，或在申诉书和答辩书的交换中当事一方声称有协议而当事他方不否认，即为书面协议。在合同中提出参照载有仲裁条款的一项文件即构成仲裁协议，如果该合同是书面的而且这种参照足以使该仲裁条款构成该合同的一部分的话。
④ 参见《2006 年司法解释》第 1 条：仲裁法第十六条规定的"其他书面形式"的仲裁协议，包括以合同书、信件和数据电文（包括电报、电传、传真、电子数据交换和电子邮件）等形式达成的请求仲裁的协议。

2. 当事人具有相应的行为能力

作为一份协议，其签订人当然应当具有相应的行为能力。根据《纽约公约》，如果仲裁协议的当事人是无行为能力人，成员国可以据此拒绝承认与执行仲裁裁决。

3. 争议具有可仲裁性

仲裁协议中约定的争议事项必须是依据法律规定可以提交仲裁的事项。依据《国际商事仲裁示范法》，如果法院认为提交仲裁的争议依据本国法律不能通过仲裁解决，可以撤销裁决。而且《纽约公约》和《国际商事仲裁示范法》也强调争议不具有可仲裁性是裁决不予执行的理由之一。

这一规定在知识产权纠纷仲裁中尤为重要。如前所述，有些国家，如我国未承认特定类型知识产权确权类纠纷的可仲裁性。而有些国家，如美国、新加坡等承认此类纠纷的可仲裁性，但裁决仅在当事人之间有效，不具有对世效力。还有些国家，如瑞士，承认此类裁决的对世效力。从国际实践来看，不同国家对争议的可仲裁性有不同的规定，但总体呈扩大趋势。

（四）仲裁协议的独立性

仲裁协议的独立性主要是指仲裁条款的独立性，也称为仲裁协议的自治性、可分性。这一特点意味着仲裁条款虽然是合同的组成部分，但是与主合同相分离。主合同无效、终止并不影响仲裁协议的效力。

仲裁协议的独立性已经为许多国际文件和国家的立法和实践所接受。如依据《国际商事仲裁示范法》，合同中的仲裁条款独立于合同中的其他条款，合同无效并不必然导致合同所载的仲裁条款无效。①

我国《仲裁法》也承认仲裁协议的独立性，第19条规定仲裁协议独立存在，合同的变更、解除、终止或者无效，不影响仲裁协议的效力。不仅如此，《2006年司法解释》进一步规定：合同成立后未生效或者被撤销的，不影响仲裁条款的效力；当事人在合同订立时已经达成了仲裁条款，仲裁协议的效力不受合同没有成立的影响。② 2024年《修订草案》吸收了司法解释的规定，更加强调仲裁协议的独立性。③

---

① 参见《国际商事仲裁示范法》第16条。
② 参见《2006年司法解释》第10条。
③ 参见2024年《修订草案》第23条。

（五）主要仲裁机构的示范性仲裁条款

各常设性仲裁机构一般都有示范性仲裁条款，供当事人自行选用。

（1）WIPO 仲裁与调解中心的示范性仲裁条款分为"未来争议"①和"现有争议"两类。除此之外，WIPO 仲裁与调解中心还列出了采用快速仲裁程序的示范性仲裁协议，表述与此基本相同，仅将《WIPO 仲裁规则》替换为《WIPO 快速仲裁规则》。

（2）国际商会国际仲裁院的示范性仲裁条款较为简洁。② 仲裁院还建议当事人就合同所应适用的法律、仲裁地点、仲裁所使用的文字以及仲裁员的数量进行约定。为了适应中国《仲裁法》的规定，仲裁院建议在以我国内地为仲裁地点的仲裁中，在上述示范条款中写入国际商会国际仲裁院。③

（3）伦敦国际仲裁院的示范性仲裁协议包括两种：争议发生之前的④以及争议发生之后的，二者没有实质性区别。除了示范性仲裁条款中所包含的内容外，仲裁院还鼓励当事人就仲裁员数量、仲裁地、仲裁使用的语言、合同所适用的实体法等内容进行约定。

（4）鉴于我国现行《仲裁法》规定仲裁协议中必须包括选定的仲裁机构，故我国大多数示范性仲裁条款表述为：凡因本合同引起的或与本合同有关的任何争议，均应提交某某仲裁委员会，按照申请仲裁时该会现行有效的仲裁规则进行仲裁。仲裁裁决是终局的，对双方均有约束力。

（六）知识产权争议仲裁协议的撰写

知识产权纠纷具有独特性，但就仲裁协议的撰写而言，还是应当采用较为宽泛的表达方式。实践中，采用仲裁方式解决的主要是知识产权合同纠纷。在知识产权侵权纠纷中，因当事人双方难以达成仲裁协议，采用仲裁方式解决的可能性较小。有些知识产权纠纷存在合同和侵权竞合，在这种情况下，如果存在较为宽泛的仲裁协议，侵权纠纷也可以采用

---

① 具体内容如下：凡因本合同以及本合同随后的任何修正案所引起、致使或与之相关的争议、纠纷或权利主张，包括但不限于合同的签订、效力、约束力、解释、执行、违反或终止以及非契约性权利主张，均应交由并最终服从根据《WIPO 仲裁规则》进行的仲裁。仲裁庭应由"一名独任仲裁员"或"三名仲裁员"组成，仲裁地为"写明地点"，仲裁程序所使用的语言为"写明语言"，该争议、纠纷或权利主张应根据"写明管辖区"的法律裁决。

② 具体内容如下：凡产生于本合同或与本合同有关的一切争议，均应按照国际商会仲裁规则，由依照该规则指定的一名或数名仲裁员终局解决。

③ 具体内容如下：凡产生于本合同或与本合同有关的一切争议，均应提交国际商会国际仲裁院并按照国际商会仲裁规则由依据该规则指定的一名或数名仲裁员终局解决。

④ 具体内容如下：任何产生于该合同或者与该合同有关的任何争议，包括合同的成立、效力以及终止，均应按照《伦敦国际仲裁院仲裁规则》提交仲裁予以解决，该规则被认为并入了该仲裁条款，成为该仲裁条款的一部分。

仲裁方式解决。如有些专利或者商标许可合同到期后，按照约定，被许可人应当停止使用该专利或者商标，但被许可人没有按照约定行事。再如某些技术许可合同中，被许可人违反合同保密条款，将其获悉的技术或者商业秘密向他人披露。此种情况下，被许可人的行为既构成违约，也构成侵权。如果合同本身载有宽泛的仲裁条款，该争议也可以采用仲裁的方式解决。最高人民法院在基石药业（苏州）有限公司（上诉人）诉中山康方生物医药有限公司、康方天成（广东）制药有限公司以及艾昆纬医药科技（上海）有限公司的裁定中明确阐述："在解释仲裁条款范围时，如侵权争议因违反合同义务而产生，违约责任和侵权责任有竞合关系，则原告即使选择以侵权为由提出诉讼，仍应受到合同仲裁条款的约束，不应允许当事人通过事后选择诉因而规避仲裁条款的适用。"①前述 WIPO 仲裁与调解中心的示范性仲裁条款不仅提及合同，而且提及"非契约性权利主张"，这种表达方式在知识产权争议中值得推荐。

第三节　知识产权纠纷仲裁程序

仲裁程序受法律和仲裁规则以及当事人指示的约束。

一、申请与受理

依据我国《仲裁法》，仲裁程序的启动首先需要当事人向仲裁机构申请仲裁。

（一）申请

我国《仲裁法》规定当事人申请仲裁应当符合三个条件，分别是存在仲裁协议，有具体的仲裁请求和事实、理由以及属于仲裁委员会的受理范围。当事人申请仲裁时应当向仲裁委员会递交仲裁协议、仲裁申请书及副本。仲裁申请书是非常重要的文书，一般包括当事人的基本情况、仲裁请求及其事实、理由，并附有证据。知识产权纠纷专业性强，依据《WIPO 仲裁规则》，在仲裁请求书里应当写明争议性质和案情的要点，包括所涉的权利和财产以及所涉技术的性质等。

（二）受理

仲裁机构收到当事人的申请后会进行审查。一般而言，需要审查的事项包括是否存在仲裁协议，争议事项的可仲裁性，争议事项是否属于仲裁机构的受案范围。经过审查，如果符合受理条件，仲裁机构会受理案件，并通知当事人，且在仲裁规则规定的期限内将仲

---

① （2020）最高法知民终 1360 号之一。

裁规则和仲裁员名册送达申请人，并将仲裁申请书副本、仲裁规则、仲裁员名册送达被申请人。

如前所述，仲裁分为机构仲裁和临时仲裁，我国现行规定针对的是机构仲裁。在临时仲裁中，仲裁程序的启动始于申请人向被申请人发出仲裁通知。自被申请人收到仲裁通知之日起，仲裁程序开始。①

二、仲裁庭的组成

仲裁庭的组成可以由当事人自行约定。根据仲裁庭的组成人数不同，一般可以分为独任仲裁庭和由三名仲裁员组成的仲裁庭。

（一）独任仲裁庭

独任仲裁庭由一名仲裁员组成。当事人共同选定或者共同委托第三人指定一名仲裁员组成仲裁庭审理案件。相比较而言，独任仲裁庭的优点在于仲裁的费用较为低廉，效率较高。有些仲裁机构倾向于采用独任仲裁庭，如依据《WIPO 仲裁规则》，当事人未约定仲裁员人数的，仲裁庭由一名独任仲裁员组成，除非中心依其裁量权认定，经全面考虑案情，仲裁庭应由三名成员组成。

（二）三名仲裁员组成的仲裁庭

根据主要的仲裁立法和实践，在三名仲裁员组庭的情况下，一般由申请人和被申请人各自选定一位仲裁员。第三名仲裁员，即首席仲裁员的指定则做法不同。按照《国际商事仲裁示范法》，首席仲裁员由当事人选定的两名仲裁员指定。当事人怠于行使自己的权利，在规定的时间内不选择仲裁庭的组成方式或者仲裁员，各国一般规定由法院或者仲裁机构协助组庭。

依据我国《仲裁法》，仲裁庭可以由三名仲裁员或者一名仲裁员组成。② 从实践来看，一些机构在仲裁庭组成方式和仲裁员的选择上有所创新，如在首席仲裁员的产生方式上，一些仲裁机构允许边裁推荐。我国的仲裁机构一般设有仲裁员名册，名册上会标明仲裁员擅长的专业领域。考虑到知识产权争议专业性强的特点，当事人可以在名册中选定对相关知识产权领域较为熟悉的仲裁员组成仲裁庭。

---

① 参见《联合国国际贸易法委员会仲裁规则》（2021 年版）第 3 条。
② 依据《仲裁法》，如果当事人约定由三名仲裁员组成仲裁庭的，应当各自选定或者各自委托仲裁委员会主任指定一名仲裁员，第三名仲裁员由当事人共同选定或者共同委托仲裁委员会主任指定。当事人约定由一名仲裁员成立仲裁庭的，应当由当事人共同选定或者共同委托仲裁委员会主任指定仲裁员。当事人没有在仲裁规则制定的期限内约定仲裁庭的组成方式或者选定仲裁员的，由仲裁委员会主任指定。

三、仲裁审理方式

(一) 开庭审理和书面审理

仲裁审理的方式包括开庭审理和书面审理。开庭审理也称为口头审理，此方式便于当事人当庭出示证据，进行口头质证、辩论，有利于查明事实真相，但较为耗费时间。而书面审理则主要就当事人提交的书面材料进行审理，节约时间，较为经济。我国《仲裁法》规定开庭审理是仲裁的基本审理方式。[①] 无论采用何种审理方式，其根本目的是弄清楚事实，以此作为裁决的基础。因此，有些仲裁规则没有强制规定审理方式，如依据《WIPO仲裁规则》，审理由仲裁庭按照其认为适当的方式进行。但是，在任何情形下，仲裁庭均应确保当事人得到平等对待，给予各方当事人陈述主张的公平机会。

(二) 不公开审理和公开审理

仲裁的保密性使其更适于解决知识产权争议。我国法律明确规定仲裁以不公开审理为原则。[②] 一些仲裁规则对保密义务作了更为详尽的规定，如依据《WIPO仲裁规则》，当事人、证人、专家、仲裁员及仲裁机构均负有保密义务。

四、仲裁中的临时措施

所谓临时措施是以裁决书或其他形式作出的短期措施。这些措施包括但不限于财产保全、证据保全等措施。因其关系到最终裁决的履行、仲裁中事实的确定等，受到重视。临时措施问题是《国际商事仲裁示范法》在2006年修改时的重点问题之一。

根据修改后的《国际商事仲裁示范法》，除非当事人另有约定，有权采取临时措施的机构包括仲裁庭和法院。《国际商事仲裁示范法》对仲裁庭采取的临时措施作了详细规定，包括采取临时措施或者初步命令应当满足的条件；具体措施；临时措施或者初步命令的修改、中止和终止；披露；担保和损害赔偿。《国际商事仲裁示范法》还以承认和执行仲裁裁决的制度为样本，创新性地设立了临时措施的承认和执行制度。法院也可以下令采取临时措施。按照《国际商事仲裁示范法》，即使仲裁程序进行地在境外，法院发布与仲裁程序有关的临时措施的权力也应当与法院在诉讼程序方面的权力相同。

---

① 参见《仲裁法》第39条。
② 参见《仲裁法》第40条。依据该条，除非当事人协议公开审理，否则仲裁不能公开进行。涉及国家秘密的仲裁不能公开进行。

我国仲裁中的保全措施最早见于1995年《仲裁法》第28条①和第46条②。从这两条在整部法律中所处位置可以推定，仲裁保全只能是提起仲裁之后，且限于财产保全和证据保全。1999年《海事诉讼特别程序法》在《仲裁法》的基础上有所突破，允许仲裁前的财产保全措施，且增加海事强制令作为保全措施的一种，但这一突破仅限于海事仲裁。2001年我国加入世界贸易组织后，根据《与贸易有关的知识产权协定》的相关规定，在后来修订《专利法》《商标法》《著作权法》等知识产权法时，增加了行为保全③的规定。最高人民法院于2001年6月、2002年1月先后颁布了两份文件。④ 但是，前述针对知识产权的行为保全仅仅适用于"起诉前"，而没有涵盖"仲裁前"。2012年《民事诉讼法》的修订，增加了仲裁前的保全措施，扩大了保全范围，且新设了行为保全。2018年，最高人民法院发布《最高人民法院关于审查知识产权纠纷行为保全案件适用法律若干问题的规定》，进一步完善行为保全制度在知识产权与竞争纠纷领域的实施，这对于充分、及时、有效地保护知识产权权益具有重要作用。2024年《修订草案》新增"临时措施"部分，增加行为保全和紧急仲裁员制度，明确仲裁庭有权决定临时措施，并统一规范临时措施的行使及其域外执行的程序。⑤ 2024年《修订草案》的这一修订与国际趋势相同，有利于增强仲裁对知识产权纠纷当事人的吸引力。2024年，在一起技术开发与服务纠纷国际仲裁案件中，北京市第四中级人民法院审查确认了北京仲裁委员会仲裁庭作出的临时措施，这是我国仲裁庭作出临时措施的全国首案。⑥

五、仲裁裁决

按照仲裁裁决的内容和效力，可以将仲裁裁决区分为中间裁决、部分裁决、临时裁决

---

① 《仲裁法》第28条规定："一方当事人因另一方当事人的行为或者其他原因，可能使裁决不能执行或者难以执行的，可以申请财产保全。当事人申请财产保全的，仲裁委员会应当将当事人的申请依照民事诉讼法的有关规定提交人民法院。申请有错误的，申请人应当赔偿被申请人因财产保全所遭受的损失。"

② 《仲裁法》第46条规定："在证据可能灭失或者以后难以取得的情况下，当事人可以申请证据保全。当事人申请证据保全的，仲裁委员会应当将当事人的申请提交证据所在地的基层人民法院。"

③ 所谓行为保全是指权利人和利害关系人有证据证明他人正在实施或者即将实施侵害其知识产权的行为，如不及时制止将使其合法权益受到难以弥补的损害的，可以在起诉前向法院申请采取责令停止有关行为。

④ 这两份文件分别是《最高人民法院关于对诉前停止侵犯专利权行为适用法律问题的若干规定》和《最高人民法院关于诉前停止侵犯注册商标专用权行为和保全证据适用法律问题的解释》。

⑤ 参见2024年《修订草案》第48条和第49条。

⑥ 薛童. 司法支持仲裁大动作，赋能仲裁庭临时措施！［EB/OL］.（2024-10-30）［2024-11-03］. https：//www.bjac.org.cn/news/view? id＝4989.

以及最终裁决。但一般而言，仲裁裁决是最终裁决。

(一)仲裁裁决的作出

依据各国的通行做法，如果是独任仲裁庭，仲裁裁决应当按照独任仲裁员的意见作出；如果仲裁庭的组成人员为三人，裁决应当按照多数仲裁员的意见作出。但是如果不能形成多数意见，应当如何处理，各国的规定并不一致。我国的规定与通行做法相同，同时强调仲裁庭不能形成多数意见时，依据首席仲裁员的意见进行裁决。①

(二)仲裁裁决的形式和内容

仲裁裁决应当以书面形式作出，但不需要所有仲裁员签字。按照《国际商事仲裁示范法》第 31 条，仲裁裁决只需要仲裁庭全体成员的多数签字即可，但要说明没有签字的理由。

仲裁裁决书一般包括当事人的基本情况、仲裁请求、争议事实、仲裁的理由和结果、仲裁费用的负担以及一些形式要件。但是，如果当事人另有约定，或者仲裁裁决是根据当事人的和解协议作出的，也可以不说明仲裁裁决的理由。② 我国《仲裁法》也对此作出了明确规定。

(三)仲裁裁决的解释和更正

仲裁裁决作出之后，不能随意更改。但是，对仲裁裁决的具体意义不太明确，裁决书存在文字或者计算错误，各国都允许在一定的期限内予以解释或者更正。对仲裁庭已经裁决，但在裁决书中遗漏的事项，也允许仲裁庭作出补充裁决。我国《仲裁法》对此作出了明确规定。③

(四)和解达成的裁决

在仲裁过程中，当事人可以自行和解，由此达成和解协议。为了使和解协议的效力更加确定，当事人可能会请求仲裁庭根据和解协议作出裁决书，这种仲裁裁决称为合议裁

---

① 参见《仲裁法》第 53 条。

② 参见《仲裁法》第 54 条：裁决书应当写明仲裁请求、争议事实、裁决理由、裁决结果、仲裁费用的负担和裁决日期。当事人协议不愿写明争议事实和裁决理由的，可以不写。裁决书由仲裁员签名，加盖仲裁委员会印章。对裁决持不同意见的仲裁员，可以签名，也可以不签名。

③ 参见《仲裁法》第 56 条：对裁决书中的文字、计算错误或者仲裁庭已经裁决但在裁决书中遗漏的事项，仲裁庭应当补正；当事人自收到裁决书之日起三十日内，可以请求仲裁庭补正。

决。我国《仲裁法》允许仲裁当事人进行和解并规定了达成和解之后的处理方式。①

（五）调解达成的裁决

仲裁庭可以在仲裁中进行调解。调解作为东方经验，受到我国的重视。依据我国《仲裁法》，仲裁中的调解应当遵循自愿原则，调解书经双方当事人签收后生效。调解不成的，仲裁庭应当及时作出裁决。② 为了打消当事人的疑虑，使得调解能够顺利进行，我国一些仲裁机构借鉴了国际通行做法，在仲裁规则中规定调解不成后，当事人不得在其后的程序中援引调解中当事人或者仲裁庭的相关意见。③

（六）仲裁裁决的生效

仲裁裁决作出之后，何时生效，各国的规定不同。我国法律规定裁决书自作出之日起发生法律效力。

六、快速仲裁程序

为了更为高效、经济地解决纠纷，一些仲裁规则规定了快速仲裁程序（或称为简易程序）。与普通程序相比，快速仲裁程序有如下特点：

（1）仲裁庭一般为独任制，由一名仲裁员仲裁案件。如依据《WIPO 快速仲裁规则》，仲裁由一名仲裁员进行。

（2）期限较短。如依据《WIPO 快速仲裁规则》，被申请人必须在收到仲裁申请书后 20 天内提交仲裁答复书和答辩书（《WIPO 仲裁规则》规定为 30 天，且答辩陈述书的提交不是强制性的）；仲裁员确定后 15 日内举行准备会议（《WIPO 仲裁规则》规定为 30 天）；仲裁员举行的听证，除非情况特殊，否则不得超过 3 天（《WIPO 仲裁规则》无此限制）。庭审尤其应尽可能在答辩状送达或仲裁庭成立（以时间在后者为准）后 3 个月内宣告结束（《WIPO 仲裁规则》规定为 9 个月），而终局裁决应尽可能在随后的 1 个月内作出（《WIPO 仲裁规则》规定为 3 个月）。

（3）费用相对低廉。相对《WIPO 仲裁规则》，《WIPO 快速仲裁规则》下的仲裁登记费

---

① 参见《仲裁法》第 49 条和第 50 条：当事人申请仲裁后，可以自行和解。达成和解协议的，可以请求仲裁庭根据和解协议作出裁决书，也可以撤回仲裁申请。当事人达成和解协议，撤回仲裁申请后反悔的，可以根据仲裁协议申请仲裁。

② 参见《仲裁法》第 51 条和第 52 条。

③ 参见《武汉仲裁委员会仲裁规则》（2023 年版）第 59 条第 4 款：调解不成的，仲裁庭应当及时作出裁决。但是，任何一方当事人均不得在其后的仲裁程序、司法程序和其他任何程序中援引对方当事人或者仲裁庭在调解过程中的任何陈述、意见、观点或者建议作为其请求、答辩或者反请求的依据。

和管理费会低一些。

七、仲裁中的放弃异议条款

为了使当事人对仲裁中的事项及时提出异议，不因其怠于行使权利而制造障碍，《国际商事仲裁示范法》①和许多仲裁规则都规定了"放弃异议条款"，如《WIPO 仲裁规则》第60 条规定："当事人知道本规则的任何规定、仲裁协议的任何要求或者仲裁庭发出的任何指令未被遵守，但仍参加仲裁程序而且不对不遵守情况立即提出异议的，视为放弃其提出异议的权利。"我国现行《仲裁法》没有明确规定此条款，《中华人民共和国仲裁法（修订）（征求意见稿）》予以增设，② 但 2024 年《修订草案》将其删除。

八、技术类知识产权纠纷仲裁中引入类似"技术调查官"制度的设想

鉴于知识产权纠纷技术性强的特点，最高人民法院于 2019 年通过了《最高人民法院关于技术调查官参与知识产权案件诉讼活动的若干规定》，在审理技术类知识产权案件的人民法院施行技术调查官制度。该规定共 15 条，明确人民法院在审理一些专业技术性较强的知识产权案件时，可以指派技术调查官参与诉讼活动。③ 在诉讼过程中，技术调查官的身份为审判辅助人员。④

我国《仲裁法》没有设立类似"技术调查官"制度。技术类知识产权纠纷在仲裁中同样涉及技术事实的认定等问题。"技术调查官"制度的缺失可能影响当事人选择仲裁方式解决知识产权争议的意愿。实践中，一些仲裁规则规定了"专家证人"制度，如《武汉仲裁委员会仲裁规则》第 33 条第 4 款规定"当事人可就专业问题聘请专家证人提出书面意见或出庭作证"，《中国国际经济贸易仲裁委员会仲裁规则》第 44 条也有类似规定。因此，在知识产权纠纷仲裁中，如果涉及技术性问题，当事人可以聘请相关领域的专家作为专家证人。但是，与"技术调查官"作为审判辅助人员的身份以及参与技术类知识产权纠纷诉讼的程度相比，"专家证人"能够发挥的作用有限。从世界范围来看，一些仲裁机构非常重视技术类知识产权纠纷中类似"技术调查官"制度的设立，如《东京国际知识产权仲裁中心仲裁规则》授予仲裁庭在各方许可的情况下任命相关技术领域的技术助理的权力，以协助仲裁庭解决

---

① 参见《国际商事仲裁示范法》第 4 条。

② 参见《中华人民共和国仲裁法（修订）（征求意见稿）》第 33 条："一方当事人知道或者应当知道仲裁程序或者仲裁协议中规定的内容未被遵守，仍参加或者继续进行仲裁程序且未及时提出书面异议的，视为其放弃提出异议的权利。"

③ 依据《最高人民法院关于技术调查官参与知识产权案件诉讼活动的若干规定》，这里所称的知识产权案件包括专利、植物新品种、集成电路布图设计、技术秘密、计算机软件、垄断等。

④ 《最高人民法院关于技术调查官参与知识产权案件诉讼活动的若干规定》也明确了技术调查官参与诉讼活动的程序、职责、效力、法律责任等。

案件中的技术问题。为了增加仲裁方式对当事人的吸引力，也为了使得知识产权纠纷能够优质、高效地解决，我国有必要考虑在知识产权仲裁中引入类似"技术调查官"制度。

第四节　知识产权纠纷仲裁裁决的撤销与执行

一、仲裁裁决的撤销

仲裁实行一裁终局，但会受到司法监督。仲裁裁决作出之后，经当事人的申请，法院可以对其进行撤销。对于撤销的理由和程序，各国规定不一。

（一）申请撤销仲裁裁决的条件

（1）当事人向有管辖权的法院提出申请。依据《仲裁法》，这里的法院是指仲裁机构所在地的中级人民法院。

（2）在法定的期限内提出。依据《仲裁法》，这个期限为 6 个月，从当事人收到裁决书之日起算。① 2024 年《修订草案》将之缩短为 3 个月。

（3）符合法定理由。② 现行法律规定的撤销理由主要是程序性事项。

（二）申请撤销仲裁裁决的后果

当事人申请撤销仲裁裁决之后，人民法院经过合议庭审理，有三种不同的结果：裁定不予撤销裁决；通知仲裁庭重新仲裁，同时中止撤销程序，一旦仲裁庭重新仲裁，撤销程序即终结，如果仲裁庭不进行重新仲裁，撤销程序就恢复；以及裁定撤销仲裁裁决。仲裁裁决被撤销意味着原来的仲裁协议失效，当事人如果还想采用仲裁方式解决纠纷，必须重新达成仲裁协议。当事人也可以采取其他方式，如诉讼或者调解等方式来解决争议。依据

---

① 参见《仲裁法》第 59 条。

② 《仲裁法》第 58 条规定："当事人提出证据证明裁决有下列情形之一的，可以向仲裁委员会所在地的中级人民法院申请撤销裁决：

（一）没有仲裁协议的；

（二）裁决的事项不属于仲裁协议的范围或者仲裁委员会无权仲裁的；

（三）仲裁庭的组成或者仲裁的程序违反法定程序的；

（四）裁决所根据的证据是伪造的；

（五）对方当事人隐瞒了足以影响公正裁决的证据的；

（六）仲裁员在仲裁该案时有索贿受贿，徇私舞弊，枉法裁决行为的。

人民法院经组成合议庭审查核实裁决有前款规定情形之一的，应当裁定撤销。

人民法院认定该裁决违背社会公共利益的，应当裁定撤销。"

最高人民法院《2006 年司法解释》，仲裁裁决也可以部分撤销，除非超裁部分与其他裁决事项不可分。① 人民法院应当在受理撤销裁决申请之日起两个月内作出撤销裁决或者驳回申请的裁定。如果法院认为仲裁裁决应当撤销，必须履行报核程序。②

二、仲裁裁决的执行

仲裁裁决作出之后，当事人应当自动履行，如果当事人不自动履行，即涉及仲裁裁决的执行问题。依据我国法律，仲裁裁决的执行必须满足一定的条件。首先，必须在法定的期限内申请。按照《民事诉讼法》第 250 条，这个期限为 2 年。其次，必须向有管辖权的法院提出。最后，裁决具有约束力，即仲裁裁决没有被裁定撤销。当事人申请执行仲裁裁决，另一方当事人可以申请不予执行。如果满足一定条件，仲裁裁决可以被法院裁定不予执行。仲裁裁决不予执行的法定理由与撤销的法定理由相同。

为了使仲裁裁决的执行更为规范，2018 年最高人民法院出台了《最高人民法院关于人民法院办理仲裁裁决执行案件若干问题的规定》。该规定第 3 条进一步明确在一定条件下法院可以裁定驳回或者部分驳回仲裁裁决或者仲裁调解书的执行申请。③在仲裁裁决的执行过程中，某些涉及知识产权的仲裁裁决因存在该规定第 3 条所述情况，导致不能够得到法院执行。如某仲裁委员会的仲裁裁决规定"当事人一方应当按照双方的约定向另一方当事人履行包括商业秘密在内的技术、知识产权出资义务"，在案件执行过程中，法院无法确定裁决包含的是哪些技术和知识产权，最后导致该仲裁裁决被裁定驳回。

为了解决撤销程序和不予执行程序对仲裁裁决重复审查和易造成结果冲突的问题，依据审执分离原则，《中华人民共和国仲裁法（修订）（征求意见稿）》将撤销程序作为司法监督仲裁裁决的一般原则，删除了当事人在执行程序阶段提出不予执行审查的规定，同时赋

---

① 参见《2006 年司法解释》第 19 条。

② 参见《最高人民法院关于仲裁司法审查案件报核问题的有关规定》（2017 年 11 月 20 日最高人民法院审判委员会第 1727 次会议通过，根据 2021 年 11 月 15 日最高人民法院审判委员会第 1850 次会议通过的《最高人民法院关于修改〈最高人民法院关于仲裁司法审查案件报核问题的有关规定〉的决定》修正，该修正案自 2022 年 1 月 1 日起施行）第 1 条、第 2 条和第 3 条。

③ 《最高人民法院关于人民法院办理仲裁裁决执行案件若干问题的规定》第 3 条规定："仲裁裁决或者仲裁调解书执行内容具有下列情形之一导致无法执行的，人民法院可以裁定驳回执行申请；导致部分无法执行的，可以裁定驳回该部分的执行申请；导致部分无法执行且该部分与其他部分不可分的，可以裁定驳回执行申请。

（一）权利义务主体不明确；

（二）金钱给付具体数额不明确或者计算方法不明确导致无法计算出具体数额；

（三）交付的特定物不明确或者无法确定；

（四）行为履行的标准、对象、范围不明确。

仲裁裁决或者仲裁调解书仅确定继续履行合同，但对继续履行的权利义务，以及履行的方式、期限等具体内容不明确，导致无法执行的，依照前款规定处理。"

予执行法院对裁决是否符合社会公共利益的主动审查权。但 2024 年《修订草案》沿袭了《仲裁法》的规定。

第五节　涉外知识产权仲裁的特别规定

我国涉外知识产权纠纷呈增长趋势，国际化特征更加凸显。涉外知识产权仲裁不同于国内仲裁，通常涉及多个法律体系。事实上，至少可以确定在五种情况下，可能涉及多个法律体系：第一，适用于当事人签订仲裁协议的能力的法律；第二，适用于仲裁协议有效性的法律；第三，适用于仲裁程序的法律；第四，适用于争议实体问题的法律或相关法律规则；第五，适用于裁决的承认和执行的法律。其中，当事人签订仲裁协议的能力通常适用当事人的属人法或者行为地法；适用于裁决的承认和执行的法律通常是执行地法。因此，这里主要讨论中间三种情况。

一、仲裁协议的法律适用

仲裁协议是否成立、是否有效，各国的规定不同。依据我国法律，仲裁协议必须包括选定的仲裁委员会，而大多数国家并没有这一要求。在我国现行规定下，未包含仲裁委员会的仲裁协议是瑕疵仲裁协议，可能导致争议不能以仲裁方式解决，而这一问题在其他大多数国家不会产生。再如知识产权有效性争议，依据有些国家和地区的法律可以仲裁，而依据我国内地的法律不具有可仲裁性。如果当事人就此约定仲裁，这份仲裁协议依据我国内地法律是无效的。因此，涉外仲裁协议的法律适用规则关系到仲裁协议的有效性。一般而言，涉外仲裁协议首先适用当事人约定的法律，如果当事人没有约定，一般适用仲裁地的法律。我国《仲裁法》没有规定涉外仲裁协议的法律适用，《2006 年司法解释》以及 2010年《涉外民事关系法律适用法》第 18 条对此予以规定。

二、涉外仲裁程序所适用的法律和规则

在遵守仲裁地强制性法律规定的前提下，当事人意思自治是确定涉外仲裁程序的基本准则。如果当事人没有达成协议，一般由仲裁庭决定仲裁程序的进行。《国际商事仲裁示范法》第 19 条作了类似规定。

（一）仲裁法的适用

实践中，当事人较少自行约定所适用的仲裁法。一般而言，所适用的仲裁法应当就是仲裁地的法律。但当事人明确约定适用其他仲裁法且仲裁地的法律不禁止作此种约定的，也可以适用其他仲裁法。

（二）仲裁规则的适用

各国的仲裁法对仲裁程序的规定往往较为简略，需要其他规定来补充仲裁法中没有详细规定的程序事项。实践中，补充仲裁法、详细规定仲裁程序事项的通常是仲裁规则。仲裁规则不同于仲裁法，后者由国家的立法机关制定，前者主要由仲裁机构制定，如前述WIPO仲裁与调解中心设有《WIPO仲裁规则》和《WIPO快速仲裁规则》。再如联合国国际贸易法委员会制定的《联合国国际贸易法委员会仲裁规则》为许多临时仲裁所采用。各仲裁规则的具体内容存在差异，但一般包括仲裁机构的受案范围、仲裁庭的组成、仲裁程序的运行、仲裁裁决的作出等事项。当事人可以在仲裁协议中约定所适用的仲裁规则，但各仲裁机构倾向于让当事人约定适用仲裁机构自身的仲裁规则。

三、争议实体问题的法律适用

如果存在当事人授权，仲裁员可以作为友好仲裁人适用公平合理原则对案件进行审理。如果不存在当事人授权，仲裁员审理案件时就会考虑争议实体问题的法律适用。由于各国知识产权法律存在差异，仲裁庭在审理案件时，对争议实体问题应适用不同的法律，结果会大相径庭。一般而言，当事人对争议实体问题可以自行约定所适用的法律。如果当事人没有约定，就由仲裁庭直接确定。如依据《WIPO仲裁规则》，争议实体问题应适用当事人选择的法律，当事人未约定的，仲裁庭应当适用其认为适当的法律。在任何情形下，仲裁庭的裁决应当适当考虑任何有关合同的条款并考虑可适用的交易习惯。

四、涉外仲裁裁决的撤销

《纽约公约》和《国际商事仲裁示范法》都承认撤销是对仲裁裁决进行监督的方式之一。根据《纽约公约》第5条，拒绝承认和执行仲裁裁决的理由之一为裁决已经被裁决地所在国或裁决所依据法律所在国的主管机关撤销。《国际商事仲裁示范法》第34条规定申请撤销是对仲裁裁决的唯一追诉。

（一）申请的时间限制

仲裁裁决的申请撤销有时间限制，但各国规定不同。依据《国际商事仲裁示范法》，从当事人收到裁决书之日起，三个月后不能申请撤销。当事人申请撤销必须在收到裁决书之日起三个月内提出。

（二）申请的理由

当事人提出撤销仲裁裁决必须有一定的理由。一般而言，理由包括：

(1)无有效的仲裁协议。仲裁协议是仲裁的基石，有效的仲裁协议是仲裁庭行使管辖权的依据。因此，无有效的仲裁协议是仲裁裁决被撤销的理由之一。依据《国际商事仲裁示范法》，当事人提出证据证明仲裁协议的当事一方欠缺行为能力，或者根据当事各方所同意遵守的法律，或在当事人没有约定时，根据其本国法律，仲裁协议无效，那么，仲裁裁决可以被撤销。

（2）违反了正当程序，没有平等对待双方当事人。依据《国际商事仲裁示范法》，未向援用的裁决所针对的当事人发出指定仲裁员的适当通知或仲裁程序的适当通知，或因他故致使其不能陈述案情，仲裁裁决可以被撤销。

（3）仲裁庭的组成或程序与当事人的约定不符，或者违反了法律的强制性规定。依据《国际商事仲裁示范法》，仲裁庭的组成或仲裁程序与当事人的约定不一致；无此种约定时，与仲裁地所在国法律不符，仲裁裁决可以被撤销。

（4）越权仲裁。如果仲裁裁决中包含仲裁协议约定的仲裁事项以外的事项，仲裁裁决可以被撤销。如果仲裁裁决只是部分越权，也可以部分被撤销。

此外，如果仲裁裁决所解决的争议超出了法律规定的可仲裁事项的范围或者违反了公共秩序，仲裁裁决也可以被撤销。

（三）后果

当事人申请撤销仲裁裁决之后，即使仲裁裁决存在瑕疵，也不必然导致撤销后果，法院可以给予仲裁庭在一定期限内重新进行仲裁程序或者消除请求撤销裁决的理由的机会。

我国对涉外仲裁裁决的撤销作了规定。① 依据我国《仲裁法》以及《民事诉讼法》，涉外仲裁裁决的撤销理由与国内仲裁裁决的撤销理由有差异②，其他规定相同。涉外仲裁裁决的撤销理由主要是程序性事项。

五、涉外仲裁裁决的承认与执行

（一）涉外仲裁裁决在我国的执行

这里所称的涉外仲裁裁决与国内仲裁裁决一样，都是我国的仲裁裁决。③ 因此，其在

---

① 《中华人民共和国仲裁法（修订）（征求意见稿）》统一了法院撤销国内和涉外仲裁裁决的规定；将撤销国内和涉外仲裁裁决的规定情形整合，增加了对因恶意串通、伪造证据等欺诈行为取得的裁决和涉嫌虚假仲裁的裁决的撤销情形。参见《中华人民共和国仲裁法（修订）（征求意见稿）》第77条。

② 涉外仲裁裁决撤销的理由如下：当事人在合同中没有订有仲裁条款或者事后没有达成书面仲裁协议的；被申请人没有得到指定仲裁员或者进行仲裁程序的通知，或者由于其他不属于被申请人负责的原因未能陈述意见的；仲裁庭的组成或者仲裁的程序与仲裁规则不符的；裁决的事项不属于仲裁协议的范围或者仲裁机构无权仲裁的。法院也可以以裁决违背社会公共利益为由，裁定撤销。

③ 国际上主要以裁决作出地原则确定仲裁裁决的国籍，也即仲裁裁决具有裁决作出地的国籍。我国目前采用机构标准，我国《民事诉讼法》采用的措辞是"涉外仲裁机构"。

我国只存在执行问题,不存在承认问题。其执行的条件与国内仲裁裁决相同,在此不做赘述。

依据我国《仲裁法》和《民事诉讼法》,被申请人可以申请不予执行涉外仲裁裁决,其不予执行的理由与撤销的理由相同。① 同时,依据 2018 年《最高人民法院关于人民法院办理仲裁裁决执行案件若干问题的规定》,仲裁裁决或者仲裁调解书可能因其执行内容无法执行,被法院裁定驳回执行申请或者部分驳回申请。②

(二) 涉外仲裁裁决在外国的承认与执行

与其他仲裁裁决相同,涉外仲裁裁决如果需要被外国承认与执行,则当事人应直接向有管辖权的外国法院申请,按照我国与执行地国签订的条约或者该国的国内规定办理。1958 年《纽约公约》已经被国际社会广泛接受,缔约国超过 170 个,这为知识产权仲裁裁决在他国的承认与执行打下了坚实的基础。

(三) 外国仲裁裁决在我国的承认与执行

外国仲裁裁决在我国的承认与执行,可以分为三种情况:第一,对方是《纽约公约》的成员国,则按照公约办理。我国是《纽约公约》的成员国,但在签订该文件时,作出了两个保留。③ 第二,对方不是《纽约公约》的成员国,一般按照互惠原则办理。第三,如果对方既不是《纽约公约》的成员国,与我国也无互惠关系,则可以由当事人根据仲裁裁决向我国法院起诉。

(四) 可仲裁性对知识产权仲裁裁决承认与执行的影响

据统计,国际经贸关系的当事人选择仲裁方式解决纠纷的重要理由之一是仲裁裁决更容易得到他国的承认与执行。因为《纽约公约》的存在,相比于判决,仲裁裁决的承认与执

---

① 具体理由包括:当事人在合同中没有订有仲裁条款或者事后没有达成书面仲裁协议的;被申请人没有得到指定仲裁员或者进行仲裁程序的通知,或者由于其他不属于被申请人负责的原因未能陈述意见的;仲裁庭的组成或者仲裁的程序与仲裁规则不符的;裁决的事项不属于仲裁协议的范围或者仲裁机构无权仲裁的以及裁决违反社会公共利益。

② 依据《最高人民法院关于人民法院办理仲裁裁决执行案件若干问题的规定》第 3 条,包括以下几种情形:权利义务主体不明确;金钱给付具体数额不明确或者计算方法不明确导致无法计算出具体数额;交付的特定物不明确或者无法确定;行为履行的标准、对象、范围不明确;或者仲裁裁决或者仲裁调解书仅确定继续履行合同,但对继续履行的权利义务,以及履行的方式、期限等具体内容不明确,导致无法执行的。

③ 通常称为互惠保留和商事保留。前者是指我国仅将公约适用于另一缔约国领土内作出的仲裁裁决的承认与执行。后者是指我国将公约适用于依据我国法律为商事关系的法律关系所产生的争议,无论是合同关系抑或其他。

行遇到的阻力更小。依据《纽约公约》，仲裁裁决应当被承认与执行，但如果依据被执行人的请求，被请求执行的国家的主管机关在五种情况下可以拒绝承认与执行。① 除此之外，《纽约公约》也赋予了承认与执行地国家的主管机关依职权审查案件的可仲裁性以及仲裁裁决是否违背公共秩序的权力。

如前所述，各国立法对于知识产权纠纷能否采用仲裁方式解决态度不一。而根据《纽约公约》，如果争执的事项依据被请求承认与执行国家的法律不能以仲裁方式解决，那么，该裁决就可能被拒绝承认与执行。因此，就知识产权纠纷而言，当事人可能存在对仲裁裁决不能在他国承认与执行的顾虑，从而丧失将纠纷提交仲裁的兴趣。为了解决这一问题，需要更多的国家和地区改变态度，明确规定知识产权纠纷的可仲裁性。

六、涉港澳台仲裁裁决的认可与执行

(一) 内地与港澳地区之间仲裁裁决的认可与执行

内地与港澳地区仲裁裁决的认可与执行可以分为三个不同的时期。第一个时期是香港、澳门回归之前。因内地和香港都是《纽约公约》的成员，适用《纽约公约》，而澳门不是《纽约公约》的成员，内地与澳门相互按照互惠原则办理。第二个时期是港澳回归之后，双边认可和执行仲裁裁决的安排达成之前。港澳回归之后，不能按照涉外处理。但因相互之间并没有立即达成认可和执行相互间仲裁裁决的文件，此时，对涉港澳的仲裁裁决，法院通常采用不受理或者拖延不裁定的方式。第三个时期是双边认可和执行仲裁裁决的安排达成之后。1999 年内地和香港之间达成了《最高人民法院关于内地与香港特别行政区相互执行仲裁裁决的安排》，此安排于 2000 年 2 月 1 日生效。2020 年，最高人民法院与香港特别行政区政府协商后，出台了《最高人民法院关于内地与香港特别行政区相互执行仲裁裁决的补充安排》，对前一份文件进行了修订与补充。2007 年内地与澳门之间达成了《最高人民法院关于内地与澳门特别行政区相互认可和执行仲裁裁决的安排》，此安排于 2008 年 1 月 1 日生效。至此，内地和港澳之间对仲裁裁决的认可和执行主要依据这些文件。这些文件涵盖了以下内容。

---

① 这五种情形分别是：签订仲裁协议的当事人，根据对他们适用的法律，存在某种无行为能力的情况，或者根据仲裁协议所选定的准据法(或未选定准据法而依据裁决地法)，证明该仲裁协议无效；被执行人未接到关于指派仲裁员或关于仲裁程序的适当通知，或者由于其他情况未能对案件进行申辩；裁决所处理的事项，非为交付仲裁事项，或者不包括在仲裁协议规定之内，或者超出仲裁协议范围以外；仲裁庭的组成或仲裁程序同当事人间的协议不符，或者当事人间没有仲裁协议时，同进行仲裁的国家的法律不符；裁决对当事人还没有拘束力，或者裁决已经由作出裁决的国家或依据其法律作出裁决的国家的主管机关撤销或停止执行。

（1）管辖问题，主要规定仲裁裁决在对方的认可和执行由哪个法院管辖。① 根据上述三份文件，当事人不得同时向两个或者两个以上内地人民法院提出申请，但可以同时向两地的法院提出申请。②

（2）仲裁裁决不予认可或执行的理由。虽然表述稍有差异，但是内地与香港以及内地与澳门之间不予认可或者不予执行的理由基本相同，且和《纽约公约》的规定相一致，主要审查程序事项。③

（3）安排的溯及力问题。④ 内地与香港以及内地与澳门之间的双边安排的达成均在香港和澳门回归之后。因此，对于香港和澳门回归之后，安排达成之前的仲裁裁决的认可与执行，安排也作了明确规定。

为了更好地保护当事人权益，最高人民法院于2019年通过了《最高人民法院关于内地与香港特别行政区法院就仲裁程序相互协助保全的安排》，于2022年通过了《最高人民法院关于内地与澳门特别行政区就仲裁程序相互协助保全的安排》。这两份文件允许仲裁一方当事人申请对方法院对仲裁另一方当事人采取保全措施，防止另一方故意毁灭证据或转移财产，并通过维持现状等措施确保仲裁程序能有效进行，从而保障仲裁庭作出的裁决最

---

① 根据内地与香港之间的安排，认可和执行仲裁裁决的法院是被申请人住所地或者财产所在地的有关法院。具体而言，在内地指被申请人住所地或者财产所在地的中级人民法院，在香港特区指香港特区高等法院。根据内地与澳门之间的安排，认可和执行仲裁裁决的法院为被申请人住所地、经常居住地或者财产所在地的有关法院，内地有权受理认可和执行仲裁裁决申请的法院为中级人民法院。澳门特别行政区有权受理认可仲裁裁决申请的法院为中级法院，有权执行的法院为初级法院。

② 根据1999年内地与香港之间的安排，当事人不能同时向内地和香港的法院申请，2020年的补充安排对此进行了修改。

③ 参见《最高人民法院关于内地与澳门特别行政区相互认可和执行仲裁裁决的安排》以及《最高人民法院关于内地与香港特别行政区相互执行仲裁裁决的安排》第7条。两份文件均规定法院可以基于当事人提出的5项理由不予认可或者不予执行：仲裁协议的无效；被申请人未接到选任仲裁员或者进行仲裁程序的适当通知，或者因他故未能陈述意见的；裁决所处理的争议不是提交仲裁的争议，或者不在仲裁协议范围之内；或者裁决载有超出当事人提交仲裁范围的事项的决定，但裁决中超出提交仲裁范围的事项的决定与提交仲裁事项的决定可以分开的，裁决中关于提交仲裁事项的决定部分可以予以认可；仲裁庭的组成或者仲裁程序违反了当事人的约定，或者在当事人没有约定时与仲裁地的法律不符的；裁决对当事人尚无约束力，或者业经仲裁地的法院撤销或者拒绝执行的。两份文件也授权法院审查争议事项的可仲裁性以及是否违反公共秩序。

④ 参见《最高人民法院关于内地与香港特别行政区相互执行仲裁裁决的安排》第10条以及《最高人民法院关于内地与澳门特别行政区相互认可和执行仲裁裁决的安排》第13条。前者规定：1997年7月1日至安排生效之日因故未能向内地或者香港特区法院申请执行，申请人为法人或者其他组织的，可以在安排生效后六个月内提出；如申请人为自然人的，可以在安排生效后一年内提出。对于内地或香港特区法院在1997年7月1日至安排生效之日拒绝受理或者拒绝执行仲裁裁决的案件，应允许当事人重新申请。后者规定：自1999年12月20日至本安排实施前，澳门特别行政区仲裁机构及仲裁员作出的仲裁裁决，当事人向内地申请认可和执行的期限，自本安排实施之日起算。

终能够得到有效执行。

（二）大陆与台湾地区之间仲裁裁决的认可与执行

1. 大陆对台湾地区

在大陆实行改革开放政策之前，两岸处于对立状态，不会涉及执行台湾地区裁决的问题。大陆实行改革开放政策后直到加入《纽约公约》前，没有承认与执行外国仲裁裁决的规定，也不会涉及执行台湾地区的仲裁裁决。大陆加入《纽约公约》之后，尤其是1991年《中华人民共和国民事诉讼法》的颁布，台湾地区裁决在理论上可以由大陆法院参照执行外国裁决的规定予以承认与执行，政策性较强。1998年最高人民法院发布了《最高人民法院关于人民法院认可台湾地区有关法院民事判决的规定》，当事人据此可以向大陆的有关人民法院申请认可台湾地区的仲裁裁决，并适用认可台湾地区法院民事判决的有关规定。经人民法院认可的仲裁裁决需要执行的，则应依照《中华人民共和国民事诉讼法》规定的程序办理。2009年，最高人民法院作出《最高人民法院关于人民法院认可台湾地区有关法院民事判决的补充规定》，也规定仲裁裁决的认可和执行依照认可台湾地区法院民事判决的有关规定。

2015年7月《最高人民法院关于认可和执行台湾地区仲裁裁决的规定》颁布，这是第一部针对台湾地区仲裁裁决认可与执行的专项性立法文件，对台湾地区仲裁裁决的审查标准、申请时效、申请程序等均作出了清晰和明确的规定。

2. 台湾地区对大陆

大陆仲裁机构作出的仲裁裁决，当事人可以依据台湾地区颁布的所谓"台湾地区与大陆地区人民关系条例"，向台湾地区法院申请认可和执行。

实践中，两地已经有相互间执行仲裁裁决的实例。台湾地区首例认可和执行大陆仲裁裁决的案件为2003年6月24日的国腾电子(江苏)有限公司与坤福营造股份有限公司仲裁裁决执行案件。大陆首例认可和执行台湾地区仲裁裁决的案例是2004年7月23日和华(海外)置地有限公司与被申请人凯歌(厦门)高尔夫球俱乐部有限公司之间的仲裁裁决认可和执行案件。

第五章 知识产权纠纷调解解决机制

在知识产权纠纷数量日益增多、类型日益复杂的背景下，诸如诉讼、仲裁等传统的争议解决机制既无法满足快速解决争议的需求，也难以促成我国知识产权治理现代化的有效实现。习近平总书记在主持中央政治局第二十五次集体学习时指出，要强化知识产权全链条保护，要综合运用法律、行政、经济、技术、社会治理等多种手段，从审查授权、行政执法、司法保护、仲裁调解、行业自律、公民诚信等环节完善保护体系，加强协同配合，构建大保护工作格局。加强知识产权纠纷调解工作，是全面加强知识产权保护工作的重要方面，有助于有效预防和化解知识产权纠纷，提升知识产权保护水平，提高社会治理能力。在建设知识产权纠纷多元化解机制已成为国家整体战略及国家治理体系重要组成部分的形势下，充分发挥调解在知识产权纠纷中的作用，既是推进知识产权强国建设的必要保障，也是迫切之需。①

第一节 知识产权纠纷调解的基础理论

一、调解的概念与特征

（一）调解的概念

调解是人类社会在解决矛盾、化解纠葛方面的有效实践，是中国传统法文化的重要资源，被视为远东法系和中华法系的基本标志之一，也被西方法学界称为"东方经验"。② 对于调解的概念，见解诸多，但争议较小。

《中国大百科全书·法学卷》认为："双方或多方当事人之间发生民事权益纠纷，由当

---

① 2022年，为更好地指导地方知识产权管理部门和知识产权纠纷调解组织开展工作，国家知识产权局知识产权保护司在系统梳理党中央、国务院及有关部委关于知识产权纠纷调解的政策法规的基础上，总结吸纳部分省（区、市）现有知识产权纠纷调解工作经验，从调解理论、调解实务、文书档案等方面组织编写了详细的操作指南《知识产权纠纷调解工作手册》。本章主要内容与手册保持一致。

② 刘建明．调解技能与实践［M］．杭州：浙江工商大学出版社，2014：5．

事人申请，或者人民法院、群众组织认为有和好可能时，为了减少讼累，经法庭或者群众调解组织从中排解疏导、说服教育，使当事人互相谅解，争端得以解决，是谓调解。"①而外国学者则注重从历史的视角解读调解，认为"现代调解"起源于20世纪70年代的美国，80年代传到英国，90年代传到欧洲大陆，其目的是改善司法途径。亚历山大将调解视为欧洲"第三波"浪潮，即除法院和法庭程序之外的"不那么正式的替代方案"。② 随着调解日益得到各国关注与重视，国外相关机构及学者亦从自身立场出发，重新对调解进行定义。《元照英美法词典》认为调解是由中立的第三方——调解员，以私人和非正式名义，协助争议双方达成和解的争议解决程序，无强制力。③《布莱克法律词典》则认为调解是私人的、非正式的纠纷解决程序，在这个过程中，中立的第三方(即调解员)帮助纠纷各方达成协议。④

在国际层面，对调解的定义亦强调对调解员的定位。如《新加坡调解公约》第2条第3款的定义，"调解"指的是由一名或者几名第三人("调解员")协助，在其无权对争议当事人强加解决办法的情况下，当事人设法友好解决其争议的过程。联合国国际贸易法委员会2018年《贸易法委员会国际商事调解和调解所产生的国际和解协议示范法》将"调解"定义为：当事人请求一名或者多名第三人("调解员")协助其设法友好解决合同关系或者其他法律关系所产生的或者与之相关的争议的过程。调解员无权将解决争议的方法强加于当事人。

基于以上可知，调解是一种私人的非正式过程，它规定了一个公正的第三方的介入，帮助争议者就他们的分歧达成他们自己的协议。调解员的目标一般不是提出具体解决办法，而是积极促成当事各方之间的谈判和沟通，直到达成解决办法或认为僵局不可避免为止。调解员试图引导双方，使处于纠纷中的当事人找到令双方都满意的解决办法。因此，知识产权纠纷调解，就是在处理与专利、商标、版权等知识产权相关的合同纠纷、侵权纠纷、权属纠纷以及其他纠纷时，经双方当事人申请，在中立第三方的协调帮助下，平等协商，就争议解决达成一致的活动。

(二)调解的特征

结合前述调解的定义可知，调解具有以下特征：⑤

① 《中国大百科全书》编委会. 中国大百科全书·法学卷[M]. 北京：中国大百科全书出版社，1984：589.

② Asako Wechs Hatanaka. Optimising Mediation for Intellectual Property Law—Perspectives from EU, French and UK Law[J]. International Review of Intellectual Property and Competition Law, 2018, 49：384.

③ 《元照英美法词典》对 mediation 的另外一层含义解释为国际法上的调停，即为保持国际社会的和平与安宁，由中立的第三国运用其影响力善意介入他国的争端并帮助调停纷争。

④ Bryan A. Garner. Black's Law Dictionary(Ninth ed.)[M]. Minnesota：West, 2009：1070-1071.

⑤ 廖永安. 调解学教程[M]. 北京：中国人民大学出版社，2019：30-33.

其一，调解具有自愿性。调解程序的开启、调解协议的达成均建立在当事人自愿、平等的基础上。详言之，除特定强制调解以外，当事人有权选择用何种方式解决纠纷；纠纷解决过程中，当事人在平等协商的基础上自行达成争议解决方案，任何人不得替当事人作出决定。

其二，调解具有非对抗性。调解采用的是斡旋、说服、疏导、教育等多种温和的手段，目的在于促成当事人从对抗走向合作，以各方当事人都能接受的方案实现纠纷的解决。

其三，调解具有灵活性和保密性。一方面，相较于其他纠纷解决方式，调解并无严格的程序规范。对于当事人而言，只要双方能达成有效解决方案，调解的时间、地点、场所、依据等都极为灵活；另一方面，调解具有极为严格的保密要求，这就在极大程度上确保当事人在调解程序中交换或披露的任何信息都受到保护。调解的保密性具有吸引当事人参与调解的制度魅力，也是成功调解的核心要素。

二、知识产权纠纷调解的优势与特点

区别于传统的知识产权纠纷解决机制，调解具有独特的优势与特点。一般而言，调解员无权将结果强加给争议各方，但其对于克服当事方达成纠纷解决协议的障碍的意义无可替代。如调解员可以鼓励双方信息交流与理解、提高情绪表达的效率、协调谈判方与各方主体之间的观点及利益差异、提出符合各方利益的解决方案等。[①] 详言之，调解的优势与特点主要体现在以下几个方面：

第一，知识产权纠纷调解以当事人同意任命"中立的第三方"为前提，并且可以根据其在与特定争议有关的技术领域所涉专业知识选择该第三方。[②] 客观而言，基于知识产权本身的复杂性，相关纠纷的解决牵涉极大程度的专业性和技术性，但调解员的选择赋予了当事人较大的自由选择空间，不以具备专业知识背景为前提。一方面，调解员的目标一般不是就解决办法提出具体建议，而是促进当事各方之间的谈判和沟通，或者通过引导双方，使当事人能够对争议解决方案达成一致；另一方面，调解员也基于自身的中立立场，通过对争议的客观评价，向当事人双方提出适当的解决办法。[③] 例如，在地狱天使诉漫威漫画（Hell's Angels v. Marvel Comics）案中，基于商标侵权争议，双方都表达了强硬立场。地狱

---

① Stephen B. Goldberg. Dispute Resolution: Negotiation, Mediation and Other Processes[M]. New York: Aspen Publishers, 2014: 463-464.

② Susan Corbett. Mediation of Intellectual Property Disputes: A Critical Analysis[J]. New Zealand Business Law Quarterly, 2011, 17: 51-67.

③ Carmen Collar Fernandez, Jerry Spolter. International Intellectual Property Dispute Resolution: Is Mediation the Sleeping Giant[J]. Journal of World Intellectual Property, 1998, 1: 555.

天使主张高额的赔偿金,而漫威则要求停止侵权。调解员从中立立场出发,建议双方要更为注重争议背后的商业利益。据此,地狱天使的主要争议点转向认为漫威不应该从他们的名字中获利,而漫威则更为关注以对地狱天使不利的方式解决争端。经调解员的合理提议,双方当事人之间达成了创造性的解决方案,漫威同意向地狱天使选择的慈善机构罗纳德·麦当劳儿童之家捐赠 35000 美元,并且放弃在其任何角色或宣传中使用"地狱天使"一词。①

第二,知识产权纠纷调解有助于避免知识产权所有人在权利保护有效期内丧失应有的商业价值。知识产权保护期届满后,相关技术或作品进入公有领域,任何人都可以免费使用。然而,以诉讼为主要争议解决方式时,案件积压及法院程序(如证据开示、证据交换和法院有关规则规定的其他程序)可能导致维权的延迟,影响权利人在保护期内获得独占性收益。例如,在 I. D. A. 有限公司诉南安普敦大学(I. D. A. Limited v. The University of Southampton)一案中,涉及蟑螂陷阱中知识产权所有权的争议,法官指出,尽管自最初的专利申请时间已经过去了八年,但由于诉讼的拖延,争议专利尚未得到任何有效利用。②

第三,相较于其他纠纷解决方式,调解更关注当事人的利益,而非注重诉讼、仲裁等传统纠纷解决机制下当事人之间的二元对立立场——对与错、黑与白、输与赢等的评判。③ 客观而言,诉讼或仲裁均为以法律为基础的正式程序,需满足诸多形式与实质要求。而在调解过程中,调解员作为沟通桥梁,通过积极引导沟通,准确传达双方的利益表达,确保当事人的诉求和动机得到倾听与理解,以尽可能达成双方可接受的合理结果,推动双方关系的修复,避免争议的扩大化。④

第四,从纠纷解决可能产生的经济绩效而言,调解可以增加提高业务绩效和生产力的可能性,减少机会成本和补救成本。相比一般纠纷,知识产权纠纷更为复杂、专业,可能需要大量专家的参与,由此导致争端解决过程更为缓慢。但在技术创新时代,知识产权世界要求实现争端解决机制的速度化和效率化,拖延可能会成为创新和市场领导地位的克

---

① Miriam R. Arfin. The Benefits of Alternative Dispute Resolution in Intellectual Property Disputes[J]. Hastings Communications and Entertainment Law Journal, 1995, 17: 893.

② Susan Corbett. Mediation of Intellectual Property Disputes: A Critical Analysis [J]. New Zealand Business Law Quarterly, 2011, 17: 51-67.

③ Ines Duhanic. The Winner Does Not Take It All: Productivity and Economic Success Through Peace, Harmony and Mediation in Intellectual Property Disputes[J]. Journal of Intellectual Property Law & Practice, 2019, 19 : 739.

④ 对此,有学者直接指出,相较于诉讼与仲裁,调解有效实现了当事人思维重点的变化,即从"谁是赢家"(" who is winning the case?")到"在这种情况下,每个人都能得到什么?"(" what is available beyond the case for everyone?")。Ines Duhanic. The Winner Does Not Take It All: Productivity and Economic Success Through Peace, Harmony and Mediation in Intellectual Property Disputes [J]. Journal of Intellectual Property Law & Practice, 2019, 19: 739 .

星。相较于常常拖上数年的庭审和仲裁，调解可以在几个小时内启动，从立案到解决可能需要不到一个月的时间，时间成本大大降低。根据 2023 年欧洲专利局和欧盟知识产权局联合发布的知识产权密集型产业对欧盟经济贡献的报告，2017—2019 年，知识产权密集型产业在欧盟直接提供了近 6100 万个工作岗位，依靠为知识产权密集型产业提供商品和服务的行业创造了约 2000 万个工作岗位，二者相加的就业岗位占欧盟总就业岗位的比重达 39.4%。同时，知识产权密集型产业对欧盟国内生产总值的贡献价值约 6.4 万亿欧元，占比达 47.1%。① 知识产权密集型产业占欧盟经济活动总量的 42%。② 由此，与之相关的知识产权纠纷解决机制必须最大限度地保障经济效益的实现，为进一步提高业务绩效、降低纠纷化解成本创造有利条件。

此外，相对于其他纠纷解决机制，调解在解决知识产权纠纷上还具有其他优势。其一，无论是通过仲裁还是通过法庭程序，调解解决方案可以节省大量的律师费用和诉讼费用。其二，无论是基于书面合同还是默示方式达成的口头调解协议，均强调调解过程及其内容的保密性。调解的这一核心特征可以防止将商业秘密和内部信息泄露给竞争者、客户、媒体和公众。保密既是知识产权的基础，也是调解的基石。它确保在受控制的环境中，当事各方可以对调解员和调解进程表现出足够的信任，作出有助于纠纷解决的适当妥协与让步。调解员行为守则、调解规则、调解程序都强调保密的重要性，且所有参与调解过程的人都应签署措辞谨慎的保密协议。其三，区别于仲裁裁决及法院判决，在绝大多数情况下，调解过程可以促使各方寻求以非公开的方式解决争端，从而避免受潜在不利先例影响的风险。其四，调解结果的达成取决于双方的共同认可，因此调解结果的满意度更高，从而极大地避免了在仲裁和审判过程中遇到的执行难问题。其五，与诉讼的好战、不妥协、赢输对峙的本质不同，调解的双赢方式使双方能够维持关系，而且往往会进一步发展商业关系，正如有学者评价道：调解是对未来的展望。③

综上可知，调解在知识产权争议解决中有其必然的合理性与优势。特别是在知识产权争议国际化趋势越发明显的情况下，调解在提高跨境知识产权纠纷解决效率、降低纠纷解决成本方面发挥着无可替代的作用。与其他类型的国际冲突一样，知识产权争端是高度复杂的，存在多种法律和管辖权冲突、平行诉讼等需要密切监督和协调的法律问题，这意味

① IPR Intensive Industries and Economic Performance in the European Union[R/OL]. https://link epo.org/web/ipr-intensive_industries_and_economic_performonce_in_the_EU_2022_en.pdf.

② Théophile Margellos. Mediation: Creating Value in International Intellectual Property Disputes[M]. Alphen: Kluwer Law International, 2018: xxiv.

③ Carmen Collar Fernandez, Jerry Spolter. International Intellectual Property Dispute Resolution: Is Mediation the Sleeping Giant[J]. Journal of World Intellectual Property, 1998, 1: 555.

着当事人在需要付出更多努力、资源和费用的同时，也面临更大的风险。这些情况就使得当事人有必要考虑风险较小且成本较低的解决方式——调解。① 正如美国银行前总法律顾问乔治·库姆(George Coombe)所说，调解是"国际争端解决机制的沉睡巨人"。② 学者杰瑞(Jerry Spolter)和卡门·科拉·费尔南德斯(Carmen Collar Fernandez)更是直接指出，调解是未来国际争端解决的浪潮，而知识产权争端特别适合于这一过程。③

三、知识产权调解的分类

客观而言，有关调解的分类较为少见，但仍有学者从不同视角对其加以区分。调解主要分为以下几类：一是以主体为依据，分为民间性调解与官方性调解；二是以诉讼行为为划分依据，分为诉讼中调解与诉讼外调解；三是以调解协议的强制执行力为标准，分为有法律效力的调解与无法律效力的调解。④

随着对调解理论及实践研究的深入，对于调解划分的标准也趋于细化。当前学者主要从调解主体、调解是否在诉讼程序中进行、调解的性质、当事人是否放弃部分权利、调解纠纷的性质、调解客体、调解员是否可以提出调解方案等层面，对调解进行更为细致的分类。以调解员是否可以提出调解方案为例，有学者将其分为促进式调解和评价式调解。⑤

就知识产权纠纷的调解而言，其分类并无通行标准。当前学者更加强调的是调解的不同种类。所谓种类是指依据法律相关规定及不同性质和特点，调解所形成的不同门类。⑥ 在具体种类划分上，到目前为止尚未形成共识，不同学者持不同观点。例如，有学者认为包括民间调解、民事调解、人民调解；有学者认为包括非正式调解和正式调解；还有学者认为包括司法调解、行政调解、仲裁调解、社团调解等。⑦ 依据我国现行法律法规及相关实践，就知识产权纠纷调解而言，主要涉及人民调解、行政调解、行业调解、商事调解、律师调解等类型。本章第二节将会针对这几种类型在我国的适用予以

---

① Théophile Margellos. Mediation: Creating Value in International Intellectual Property Disputes [M]. Alphen: Kluwer Law International, 2018: 1.

② Carmen Collar Fernandez, Jerry Spolter. International Intellectual Property Dispute Resolution: Is Mediation the Sleeping Giant[J]. Journal of World Intellectual Property, 1998, 1: 555.

③ Carmen Collar Fernandez, Jerry Spolter. International Intellectual Property Dispute Resolution: Is Mediation the Sleeping Giant[J]. Journal of World Intellectual Property, 1998, 1: 555.

④ 邱星美. 调解的回顾与展望[M]. 北京：中国政法大学出版社，2013：63.

⑤ 邱星美. 调解的回顾与展望[M]. 北京：中国政法大学出版社，2013：72.

⑥ 邱星美. 调解的回顾与展望[M]. 北京：中国政法大学出版社，2013：73.

⑦ 王秋兰. 我国调解的方法、理论与实践问题研究[M]. 北京：中国政法大学出版社，2014：17.

详细说明。

第二节　知识产权纠纷调解在我国的适用

当前，知识产权领域纠纷日益增多且越发复杂，传统的依托法院、知识产权行政机关解决纠纷的方式已无法满足现实需求，多元化纠纷解决机制的确立对于缓解当前案多人少的矛盾、提高纠纷解决效率的意义不言而喻。知识产权纠纷对调解方式多样化、调解技能专业化、调解渠道多元化的诉求，要求社会提供纠纷调解的多元协同服务。提高全社会知识产权纠纷调解意识和运用知识产权多元调解的能力，快捷、低耗、和谐化解知识产权纠纷，已经成为一种迫切要求。调解作为完善纠纷多元化解机制的重要内容，为促进社会和谐稳定发挥重要作用。在此背景下，2021 年 10 月 22 日，国家知识产权局、司法部联合印发《关于加强知识产权纠纷调解工作的意见》（以下简称《意见》），进一步明确了知识产权纠纷调解的主要目标以及如何统筹推进知识产权纠纷调解工作。

一、知识产权纠纷调解的模式

《意见》指出，要统筹推进知识产权纠纷调解工作，到 2025 年，知识产权纠纷调解工作基本覆盖知识产权纠纷易发多发的重点区域和行业领域，建立组织健全、制度完善、规范高效的知识产权纠纷调解工作体系，形成人民调解、行政调解、行业性专业性调解、司法调解优势互补、有机衔接、协调联动的大调解工作格局，调解在知识产权纠纷多元化解中的基础性作用充分显现，影响力和公信力进一步增强。我国知识产权调解正处于发展的初期阶段，对于知识产权诉讼的替代性作用还未充分释放，这需要更多的制度设计加以推动，进而构建更加完善的知识产权纠纷多元化解决机制。由此可知，确立并逐步完善多元化的知识产权纠纷调解模式，是提高知识产权纠纷解决效率、完善知识产权治理的重要保障。作为知识产权保护全链条的重要一环，知识产权纠纷调解多元模式有助于克服传统诉讼及行政方式解决纠纷的弊端，补齐我国行政司法资源紧缺的短板。整体而言，多元化知识产权纠纷调解的内涵主要体现为以下三方面：

其一，调解方式多元化。逐步形成人民调解、行政调解、行业性专业性调解、司法调解等多元联动调解方式，实现不同调解机制的有效衔接与互动。《意见》强调，要推进知识产权纠纷人民调解工作，根据知识产权纠纷化解需要，因地制宜推进知识产权纠纷人民调解组织建设；要加强知识产权纠纷行政调解工作，知识产权管理部门要积极履行行政调解职能，严格依法依规开展行政调解工作；要拓展知识产权纠纷行业性、专业性调解领域，积极创新知识产权纠纷调解组织形式和工作模式，探索开展知识产权纠纷商事调解工作；要加强重点区域、领域知识产权纠纷调解工作，大力推动知识产权纠纷调解工作向工业园区、开发区、自贸区和产业集聚区等重点区域延伸，加强专业市场知识产权纠纷调解工作；要加强知识产权纠纷调解员队伍建设，建立专兼结合、优势互补、结构合理的知识产权纠纷调解员队伍；要建立完善知识产权纠纷调解工作制度，建立完善岗位责任、学习、例会、培训、考评、奖惩等管理制度；要加强知识产权纠纷调解组织与行政执法部门、司法机关、仲裁机构等衔接联动，建立健全知识产权纠纷投诉与调解对接、诉调对接、仲调对接等工作机制。① 例如，在晶华宝岛（北京）眼镜有限公司起诉合肥市蜀山区某眼镜店使用"宝岛""宝岛眼镜"文字及图形等案件中，为提升知识产权民事调解法律效率，实现多元解决机制的有效对接，合肥市积极探索知识产权纠纷"'人民调解＋司法确认'新模式"。②

其二，调解主体多元化。基于不同类型的调解，竭力打造专业调解团队，整合技术、专业背景、法律基础等多元主体的资源优势，以多元知识背景为依托，提高调解效率，促进争议解决方案的达成。以北京市人民法院为例，"多元调解＋速裁"模式取得了显著成效。截至 2019 年，北京市人民法院特邀人民调解员已达 1294 名，其中常驻法院的达到 494 名。法院与 110 家行业性专业性调解组织建立诉调对接关系，吸纳 2090 名行业性专业性特邀调解员，覆盖了房地产、金融、医疗等 20 余个专业领域，调解阶段也拓展到诉前、诉中及执行全流程。法院与市司法局、市律协合作开展实习律师参与先行调解试点工作，与中国人民银行营业管理部、市委网信办、市住建委、市证监局、市知识产权局等行政机关建立行业领域专项诉调对接机制，促进纠纷源头化解。③

其三，对接平台多元化。以知识产权纠纷调解中心为基础，可与人民法院的诉调对接工作平台对接，承接人民法院委派和委托调解的纠纷；可与知识产权协会、行业协会和商会组织对接，开展有针对性的调解服务和咨询服务；可与高校、科研院所对接，开展知识产权纠纷调解的专题研究和人才培养等工作。尤其是在互联网技术背景下，实现线上、线下的联调联动，确立并完善不同工作平台的协作机制，也是充分应用各种调解资源、完善纠纷化解机制、提升纠纷解决效率的应有之义。以山西省为例，山西省在全国首次实现人民法院调解平台、公安掌上派出所、司法行政机关智慧调解服务系统三大平台之间的互联互通、联动联调，有效推动社会治理和服务重心向基层下移，创新多元解纷"山西模式"，打造了共建共治共享的基层社会治理新格局。为推动平台深度应用，山西省法院、省公安厅、省司法厅联合出台《多元解纷平台应用工作机制》《多元解纷平台对接应用方案》《多元

---

① 张晓娜. 加强知识产权纠纷调解工作［N］. 民主与法制时报，2021-11-02（1）.

② 徐琪琪. 安徽首例！合肥市知识产权纠纷人民调解经司法确认［EB/OL］.（2022-01-05）［2025-06-03］. https：//abnews. com. cn/hefei/pc/Con/2022/01/05/565_492354. html.

③ 赵加琪. 北京：法院"多元调解＋速裁"缩短审理时间［EB/OL］.（2020-01-12）［2025-06-03］. https：//www. sohu. com/a/366349974_267106.

解纷平台对接业务规范指引》《多元解纷平台对接技术规范指引》等 4 个规范性文件，细化分解职责任务，统筹整合资源，形成解纷合力，推动形成最大限度满足群众多元解纷需求的"大平台"。①

然而，我国知识产权纠纷多元调解目标的实现尚处于初级阶段，需要在诸多问题上进一步开展实践探索。其一，要有序加强顶层设计，实现多部门协同联动。这既依托于多元化解纠纷理论的完善，也需要司法机关、行政机关及相关实务部门的联动发力；其二，要创新知识产权纠纷解决模式，促进基层纠纷化解。逐步发展专业性、行业性调解机构，培养专兼职调解队伍，提高调解结案的成功率；其三，要实现诉调对接，确保调解效果的最终实现。建立与法院的合作机制，协助法官有效实现分流引导，降低纠纷解决的沟通成本。

二、知识产权纠纷调解的基本原则

《意见》强调，知识产权纠纷调解应坚持协调联动，社会共治，坚持自愿平等，便民利民，坚持专业特点，开拓创新。结合调解的特点及知识产权纠纷的特殊性，知识产权纠纷调解的基本原则体现如下：

其一，知识产权纠纷调解应坚持自愿原则。当事人自愿原则是我国民事实体法的基本原则之一，也是民事程序法上处理民事争议的前提条件，是开展知识产权纠纷调解工作的规范性要求。②

其二，知识产权纠纷调解应坚持平等原则。在知识产权纠纷的调解中，应当遵循平等原则。当事人通过平等协商，最终达成合意。调解员也应当秉持平等原则，在调解程序中平等对待双方当事人。

其三，知识产权纠纷调解应坚持中立原则。在知识产权纠纷调解中，调解员应当遵循中立原则，确保调解程序公正、公平。

其四，知识产权纠纷调解应坚持诚信原则。在知识产权纠纷调解中，调解员、当事人以及其他参与调解的人必须诚实、善意地参与调解。对于当事人而言，当事人不得滥用权利，不应借调解之名拖延纠纷的解决或滥用调解程序谋取不正当利益；由于调解中并无严格的举证质证程序，对于事实真相还原的准确性，主要来源于当事人对诚信原则的遵守，

---

① 王佳. 全国首例！山西省建成多元解纷"大平台"，实现"司法调解+人民调解+行政调解"一网通、一门办[EB/OL].（2020-08-05）[2025-06-03]. https：//m. thepaper. cn/baijiahao_8603379.

② 《民法典》第 5 条规定："民事主体从事民事活动，应当遵循自愿原则，按照自己的意思设立、变更、终止民事法律关系。"《民事诉讼法》第 9 条对法院主持的调解，也提出了自愿原则的要求，即"人民法院审理民事案件，应当根据自愿和合法的原则进行调解"。《人民调解法》第 3 条规定，人民调解委员会应当在当事人自愿、平等的基础上进行调解。

当事人不得故意作虚假陈述；调解协议达成后须善意履行。对于调解员而言，应当诚实友善地评价各方当事人利益，不得采取欺诈、强迫等方法进行调解。①

其四，知识产权纠纷调解应坚持保密原则。除为国家利益、社会公共利益、他人合法权益以外，知识产权纠纷调解应以保密为原则，必须做到调解程序保密和调解信息保密。

三、知识产权纠纷调解现状

构建知识产权纠纷多元调解机制，实现不同调解方式的有效互动的目标的达成依托于各类知识产权纠纷调解机制的有效运行。在完善知识产权纠纷多元化解机制成为重要时代任务的背景下，我国知识产权纠纷调解机制的发展可谓一波三折。

自20世纪80年代以来，我国一直非常重视调解在纠纷解决中的作用，但随着诉讼及仲裁制度的完善及社会法治意识的强化，调解的作用在一定程度上受到抑制。21世纪以来，"和谐社会"构建备受重视。调解作为解决争议的方式，蕴含着和谐的理念，既可以有效避免矛盾激化，又能促使双方当事人平心静气地找寻共识，尽快达成令双方较为满意的结果。就知识产权纠纷调解而言，基于其较强的专业性、技术性等特点，前期发展主要依托法院诉讼调解实现。为保证法院正确调解民事案件，规范调解程序，最高人民法院发布《最高人民法院关于人民法院民事调解工作若干问题的规定》。2010年，在和谐社会理念指导下，以已有实践为基础，最高人民法院发布《最高人民法院关于进一步贯彻"调解优先、调判结合"工作原则的若干意见》，总结提出了"调解优先、调判结合"，进一步明确了调解的价值。2014年，党的十八届四中全会决定提出"完善人民调解、行政调解、司法调解联动工作体系"。2019年《关于加快推进公共法律服务体系建设的意见》重申了党的十八届四中全会关于调解工作体系的内容。2019年，司法部在全国调解工作会议中强调应基本形成人民调解、行政调解、行业性专业性调解、司法调解优势互补、有机衔接、协调联动的大调解工作格局。近年来，随着知识产权纠纷调解观念及实践的发展，我国已形成包括人民调解、司法调解、行政调解、仲裁调解、行业调解、商事调解和律师调解在内的多元调解机制。

（一）人民调解

人民调解是我国特有的纠纷解决机制。2011年施行的《人民调解法》在立法上明确了人民调解的定义、法律地位及性质。②《意见》强调要推进知识产权纠纷人民调解工作。根

---

① 廖永安. 调解学教程［M］. 北京：中国人民大学出版社，2019：123.
② 《人民调解法》第2条规定："本法所称人民调解，是指人民调解委员会通过说服、疏导等方法，促使当事人在平等协商基础上自愿达成调解协议，解决民间纠纷的活动。"

据知识产权纠纷化解需要，因地制宜推进知识产权纠纷人民调解组织建设。对知识产权纠纷多发、确有必要设立、设立单位有保障能力的地区和行业，知识产权管理部门和司法行政机关要加强协调配合，积极推动设立知识产权纠纷人民调解组织。尚不具备设立条件的，可以纳入现有人民调解委员会工作范围。设立知识产权纠纷人民调解组织要由相关社会团体或者其他组织提出申请，符合法律和规范要求的，司法行政机关要及时纳入辖区内人民调解组织和人民调解员名册，切实加强工作指导。知识产权人民调解的主要职责包括接受法院、行政机关委派、委托或当事人申请调解的知识产权纠纷案件，依法调解纠纷，引导当事人达成调解协议，依法申请司法确认或仲裁确认；运用"人民法院调解平台"开展信息录入、在线调解、在线申请司法确认等工作。

为切实推进及加强知识产权人民调解工作，山东、江苏、上海、广东、湖北等许多地方发布了相关意见，成立了知识产权纠纷人民调解委员会，正式建立了知识产权人民调解工作体系。① 人民调解委员会由技术专家、标准专家、法律顾问、专利代理师、商标代理人及行业协会负责人等组成专家库，为企业及个人提供法律咨询、行业指导和专业意见。人民调解委员会的成立及有效运营，有助于完善知识产权纠纷多元化解机制，与知识产权行政、司法保护等途径形成合力，为企业提供高效、便捷、低成本的知识产权纠纷解决渠道，营造良好的创新创业环境。

为提高知识产权纠纷人民调解的专业性和效率，委员会通过组建具有知识产权工作经验、熟悉知识产权法规的调解队伍，积极发挥其专业优势，开展知识产权调解培训，强化与实务部门、高校科研院所等的合作机制，确保调解工作顺利进行。以广东省知识产权纠纷人民调解委员会为例，自 2017 年委员会成立至 2021 年 6 月，已经累计调解各类知识产权侵权纠纷 818 宗，成功调解 290 件，成功率接近 4 成，结案率 100%，涉及 800 多人次，标的金额将近 8000 万元，其中法院委托案件占案件总数的 99%，大量本来极可能诉诸法院的矛盾纠纷得到了及时有效分流和化解，促进了社会和谐，也节省了宝贵的司法裁判资源。②

但是，人民调解解决知识产权纠纷存在协议约束力软化问题，一旦无法确保调解协议的顺利实施，就会导致当事人转而投入诉讼，从而导致社会资源的更大浪费。因此，建立

---

① 为贯彻落实山东省市场监督管理局、山东省司法厅、山东省财政厅《关于加强知识产权人民调解工作的意见》（鲁市监发〔2020〕5 号），充分发挥人民调解工作在化解知识产权纠纷中的重要作用，临沂市市场监督管理局联合市司法局、市财政局共同出台了《关于加强知识产权人民调解工作的意见》（临市监知保字〔2020〕105 号），标志着临沂市知识产权人民调解工作体系的正式建立，对于完善临沂市知识产权纠纷多元化解机制、建立知识产权社会共治模式、构建知识产权大保护工作格局意义重大、影响深远。

② 广东积极打造知识产权纠纷"人民调解"闪亮名片 助推构建知识产权大保护格局［EB/OL］.（2021-06-30）［2022-03-11］. https：//m. thepaper. cn/baijiahao_13358913.

起调解与司法衔接的机制，可以有效增强调解协议的约束力及公正性，确保调解处于司法制约之下。基于此，无论是"调判结合"，抑或是"调判分离"，只有确保调解程序处于独立地位，确保调解协议的达成是双方意愿选择的结果，诉调对接机制才能既体现对当事人的尊重，亦能充分实现调解解决纠纷的目的。

因此，为充分发挥调解在解决知识产权冲突纠纷中的关键作用，切实保障知识产权管理部门及人民法院在贯彻落实多元化解机制建设中的引领、推动作用，推进在线诉调对接机制建设、畅通线上线下调解与诉讼对接渠道已成为重要时代命题。2021年年初，最高人民法院办公厅、国家知识产权局办公室发布了《最高人民法院办公厅　国家知识产权局办公室关于建立知识产权纠纷在线诉调对接机制的通知》，明确了建立"总对总"在线诉调对接机制、职责分工、调解组织和调解员信息的采集和管理、特邀调解组织和调解员的确认、在线诉调对接业务流程、强化在线音视频调解、加强调解工作信息化建设等内容，以及建立联席会议制度、建立健全评估激励体系、加强经费支持、加强培训指导、重视宣传推广等工作要求。①

（二）行政调解②

知识产权行政调解是知识产权行政管理部门为化解社会矛盾、维护社会稳定，依法居间协调处理公民、法人或者其他组织之间知识产权民事纠纷的一种活动。行政调解是知识产权多元化纠纷解决机制中不可或缺的环节，在司法调解和民间调解之间处于承上启下的地位。同时，它也被赋予了公共服务的色彩，是知识产权行政管理部门管理社会公共事务、及时化解矛盾和纠纷的一种行政手段。③

相较于对抗式纠纷解决机制和其他调解方式，知识产权行政调解具有其得天独厚的优势：首先，知识产权行政调解的效率性既可以节省当事人的争议解决成本，也能降低纠纷解决的社会成本。一方面，对于知识产权所有人而言，知识产权商业利益的维系取决于纠纷的及时、快速解决；另一方面，知识产权行政调解的顺利实施可以有效节约诉讼周期所耗费的公共成本。其次，知识产权纠纷行政调解的专业性既可以促进纠纷解决共识的达成，也能避免因技术理解偏差导致的失之偏颇。相较于法官及仲裁人员，知识产权调解员

---

① 最高人民法院办公厅　国家知识产权局办公室关于建立知识产权纠纷在线诉调对接机制的通知[EB/OL].（2020-12-29）[2022-03-11]. http：//www.gov.cn/zhengce/zhengceku/2021-01/07/content_5577631.htm.

② 对于行政调解的概念、特征、价值功能、运行现状等本书第三章第三节"知识产权纠纷行政调解"已有详细叙述，本章不再赘述。

③ 何炼红. 知识产权行政调解机制的发展与创新[M]//梁志峰，唐宇文. 湖南蓝皮书：2011年湖南法治发展报告. 北京：社会科学文献出版社，2011：347.

具有更强的专业技术知识，因而在纠纷处理过程亦会彰显出相应的专业性，从而积极促成争议调解结果的达成。最后，知识产权纠纷行政调解的保密性既可以有效保护当事人的商业隐私，也能避免纠纷处理过程对当事人商誉、名誉的潜在损害。① 对于商业关系人而言，商业隐私和商业信誉保护所维持的利益可能在很大程度上超过了诉讼或仲裁胜利所带来的利益。例如，在"一种导航系统"实用新型专利权属和发明人资格纠纷案中，根据《专利法》的相关规定，管理专利工作的部门可以应当事人请求，对涉案专利权属纠纷进行调解。案件处理从申请到立案再到调解，前后仅用了一周的时间。双方经调解后达成协议，纠纷得到妥善解决。这充分凸显了专利行政保护专业、快捷、高效的优势。将事实清楚、关系简明的争议交由行政机构及时处理，既避免给当事人带来过高的成本，又防止进入司法程序浪费宝贵的司法资源。②

管理专利工作的部门调解专利纠纷是《专利法》和《专利法实施细则》中规定的法定职权，因此与其他类型的调解有一定区别。其具备以下特点：（1）具有严格的程序。国家知识产权局发布的《专利行政执法办法》对调解专利纠纷有严格的程序性规定，包括受理、意见陈述、调解、结案等。（2）具有一定的法律效力。在专利申请权纠纷、专利权属纠纷、发明人和设计人资格纠纷中，当事人以地方管理专利工作的部门作出的调解协议为依据，可以直接到国家知识产权局进行著录项目变更，如变更专利申请人、专利权人、发明人和设计人。对于一些已经开展专利纠纷行政调解协议司法确认的地区，如果该调解协议经过司法确认，当事人一方不履行协议时，另一方有权向人民法院申请强制执行该协议。（3）按照当事人意愿进行调解。管理专利工作的部门调解专利纠纷，应当尊重各方当事人意愿，不能达成调解协议或者一方明确表示不愿调解的，未立案的应当不予立案，已经立案的应当及时撤案。对于当事人之间自愿达成的协议内容，管理专利工作的部门不应加以干涉。（4）不能违反法律、法规的强制性规定。管理专利工作的部门调解专利纠纷，应当遵守法律、法规的强制性规定，调解程序和调解协议的实体内容都不应违反法律、法规的强制性规定。③

① 张炳生，乔宜梦. 专利行政调解：比较优势与实现路径[J]. 宁波大学学报（人文科学版），2014（3）：109.

② 被请求人四川某科技有限公司于2018年4月3日获得名称为"一种导航系统"的实用新型专利权，专利号为ZL201721283498.2。该专利权在请求人提起侵权纠纷处理请求时合法有效。2020年12月17日，请求人某油气田分公司与被请求人因"一种导航系统"实用新型专利权属纠纷向四川省绵阳市知识产权局提出处理请求，获得对方当事人同意后，绵阳市知识产权局于12月22日依法予以立案。经调解，被请求人对请求人的意见无异议，双方达成和解并签订了《专利纠纷调解书》，被请求人同意配合请求人办理专利权人、发明人相关变更手续。参见《2020年度专利行政保护十大典型案例》。

③ 参见《专利纠纷行政调解办案指南》。

（三）商事调解

商事调解是调解领域发展最快的领域之一。商事调解是指在商事调解组织的主持协调下，解决商事主体之间的商事纠纷的行为。于商事当事人而言，一方面，相较于旷日持久的法律诉讼，无论是时间成本、财务成本还是人力成本，调解都更为令人满意；另一方面，通过有效的谈判和协商，商事调解员可以助推当事人快速达成相对公平且令人满意的解决方案。与法庭审判相比，调解为企业提供了许多优势——尤其是争议事实的保密性，可以保护企业声誉，并有可能修复重要但已受损的商业关系。调解的高效也意味着企业不必像在商业诉讼中那样背负账面上的债务。调解使企业对自己的时间和结果有更多的控制权。更为重要的是，调解协议可以反映对商业因素的考虑。在调解的过程中，当事人对案件情况的了解往往远超其在庭审过程中所获悉的相关信息。因此，当事人及其法律团队可以从一个更知情、更全面的立场作出决断。调解的作用是将一场由律师用法律术语框定的争端重新转变为一场商业谈判——在这种谈判中，当事人双方负责整个流程并控制结果。调解员的职责是帮助双方自行达成解决方案。调解员不会把解决办法强加给当事人。对当事人来说，这是一种比法庭诉讼更有自主权的经历。

对具有重大商业价值的知识产权而言，开展知识产权纠纷商事调解，是"枫桥经验"在知识产权纠纷解决领域的生动实践，也是回应我国知识产权纠纷多元化解决需求、实现高质量发展的需要。近年来，我国许多争议解决机构在利用商事调解解决知识产权纠纷方面做了很多积极有益的探索。比如，作为我国最早开展商事调解工作的调解机构，中国国际贸易促进委员会调解中心（简称贸促会调解中心）办理了大量涉及知识产权纠纷的调解案件。[1]

（四）行业调解

行业调解是指依法成立的行业协会、行业性团体等行业组织内部设立的调解组织，为化解行业纠纷、维持行业秩序，对与其行业相关的民事纠纷进行调解的活动。行业协会以集体的形式形成、表达和满足行业成员的共同需要，对外形成和表达行业整体关于行业发展等涉及管理和政治方面的要求，对内通过制定行业规则进行自我管理和行业自律，促进行业的自我治理和发展。在行业自治和行业秩序维护方面，行业调解是实现平衡行业内部冲突和化解内部矛盾的重要机制。特别是行业调解所具备的专业性、指引性等特征在解决知识产权纠纷上无可替代。一方面，行业协会的调解组织拥有熟悉本行业的专业知识和规

---

[1] 以2020年为例，贸促会调解中心共受理商事调解案件3809件，其中知识产权纠纷案件数量首次超过货物贸易纠纷案件数量，占比达32%，成为涉案数量最多的调解案件类型。

则，专注于本行业的类型化纠纷调解，其专业性在解决纠纷过程中转化为权威性，更容易促进纠纷主体达成共识。另一方面，由于行业协会的指导地位，行业调解的结果通常具有示范和指导作用，行业成员可据此对类似行为的结果形成预见与判断，从而检视与规范自身行为，避免不利后果的出现；行业协会也可将纠纷解决中各方产生的共识、经验上升为行为准则，以完善行业制度，从而进一步促进行业自治。

但仍需明确的是，行业调解在促进知识产权纠纷解决上扮演重要角色的同时，也面临着行业组织自治能力不足、行业调解专业人员不足、行业调解程序规范不足、行业调解协议效力不足等诸多困境。基于此，在中央为行业组织参与调解行业纠纷所创造的有利政策环境之下，采取有效方式逐一破除行业调解组织的困境，充分发挥行业组织在知识产权纠纷化解方面的多重优势，必将成为未来调解工作的重要方面。

（五）律师调解

律师调解是指律师、依法成立的律师调解工作室或者律师调解中心作为中立第三方主持调解，协助纠纷各方当事人通过自愿协商达成协议解决争议的活动。2017 年，最高人民法院、司法部发布了《最高人民法院　司法部关于开展律师调解试点工作的意见》。试点意见就律师调解的总体要求（指导思想与基本原则）、工作模式、工作机制以及工作保障等问题作出了具体规定。

依据试点意见以及当前具体实践，知识产权律师调解主要涵盖以下四种情形：一是在人民法院设立律师调解工作室。在人民法院诉讼服务中心、诉调对接中心或具备条件的人民法庭设立律师调解工作室，配备必要的工作设施和工作场所。二是在公共法律服务中心（站）设立律师调解工作室。县级公共法律服务中心、乡镇公共法律服务站应当设立专门的律师调解工作室，由公共法律服务中心（站）指派律师调解员提供公益性调解服务。三是在律师协会设立律师调解中心。律师调解中心在律师协会的指导下，组织律师作为调解员，接受当事人申请或人民法院移送，参与矛盾化解和纠纷调解。四是律师事务所设立调解工作室。鼓励和支持有条件的律师事务所设立调解工作室，组成调解团队，可以将接受当事人申请调解作为一项律师业务开展，同时可以承接人民法院、行政机关移送的调解案件。

基于试点取得的显著成效，2018 年 12 月，最高人民法院、司法部发布了《最高人民法院　司法部关于扩大律师调解试点工作的通知》，强调随着我国社会主要矛盾的变化，人民群众对民主、法治、公平、正义等方面的要求日益增长，需要进一步发挥律师调解工作在化解社会矛盾、促进依法治理中的专业优势和实践优势，在更大范围内实现律师专业法律服务与调解这一中国特色非诉讼纠纷解决机制的有机结合。为进一步落实律师调解制度，我国多个地方有针对性地开展了诸多探索实践，并取得了显著成效。以广州为例，2021 年 1 月，广州知识产权法院联合广州市司法局，探索建立了律师驻院调解制度，该制度涉及机构设置、人员选拔、工作安排等多个层面。详言之，在机构设置上，在广州知识产权法院诉讼服务中心开辟专门场所，设置驻院律师调解办公室；在人员选拔上，选聘具有 3 年以上知识产权案件执业经验的律师担任驻院调解员，每周至少 3 个工作日到法院驻点开展调解工作；在具体工作上，在诉前为当事人提供快捷、高效、无偿的律师调解服务。同时，推行"诉前调解+速裁快审"工作模式，实现诉前调解与速裁程序无缝衔接，确保纠纷快速化解。

第三节　调解在国际知识产权纠纷解决中的适用

地域性是知识产权的基本特征之一。一方面，依据一国法律获得确认和保护的知识产权只在该国领域内发生效力，超出其地域限制，作为该国法律保护的知识财产便被视为公有领域的知识资源；另一方面，依据一国立法获得确认和保护的知识产权，非经他国国内法程序，不能得到该国保护。① 然而，在国际贸易和全球互联互通的时代，伴随知识产权贸易市场的形成，知识产权所有者的权利常常涉及多个国家或地区。因此，关于知识产权的争议往往具有跨国性。在此背景下，传统知识产权纠纷解决机制在应对此类争议的过程中亦呈现出诸多弊端。

一、国际知识产权纠纷调解的背景

在知识产权争议国际化的背景下，知识产权争议解决如同国际商事争议解决一样，主要存在司法裁判、商事仲裁、和解调解这三种方式。

对于主权国家林立的国际社会而言，试图在全球范围内总结知识产权问题的法庭程序过程是一项艰巨的任务。由于历史或宗教原因而发展起来的大陆法系、普通法系和伊斯兰法系，各有其特点。② 尽管在《与贸易有关的知识产权协定》、美国专利改革和众多欧盟指令和法规的推动下，形成了相对统一的知识产权保护制度，但普通法系和大陆法系传统仍对各国知识产权制度的某些特征产生强大且不同的影响。这些制度都有各自的优点，但在评估法院诉讼程序为当事人创造的价值的同时，仍旧存在相当大的问题。正如古老的法国谚语所言："一个糟糕的妥协总比一个成功的诉讼要好。"③

此外，对于国际知识产权纠纷诉讼解决涉及的管辖权、法律适用以及判决承认与执行

---

① 吴汉东. 知识产权法学[M]. 北京：北京大学出版社，2022：454-455.

② Théophile Margellos. Mediation：Creating Value in International Intellectual Property Disputes[M]. Alphen：Kluwer Law International，2018：15.

③ Asako Wechs Hatanaka. Optimising Mediation for Intellectual Property Law—Perspectives from EU[J]. French and UK Law，2018.

等核心问题上的诸多分歧，国际社会尚未达成共识。如美国法学会的《知识产权：跨国争议中管辖权、法律选择及法院判决的调整原则》（《ALI 原则》，2008 年）、德国马克斯·普朗克知识产权、竞争法和税收法研究所的《关于知识产权法律冲突之原则》（《CLIP 原则》，2011 年）、日韩学者共同提出的《关于知识产权的国际私法原则》（《日韩共同提案》，2010 年），以及日本学者提出的《有关知识产权的管辖权、法律选择及外国判决的承认与执行之透明度提案》（《日本透明度提案》，2010 年）等，都从各自利益视角提出了方案。2005 年《选择法院协议公约》及 2019 年《承认与执行外国民商事判决公约》在知识产权纠纷判决的执行上存在很大限制，尚无法满足国际知识产权纠纷判决自由流动的需求。

对于仲裁解决国际知识产权纠纷而言，除了诸如仲裁员无权命令关联事项的一方当事人加入其仲裁程序等明显事项外，对已登记的知识产权效力的仲裁裁决通常是有限制的。这种裁决通常只在仲裁各方之间有效，不会影响第三方的权利和义务。在决定应该依据哪一国家的法律进行仲裁时，可能会出现更为复杂的情况。如果仲裁事项违反某一特定国家的公共政策，执行也可能成为一个问题。仲裁后，正在进行的业务关系可能严重恶化和终止。仲裁将不会为强化商业利益提供平台，也不会鼓励各方在提出解决办法的同时不再聚焦于纯粹的法律利益。因此，与传统的诉讼相比，仲裁的效力将在一定程度上取决于所选择适用的法律和规则；与调解相比，就未来可能产生的商业效益而言，仲裁显然不能为当事人提供同样的创造价值的机会。①

相反，调解解决纠纷的目的不在于形成折中方案，而在于尽最大努力促使双方达成共识。一方面，知识产权纠纷可以在各个方面得到解决，而不是只在法律方面作出裁决。通过调解解决纠纷时，当事人无需受限于可能适用的法律，可以自由地讨论和协商所涉及的争议，甚至也可以包括一些次要问题和其他悬而未决的问题，而不必被迫把这些问题局限在一个纯粹的法律框架内；另一方面，无论是对于公共部门，还是对于争议当事人而言，调解在节省纠纷解决成本方面都具有得天独厚的优势。据统计，在调解的纠纷中，约有70%的争议可以在一两天内解决。将所涉律师及其当事人为调解所做的准备工作、旅费和一到两天的会议成本与三到四次法庭诉讼的费用（通常在各国进行多年）进行比较，诉讼的成本要比调解高得多，但成功的机会却和调解一样，甚至更低。②

因而，由于其灵活性和实用性，且成本有限，调解自然成为一种有价值的选择。由于当事人对调解结果具有重大影响，可以创造一些价值。在调解程序中可以采取更有创造性的方法，甚至可以解决与实际争议无关的问题。

① Théophile Margellos. Mediation：Creating Value in International Intellectual Property Disputes［M］. Alphen：Kluwer Law International，2018：25-26.

② Théophile Margellos. Mediation：Creating Value in International Intellectual Property Disputes［M］. Alphen：Kluwer Law International，2018：57.

二、国际知识产权纠纷调解的实践

许多组织，包括 WIPO 仲裁和调解中心、国际调解协会（IMI）和国际商标协会（INTA），都提供跨境知识产权纠纷调解服务。国际商标协会通过成立商标调解员小组为涉及商标和相关知识产权纠纷的人提供调解服务。其认为，作为 ADR 的一种形式，调解比仲裁或诉讼提供了一种更精简、更直接的纠纷解决方法。国际调解协会是世界上唯一超越地方管辖范围，为参与合作解决争端和谈判的调解员和倡导者制定全球专业标准的组织。国际调解协会通过设立调解标准和开展全球性会议等系列活动，致力于促进更好、更少的对抗性诉诸司法活动，以试图改变争端解决领域的格局。

截至当前，在国际知识产权纠纷调解解决机制中发挥重要作用的当属 WIPO 仲裁和调解中心。该中心提供包括调解在内的一系列 ADR 方法。在 WIPO 仲裁和调解中心的替代性争议解决框架内，调解是一种非约束性程序，由中立的调解员协助双方达成争端解决方案。在没有达成和解的情况下，根据当事人的选择，再转而寻求其他纠纷解决方式。

WIPO 仲裁和调解中心的调解呈现出以下优势：解决过程快速高效、解决空间不再局限于法律争议与法律救济、解决效果具有前瞻性、解决方式十分灵活、争议所涉内容高度保密、成本效益远低于诉讼与仲裁等。而且根据相关统计，该中心调解解决争议的成功率高达 70%，而仲裁则只有 44%。①

正是基于调解所具备的独特优势，有些国家开始进行改革，强调调解在解决知识产权纠纷中的适用。如土耳其自 2019 年起，要求与金钱相关的知识产权纠纷必须适用调解；希腊自 2018 年起，所有在希腊民事法院提起的关于商标、专利和工业外观设计的纠纷均可强制调解；菲律宾自 2018 年起，知识产权纠纷的各方被要求进行调解。②

于我国而言，前文已经提及，在大力推进知识产权纠纷多元化解的当下，充分发挥多元调解的作用已是时势使然。

2019 年 8 月 7 日，包括中国、美国、韩国、印度等在内的 46 个国家共同签署《新加坡调解公约》。公约为促进多元化解决国际商事争议提供了新的解决路径，提升了调解达成的和解协议的可执行性。作为商事领域的重要板块，在当前知识产权呈现国际化特点的背

---

① WIPO Arbitration and Mediation Center：Mediation of IP Disputes—The WIPO Experience［EB/OL］.（2014-12-12）［2022-03-11］. https：//www.mandw.com/PRESENTATIONS/WIPO-Mediation _ presentation（111214）. pdf.

② Mediation for IP Disputes, International Dispute Resolution Conference 2019［EB/OL］.（2019-04-17）［2022-03-11］. http：//www. mediationcentre. org. hk/uploadfiles/News/Attachment/278/S4_3_Professor_Yun_ZHAO_PPT. pdf.

景下，公约赋予国际商事调解协议以法律效力，这将极大地促进当事人选择商事调解方式解决跨国或国际知识产权纠纷。

2019 年 10 月，世界知识产权组织经上海市司法局登记并报司法部备案，在上海自贸区登记设立世界知识产权组织仲裁与调解上海中心（以下简称"WIPO 上海中心"），这是我国司法部批准的首家在境内开展涉外知识产权争议案件仲裁与调解业务的外国仲裁机构。2020 年 7 月，经最高人民法院批准，上海市高级人民法院委托 WIPO 上海中心开展涉外知识产权争议案件的调解工作。2021 年 10 月，WIPO 与上海市高级人民法院签订《世界知识产权组织和中华人民共和国上海市高级人民法院加强知识产权领域替代性争议解决交流与合作谅解备忘录》，进一步扩大了上海法院委托 WIPO 上海中心调解案件的范围。WIPO 上海中心的业务范围为，在中国境内开展涉外知识产权争议案件的仲裁与调解业务，主要包括案件受理、听证、调解、开庭审理、裁决等活动；业务咨询、指引等活动；业务研讨、培训、交流、推广等活动。截至 2022 年 10 月，WIPO 上海中心已受理法院委托调解案件50 余件，总体调解成功率近 40%，在指定了调解员的案件中，和解率为 80%。案件的法律领域涵盖了知识产权的各种类型：专利权、商标权、不正当竞争、著作权、技术服务合同等。案件的当事人涉及美国、德国、法国、英国等 12 个国家。① 以 WIPO 上海中心为依托，有助于深化法院与中心在涉外知识产权纠纷化解工作上的合作，实现法院与专业调解机构的优势叠加、功能互补，对树立我国依法严格保护知识产权的良好形象、讲好中国知识产权故事，探索我国积极参与世界知识产权组织框架下的全球知识产权治理路径等方面，均具有重要意义。②

与此同时，在商事调解领域，中国贸促会调解中心不仅成立了由来自中国、欧盟、美国的 10 名专家组成的知识产权调解专业委员会，还发布了国内首个解决涉外知识产权争议的商事调解规则——《中国国际贸易促进委员会/中国国际商会调解中心知识产权争议调解规则》（以下简称《规则》）。《规则》的制定，不仅顺应了国际通行做法，借鉴了大量国际先进经验，也听取了相关企业用户的建议，力求最大程度地满足知识产权商事调解的需求。贸促会调解中心作为国内成立最早的涉外商事调解机构，也是首批被最高人民法院纳入"一站式"国际商事纠纷多元化解决机制的调解机构。

---

① WIPO 中国办事处. WIPO 中国：涉外知识产权争议解决新路径［EB/OL］.（2022-10-28）［2022-11-04］. https：//baijiahao. baidu. com/s? id＝1747900227848277633&wfr＝spider&for＝pc.

② 在一起外国著名牛仔裤品牌服装运营商起诉国内某著名品牌服装公司的侵害商标权纠纷案件中，上海市浦东新区人民法院经充分调研，认为该案适宜委托 WIPO 上海中心进行调解。经 WIPO 专家调解员主持调解，双方达成和解，案件得以圆满解决。

客观而言,《规则》主要有以下特点：①

其一,《规则》充分体现了商事调解的诸多特点,包括当事人自治、信息保密、方式便利、过程友好、经济高效、寻求共同利益等,以当事人为中心,体现尊重当事人意思自治与调解程序规范、公正的平衡统一。

其二,《规则》首次在调解规则中增加了技术性内容,例如可以聘请相关专家或有关机构对有关技术内容、使用技术的情况、对权利人造成损失的情况等,提供技术支持,进行鉴定、审计、评估、检测或咨询,实现专业人员提供专业服务的理念,体现纠纷解决的公平性和说服力。

其三,《规则》展现了涉外知识产权调解的特点。其规定,当事人可以要求选择不同语言种类的服务。此外,调解中心在国际上与21家争议解决机构建立了联合调解机制,可与这些机构进行联合调解。在企业面临涉外知识产权纠纷日益增多的今天,为企业提供知识产权纠纷解决的新路径。例如,在卢森堡某公司与中国某公民知识产权纠纷案②中,经调解,双方达成了和解协议。案件之所以能调解成功,离不开中国(杭州)知识产权·国际商事调解云平台的支持与调解员的专业、耐心。一方面,调解员收到案件后通过中国(杭州)知识产权·国际商事调解云平台联系当事人,了解案件情况与双方诉求,更利于取得当事人的信任,打消顾虑,为调解成功打下了坚实基础;另一方面,调解员掌握案件情况后,结合自己的专业能力和工作经验,对齐某侵权行为的定性和赔偿金额区间有了初步判断,在此基础上抓住争议焦点多次与双方沟通协调,寻找双方诉求的平衡点,最终双方达成共识。

其四,《规则》体现了知识产权调解与其他纠纷解决机制的协同配合,专门规定"调解与其他程序的衔接"一章,以诉调对接、调仲结合的形式,赋予和解协议以强制执行力,保障和解协议能够执行,最大限度消除当事人的后顾之忧。

此外,我国多地开展了商事调解云平台,纠纷当事人可以选择在线提交调解申请,并通过电话和视频等方式完成在线调解。③

---

① 张维. 中国贸促会调解中心发布知识产权争议调解规则[EB/OL]. (2021-10-29)[2022-03-11]. http：//www. legaldaily. com. cn/index/content/2021-10/29/content_8618845. htm.

② 2021年12月,杭州市贸促会中国(杭州)知识产权·国际商事调解云平台收到了卢森堡某公司的调解申请。卢森堡某公司称,其在杭州某市场内发现齐某经营的商铺内有销售侵犯该公司注册商标的相关产品。该公司随后委托公证人员对齐某的销售行为进行了证据保全,并就侵权行为向齐某发出了侵权警示函,要求齐某停止侵权,赔偿损失6万元人民币,但齐某认为自己的侵权行为较为轻微,拒绝赔偿,双方僵持不下。案例精选(五十八)：卢森堡某公司与中国某公民知识产权纠纷案[EB/OL]. (2022-04-02)[2022-04-25]. http：//www. ccpitzj. gov. cn/art/2022/4/2/art_1229574285_31331. html.

③ 例如,中国(杭州)知识产权·国际商事调解云平台的建立,就充分实现了让知识产权商事纠纷在"云端"化解。

　　总之，调解在促进知识产权纠纷解决上发挥着无可替代的作用。一方面，调解解决知识产权纠纷可以使当事人避免诉讼的成本、延迟、边际收益和不确定性；另一方面，对于重视维护双方关系、寻求对争端解决过程的控制、重视保密或希望在不损害自身声誉的情况下迅速达成和解的各方来说，调解更具吸引力。我们可以相信，在未来，调解在知识产权纠纷解决方面具有广阔的发展前景。

第六章 知识产权纠纷其他相关机制

第一节 知识产权检察保护视角

检察机关作为法律监督机关，其不仅对知识产权纠纷中构成犯罪行为的案件承担审批逮捕、审查起诉等职责，同时对知识产权纠纷审判合法性负有监督职责。

一、检察机关知识产权检察保护职能

在我国创新驱动发展战略实施进程中，知识产权产生的经济效益愈发明显，各类知识产权侵权纠纷案件也不断增多。刑事司法保护作为守护社会公平正义的最后一道防线，在处理知识产权经济乱象中发挥的作用愈加重要。检察机关作为刑事诉讼程序中的重要一环，在解决知识产权纠纷、保护知识产权权利人合法权益中发挥着重要的检察职能。

(一)实施法律监督，提升知识产权纠纷司法效能

检察机关在知识产权刑事保护中具有"压舱石"作用。检察机关作为刑事诉讼程序中批捕权、公诉权实施的机关，与行使知识产权刑事侦查权的公安机关和行使审判权的法院前后衔接。形象地说，检察机关就像一个具有调整打击犯罪压力作用的缓冲装置，[①] 其正是刑事政策和社会政策在具体的刑事诉讼环节的体现，在当下强化知识产权保护的社会总基调下，检察机关通过批捕权、公诉权的行使能够启动刑事司法程序，将不涉及犯罪的侵权行为进行过滤，对涉及犯罪的提起公诉，推动刑事审判进行，从而依法打击侵犯知识产权犯罪，发挥知识产权司法保护的主导作用。此外，检察机关对知识产权刑事判决具有法律监督功能，通过刑事判决监督能够进一步促进刑事司法判决法律适用的统一，促进知识产权纠纷案件审判质量的提高，符合知识产权刑事保护的立法目的和意义。

---

① 马凯旋. 知识产权刑事司法中检察机关的职能探析[C]. 上海法学研究集刊——上海市法学会知识产权法研究会文集，2021：43-49.

出于知识产权保护效率的考量，行政保护在我国知识产权双轨保护机制中承担重要角色，在此过程中产生的诸如"以罚代刑"等负面问题，是检察机关监督的重点和难点。除了对知识产权行政机关的司法监督以外，检察机关还承担着对公安机关、审判机关等的监督，对公安机关加强知识产权犯罪标准的认定和细化，对审判机关确保"类案同判"，减少审判机关对于司法效率的片面追求导致当事人合法权益受损情况的发生。从目前我国知识产权保护实践看，由行政保护主导向司法保护主导过渡成为重要趋势，作为兼具司法监督和行政监督职能的检察机关需要承担起知识产权法律监督的重要责任。

（二）促进行刑有效衔接，完善知识产权纠纷解决机制

检察机关是两法衔接中的参与者和引导者。知识产权保护不是独属于某一个部门法，而是一个体系化工程，需要多维度法律体系协同配合，从而形成完整的保护机制。我国对知识产权采取双轨制保护模式，行政救济和司法保护并行不悖。行政和司法组成的保护网虽然在一定程度上有利于全面维护当事人的合法权益，但同时也存在一些问题，如行政救济与刑事救济衔接难的问题。在双轨制保护模式下，行政机关处于打击知识产权违法行为的前线，其行政权的行使依法受法律监督机关监督，检察机关对于知识产权行政机关的行为可以依法提出检察建议。具体到两法衔接的监督中，检察院对两法衔接的积极参与能在一定程度上优化行政权与司法权的资源配置，从而提升知识产权保护体系的运作效率，无论是在职能上还是效率上，检察机关主导促进两法衔接都具有天然优势。把握好检察权与行政权之间的相互关系，促进知识产权行刑衔接，是强化我国知识产权整体保护水平，提升知识产权纠纷解决效率，促进协同保护的重要措施。

二、检察机关知识产权纠纷的检察范围

法律监督能确保法律实施不走形不变样，是法律实施中不可缺少的一环。根据我国《人民检察院组织法》及相关司法解释，我国人民检察院具有民事、行政、刑事和公益诉讼四大检察职能。人民检察院对不同性质的法律纠纷进行全面的法律监督，使得法律监督制度不断完善。① 厘清人民检察院的四大检察职能是检察机关开展知识产权司法保护的职能起点。

（一）知识产权纠纷民事检察

检察机关在民事检察中既肩负对知识产权相关法律正确实施的监督职责，也关注知识

---

① 余钊飞."四大检察"与执法司法制约监督体系之构建[J].法律科学（西北政法大学学报），2021，39（1）：193-200.

产权民事案件裁判尺度统一和法律适用统一问题，发挥法律"守护者"的作用。目前在民事诉讼活动中，各司法机关裁判尺度不一致是我国司法的重要问题，统一裁判尺度与推进类案同判依然是司法改革的重点内容，在知识产权司法中尤其如此。要发挥司法判例在企业知识产权合规建设中的指引作用，需要对类案的裁判取向具有一定的可预测性。其原因在于知识产权客体专业性、技术性较强，而各地司法机关在专司知识产权的办案人才储备上并不均衡。从知识产权相关法律规范来看，其具有一定的抽象性，在知识产权案件的事实认定与法律适用上容易出现争议，这给司法机关留下了自由裁量空间。具体到司法实践中，由于法官对技术事实的认知差异及证据的采信标准不同，法院对于是否认定侵权存在差异，或者即便认定侵权，相应判赔金额也存在较大差距。同时，由于大部分知识产权案件仍由属地法院审结，受司法"地方化"影响，一定程度上存在司法保护偏向当地企业而扭曲市场机制的现象，① 尤其是在一审裁判中，这也正是检察机关民事检察职能的重点所在。

（二）知识产权纠纷刑事检察

刑事检察是对公安机关的刑事侦查活动和人民法院的刑事审判活动是否合法进行的监督检察，涉及侦查监督、审查逮捕、审查起诉、刑事诉讼法律监督等职能。具体到知识产权刑事犯罪检察中，需要检察机关发挥立案侦查监督、诉讼监督两方面的监督功能。首先，对于侦查机关的知识产权案件侦办过程适时介入，确保涉嫌构成知识产权犯罪的案件进入刑事程序，尤其是对于知识产权侦办机关立案难、立案后不能有效侦查、侦查严重超期或者采取强制措施不当等情况，检察机关应当及时予以监督纠正，避免知识产权案件流失、以罚代刑等问题的发生。此外，对于监督过程中发现的侦查人员涉嫌渎职、滥用职权等违法行为，应当及时立案侦查或者移送相关部门处理，确保监督有效。其次，在知识产权刑事案件诉讼程序中，针对审判机关裁判中出现的事实认定错误、量刑过轻等情形，检察机关应当适时依法提出检察建议或抗诉，对知识产权刑事审判行为予以有效监督，守护好知识产权纠纷公平公正处理的最后一道防线。

（三）知识产权纠纷行政检察

对于知识产权保护，我国采取的是行政执法与司法保护并行的双轨制保护模式。相较于司法中的繁琐程序，行政执法程序简便、效率高，在知识产权保护中具有明显优势，目前知识产权权利人对优先适用行政执法手段维权有明显倾向。但双轨制保护模式存在诸多

---

① 马一德. 知识产权检察保护制度论纲[J]. 知识产权，2021（8）：21-31.

问题，比如执法力度有所欠缺、执法机构过于分散、执法标准不统一等。① 权力天然具有扩张性，行政权也不例外，如果知识产权行政权保护不当，不仅会损害以创新驱动的社会主义市场经济秩序，更会阻碍知识产权保护事业发展。检察机关行使法律监督职能时，对行政机关执法不当乃至违法导致当事人合法权利受损的，及时通过检察建议的方式督促其纠正，因此，发挥检察机关的法律监督职能保证知识产权纠纷中行政执法权公平公正行使具有重要意义。

（四）知识产权公益诉讼检察

知识产权虽然是民事私权，但同时又具有公共利益属性。我国《民事诉讼法》第 58 条第 2 款规定，对于破坏生态环境和资源保护、食品药品安全领域侵害众多消费者合法权益等损害社会公共利益的行为，在"法律规定的机关和有关组织"提起诉讼的情形下，检察机关可以提起公益诉讼。《行政诉讼法》第 25 条规定负有监督管理职责的行政机关在环境资源、食品药品安全、国有财产和土地等领域不作为或者违法行使职权，致使国家利益或社会公共利益受损的，检察机关应当督促其依法履行职责，对不依法履行职责的，检察机关可以提起诉讼。虽然《民事诉讼法》和《行政诉讼法》相关条文并未明确提及知识产权领域，但是"生态环境和资源保护、食品药品安全"等领域并未排除知识产权领域，一方面，知识产权可以和上述领域存在交叉，另一方面，从法条自身来看，上述条文"等损害社会公共利益的行为"及"等领域"的表述为检察机关开展知识产权公益诉讼留下了探索实践空间。② 除了在法律制度上为知识产权公益诉讼留有余地之外，知识产权本身的公益属性也契合公益诉讼的价值构造。知识产权本身具有排他性，排他性是针对整个社会的非权利人而言，一旦权利人滥用就会损害市场竞争，则与公共利益发生冲突，损害消费者利益。以医药领域专利为例，一旦专利保护期届满，该智力成果就应属于全社会的财富，但是当医药企业通过不正当手段试图谋求专利保护期延长时，便会直接影响药品可及性，损害公众健康利益，因此有必要提起公益诉讼以维护公共利益。检察机关的公益诉讼检察职权在保护和捍卫公共知识产权中能够发挥重要作用。

三、知识产权纠纷检察的现实考量

知识产权刑事案件的犯罪对象与其他刑事案件相比具有独特性，知识产权的专业性和

---

① 李春晖. 我国知识产权行政执法体制机制建设及其改革[J]. 西北大学学报（哲学社会科学版），2018，48(5)：64-74.

② 崔汪卫，唐朝霞. 知识产权检察公益诉讼法理基础与制度构造[J]. 阜阳师范大学学报（社会科学版），2021(4)：112-119.

技术性导致涉案法律事实认定难度加大，法律关系更加复杂。尤其是当今新型技术不断涌现、互联网更新迭代加速，知识产权犯罪手段不断翻新、技术性增强，体现出进一步加强检察机关在解决知识产权纠纷中作用的现实需求。

(一)知识产权纠纷案件数量居高不下

根据最高人民检察院发布的《知识产权检察工作白皮书(2024)》，2024 年知识产权刑事检察工作持续强化，案件总量呈现增长态势。全国检察机关共受理审查起诉侵犯知识产权犯罪 13767 件 33805 人，人数同比上升 10.2%；批准逮捕 7481 人，同比上升 23.2%；起诉 20817 人，同比上升 17.4%。在案件类型方面，商标类犯罪占据绝对主导地位，受理审查起诉侵犯商标权类犯罪 27368 人，占知识产权刑事案件总人数的 81%，且 2020 年至 2024 年年均增长 18.8%。其中，起诉假冒注册商标罪 7554 人，销售假冒注册商标的商品罪 8290 人，非法制造、销售非法制造的注册商标标识罪 1577 人。著作权类犯罪增长显著，受理审查起诉侵犯著作权类犯罪 3266 人(占比 9.7%)，2020 年至 2024 年年均增长 43.5%；侵犯商业秘密类犯罪 385 人；假冒专利犯罪 3 人。共同犯罪特征突出，起诉的侵犯商标权类犯罪中共同犯罪占比 84.3%(14687 人)，侵犯著作权类犯罪中共同犯罪占比 76.8%(1606 人)，侵犯商业秘密类犯罪中共同犯罪占比 86.2%(194 人)。检察机关强化刑事诉讼监督，全年监督立案 599 件、监督撤案 684 件，纠正漏捕 152 人、漏诉 1188 人，对侵犯知识产权犯罪案件向法院提出抗诉 94 件。民事检察领域，全国检察机关办理知识产权民事检察案件 1764 件，其中对民事生效裁判提出抗诉 94 件(同比增加 2.5 倍)，提出再审检察建议 452 件，法院再审后改变 482 件，占法院审结案件数的 97.2%。公益诉讼检察聚焦民生，立案知识产权领域公益诉讼 896 件，涉及商标领域案件 400 件(占比 44.6%)，提出惩罚性赔偿诉讼请求 34 件(同比上升 36%)。[1] 其中，商标类犯罪作为知识产权刑事案件的主体且持续增长，检察机关通过强化全链条打击、深化综合司法保护，服务保障法治化营商环境建设。

(二)知识产权纠纷涉案领域扩大且技术性强

随着创新型国家战略的实施，我国专利申请量连续九年居世界第一，技术创新活跃度居世界前列。[2] 在知识产权案件中，侵犯专利权、商业秘密、计算机著作权等犯罪行为亦更为频繁地出现。同时由于其犯罪对象具有较强的专业技术性，法院在审查采用证据、正

---

[1] 知识产权检察工作白皮书（2024）[EB/OL].（2025-04-23）[2025-06-03]. https：//www.spp.gov.cn/xwfbh/202504/t20250423_693689.shtml.

[2] 数据来源：国家知识产权局官网。

确适用法律、依法居中裁判时，有必要理解涉案的技术要点，① 检察机关作为法律监督机关，对于技术性较强的案件需要借助外力参与查明案情。目前，我国民事审判体系中对于技术事实查明机制多样，当事人可以申请或者由法官指定鉴定机构提供鉴定意见，相关技术领域的专家陪审员参与审判以及在法院内部设立技术调查室由技术调查官查明相关技术事实等。其中，技术调查官制度首次在民事司法领域运用于"礼来公司诉华生制药专利纠纷案"②，技术调查官出具技术调查意见供法官参考。2019 年出台的《最高人民法院关于技术调查官参与知识产权案件诉讼活动的若干规定》进一步完善技术调查官制度，技术调查官在技术事实查明机制中发挥着越来越重要的作用，但是对于技术性较强的案件，检察机关却缺乏相应的技术事实查明机制。技术检察官在对知识产权刑事案件进行法律监督时，虽然检察官对于法律适用十分精通，但是由于缺乏专业背景，在涉及技术性事实判断时面临较大挑战。

(三)知识产权犯罪手段成熟并呈产业链化趋势

侵犯知识产权犯罪案件呈现出专业化特点，产业链化趋势明显。③ 由于互联网等新技术的快速发展以及新经济模式的发展，知识产权犯罪组织由传统摊贩式经营模式逐渐向公司化发展，同时跨区域特征明显，逐渐发展壮大为大规模的产业网络，产生的影响和对社会主义市场经济秩序造成的损害也显而易见。以侵犯著作权为例，侵权行为人往往在原作上进行二次修改、设计，或对侵权产品进行著作权登记，披着合法的外衣，犯罪手段的专业性、隐蔽性更强。从诸多案例中看，犯罪嫌疑人为防范执法打击，往往倾向于将侵权产品制造地与销售地分别设置在不同地方，侵权环节分工步骤化、体系化、精细化，上下游产业链进一步延长，彼此之间的联络愈加隐蔽。由于知识产权侵权产业链的延长，犯罪参与主体也进一步增多，知识产权犯罪团伙日益呈现专业化、精细化、系统化等特征，给执法司法工作带来了诸多挑战。而且知识产权犯罪呈现出明显的地域聚集特征，在经济发达地区的知识产权犯罪相较于其他地区发生概率更高，与经济发展程度呈现出正相关性。随着经济的发展，与经济发展有重要依附性的知识产权犯罪手段也更加专业成熟，呈现产业链化趋势。

四、检察机关知识产权纠纷解决机制

目前检察院对知识产权纠纷检察保护工作一方面承接固有检察职能，另一方面积极探

① 张春艳.我国知识产权刑事案件诉讼监督的困境与出路[J].知识产权，2020(6)：60-69.
② (2015)民三终字第 1 号，最高人民法院。
③ 马谨斌.从检察视角看知识产权的刑事司法保护[J].人民检察，2017(4)：66-68.

索开拓新的知识产权纠纷预防或解决机制，总的来看，其知识产权检察保护实施路径可分为知识产权检察监督、知识产权检察服务、知识产权检察协作和知识产权检察赋能四方面。

（一）实施知识产权纠纷检察监督机制，提升纠纷解决质效

1. 建立专门机构，促进职能集中优化

首先，知识产权犯罪刑事案件专业化特征明显，如假冒专利罪、侵犯商业秘密罪等，专门知识产权检察办案机关有利于职能集中优化，促进该类案件的高质量检察监督工作开展。检察机关根据情况成立专利知识产权检察机构符合"三审合一"的知识产权检察改革试点的要求，实现了知识产权案件办理的统一化和专业化，有利于提高案件办理的效率和水平。从检察司法实践看，最高人民检察院设立专门的知识产权检察办公室，加强知识产权综合性保护，优化整合知识产权检察职能。地方检察院也积极探索设立相应的专门机构，深圳市龙华区检察院、福州市鼓楼区检察院均设立知识产权检察办公室，由知识产权检察办公室统一办理知识产权案件，不过二者有所不同的是前者仅仅管辖本辖区内的知识产权案件，[①] 后者被指定管辖全市知识产权审查起诉案件，[②] 更有利于跨区域知识产权案件的办理。以上海市检察院第三分院为例，其虽然并未新增知识产权检察机构，但是指定由第六检察部集中办理全市重大疑难复杂知识产权案件，对上海知识产权法院民事、行政案件同步开展检察监督，并对全市基层检察院进行个案指导，形成"捕诉一体"、二审集中管辖、刑民行归口管辖的知识产权一体化办案机制。第六检察部作为知识产权专门机构，实行知识产权刑事、民事和行政检察"三合一"办案机制。[③] 检察机关通过设立专门知识产权检察机构或者将知识产权案件集中管辖，既是对知识产权纠纷解决专业化要求的回应，也是对审判机构设立专门知识产权法庭的审判机制的对应。

设立专门的知识产权案件办理机构，不仅是知识产权检察职能集中优化的要求，也符合检察工作效率和专业性要求的价值取向，对涉及刑事犯罪的知识产权纠纷解决具有推动作用。在知识产权司法体系中，审判机关为优化知识产权案件审理，在北京、上海、广州、海南自由贸易港设立了民事、行政和刑事案件集中管辖的专门知识产权法院，各省

---

① 深圳市龙华区人民检察院课题组，杨时敏. 粤港澳大湾区视域下工业园区知识产权检察工作创新研究[J]. 特区实践与理论，2020(4)：75-82.

② 江伟，陈婷婷. 知识产权检察职能集中统一履行的思考和实践路径——以福州市鼓楼区检察院为例[J]. 中国检察官，2021(5)：13-17.

③ 徐燕平. 知识产权司法保护的检察路径——以上海市检察院第三分院知识产权检察保护实践为视角[J]. 人民检察，2021(6)：23-26.

级、市级法院也普遍设立了知识产权法庭，知识产权"三审合一"的审判体系初步建立，这是保护知识产权战略的重要组成部分。① 知识产权检察部门与审判体系相对应，实现民事、刑事、行政知识产权案件"三检合一"，全面负责知识产权案件的审查批捕、提起公诉、诉讼监督、服务保护等各项职能，综合办理知识产权案件。从经济发达地区的司法实践中看，上海市静安区于 2021 年成立首家基层检察办公室，全面落实知识产权专业化办案机制，充分发挥检察一体化办案优势，加大侵犯知识产权犯罪的打击力度；深圳市人民检察院成立知识产权检察办公室，统筹全市知识产权检察工作，加强对区院的业务指导，提升全市检察机关知识产权检察业务水平。专门知识产权检察部门的设立促进了知识产权案件办理专业化水平的提高，发挥了案件集约办理的聚合效应，既提高了司法效率，也有利于司法认定标准的统一，提高了知识产权纠纷化解质量及效率。

2. 搭建专业团队，提高知识产权刑事纠纷解决质量

知识产权案件的专业性、技术性给司法人员提出了更高的要求，不仅要求从事知识产权案件的检察官需要掌握法律专业知识，同时对于专业性、技术性较强的专利案件应当具有科技方面的背景。最高人民检察院知识产权检察办公室在人员配置和选任方面，检察官均为实务经验丰富的三级以上高级检察官，同时也着重考虑在从事知识产权业务的律师和知识产权法学专家中遴选。同时，设立特约检察官，从专利等知识产权专业技术人员中聘任，以保证"法律+技术"的综合性专业团队的建设。福州市鼓楼区检察院、上海市检察院第三分院加强知识产权检察"外脑"队伍建设，前者建设知识产权专家咨询库，从高等院校、知识产权行政执法单位、高新技术企业、司法机关等领域选聘知识产权方向的专家学者及业务人才；后者建立知识产权特聘专家制度，聘请专利权、著作权等领域专家作为特聘专家，为办理疑难复杂和新型知识产权案件提供咨询意见。从现有检察机关的做法来看，搭建专业知识产权团队，一方面要重视自身检察队伍的专业素养，另一方面要积极构建知识产权检察"外脑"队伍，与检察队伍协作，应对知识产权案件的复杂性和专业性的问题。专业人才对于知识产权检察工作至关重要，有利于高质量办理知识产权案件、解决知识产权纠纷。

(二) 实施知识产权检察服务机制，促进企业知识产权合规

1. 提供法律服务，完善企业合规机制

检察机关为企业提供知识产权法律服务，主动为企业提供法律服务及智力支持，根据

---

① 王建涛. 检察机关在知识产权保护中的完善路径[J]. 湖北警官学院学报，2013(10)：154-156.

企业需求，帮助健全完善内控机制，增强防范法律风险的能力，提供具体个案指导，切实为企业解决实际问题。从目前检察院提供的服务实践看，深圳市龙华区检察院在法律服务方面，通过定位指导、定时走访、定点咨询等方式为企业提供针对性的法律服务，使知识产权保护的服务触角进一步前移，第一时间掌握并帮助企业解决在科技创新中遇到的难点和共性问题，为服务企业发展奠定良好基础。福州市鼓楼区检察院知识产权检察办公室的主要职能之一就是提供与企业有关的知识产权个案或类案事实认定及法律适用咨询、指导，知识产权法律风险评估等服务，帮助企业完善知识产权保护内部机制。加强知识产权保护，需要检察机关向服务转型，助推企业创新发展。检察机关通过不断加大为企业服务的力度，加强企业知识产权保护，维护企业的合法权益，将检察服务工作做实做细，需要靶向企业需求，结合企业实际，可通过送法上门、专题论坛等多种形式，发挥自身专业优势，总结侵权案件的特点规律。通过开展企业调研，查找企业的制度漏洞，培育知识产权风险防范意识，建立相应的知识产权风险应对机制，引导企业走创新经济之路，与企业共同制定知识产权发展战略，发挥检察机关帮助企业应对知识产权纠纷的作用。

2. 落实执法普法要求，培育企业风险防范意识

根据"谁执法谁普法"的普法责任制要求，检察机关作为知识产权检察职能部门，有责任结合案件做好知识产权普法工作，从而培育企业知识产权风险防范意识。在知识产权普法工作中，地方检察院采取的形式多种多样。深圳市龙华区检察院围绕知识产权案件特点、高新科技企业运营中的法律风险等问题为企业提供法律咨询，编印企业法律风险防范宣传手册，提高企业风险意识，强化企业知识产权自主预防和保护。福州市鼓楼区检察院知识产权检察办公室同时承担着知识产权普法的职能，通过适时召开知识产权新闻发布会、发布白皮书，开展知识产权案件公开听证、典型案例宣传、知识产权以案释法等形式落实知识产权普法工作。开展打击知识产权犯罪普法宣传活动，既有利于增强企业知识产权风险防范意识，同时又能够营造尊重知识、尊重创新的良好氛围，从而达到预防和减少知识产权纠纷的目的。

(三)实施知识产权纠纷检察协作机制，凸显知识产权司法保护链条

1. 与行政部门协作，优化两法衔接

由于知识产权案件的隐蔽性以及知识产权双轨制保护模式，侵犯知识产权案件往往由身处执法一线的行政机关首先查处，知识产权案件刑事保护程序的启动受两法衔接机制的影响。司法实践中，各地检察院均突出两法衔接在知识产权检察机制构建中的要求。其中，深圳市龙华区检察院通过牵头组织行政执法和刑事司法衔接工作联席会议，发挥综合

协调作用，通过两法衔接工作平台实现与行政执法机关、公安机关执法、司法信息互联互通。福州市鼓楼区检察院知识产权检察办公室联合知识产权行政管理部门建立涉知识产权联席会议、信息共享、案件移送等机制。

上海市检察院第三分院在知识产权行刑衔接方面，分别与上海市知识产权局、市版权局、市文化市场行政执法总队搭建专利、版权领域两法衔接平台，签署工作协作备忘录，建立工作联络、协同研究机制。可以看出，行刑衔接平台的搭建对于两法衔接的重要性。基于知识产权双轨制的保护模式，使知识产权行政保护和刑事保护既各司其职，又相得益彰，需要深化检察机关与行政机关协作机制，优化行刑衔接，完善知识产权保护链条。两法衔接平台及其配套制度的建立能够促进信息交换、资源共享，提供检察机关监督的路径。首先，地方检察院与地方版权局、知识产权局等行政执法机关建立行刑衔接平台，通常以联席工作机制体现，促进行政执法信息与司法标准相互交换，统筹各单位办理知识产权案件优质人力资源，促进资源共享，同时也给予检察机关对行政执法过程的监督路径，克服检察机关对行政执法与侦查取证线索都难以及时掌握的困难，打破司法机关获取行政执法信息困难、滞后等瓶颈，实现检察机关对案件立案、侦查进行全程性监督。其次，行刑衔接平台的建设保证了职责清晰、分工细化、责任明确。各参建机关对于所共享的信息保证完整性、规范性，明确各类信息的类别、项目，同时明确责任，对隐瞒行政执法信息等行为予以规制，保证实时信息共享，防止有案不立、有案不移、以罚代刑等问题的产生。

同时，行刑衔接平台配套机制的建立进一步推动检察机关在知识产权纠纷解决中的职能作用前移，促进知识产权行政执法机关高质量执法，如联席工作会议机制、工作办法以及相应的行政执法案情通报制度、检察机关制定案件移送标准指引等。检察机关可以借助行刑衔接平台指导行政执法机关准确把握相关罪名的认定，规范证据采集程序。行政处罚与刑事处罚的证据标准差异较大，对有可能构成刑事犯罪的知识产权违法事件，行政执法人员对刑事案件的取证方向、对象、范围、程序、标准等方面较难正确把握，证据采集不合法或者遗漏重要证据导致原始证据难以取得，可能导致审查起诉证据链缺失，涉案犯罪嫌疑人无法受到刑事处罚。因此，检察机关及时指导规范收集、移送证据材料，制定细化的针对特定知识产权罪名的证据规范，帮助执法机关、侦查机关把握特定犯罪的证据标准，避免因证据材料不适格影响所移送知识产权纠纷案件审查起诉的质量和效率，提高综合办案能力。

2. 与司法机关协作，完善纠纷司法解决模式

立足知识产权大保护工作格局，优化内外协同合作。对外加强与人民法院、公安机关的沟通配合，对内加强检察系统之间的区域协作，将知识产权检察工作融入知识产权创

造、运用、保护、管理、服务全链条,助力知识产权纠纷化解。

其一,结合知识产权检察职能集中统一履行试点,建立健全诉审协作机制。健全与人民法院知识产权案件"三审合一"相适应的诉讼协作机制,探索对知识产权法庭的监督新模式,重点解决案件管辖、起诉、审判、监督等各环节的衔接问题;加强与人民法院的沟通,完善知识产权犯罪常见罪名的量刑规范,统一类罪的量刑尺度,实现量刑建议精准化;加大禁止令、从业禁止、财产刑等量刑建议力度,提高违法成本。

其二,建立健全诉侦配合监督机制,强化知识产权刑事案件的全程跟踪指导。知识产权案件由于其专业性,侦查机关全面取证存在一定的困难,检察机关应当适时介入指导,完善介入侦查引导取证的规范机制。尤其是对重大疑难、新类型知识产权犯罪案件,检察机关应当提前介入,指导侦查机关规范、全面取证,同时引导侦查机关正确把握刑事立案、逮捕、起诉标准,规范介入的时间节点、案件范围、启动程序、信息共享、工作重点、办案责任、介入形式、衔接反馈等。按照庭审指控所需的证据标准,对案件性质、证据收集、法律适用等提出精准指导意见。① 加强与侦查人员面对面沟通和协作配合,建立健全诉侦配合监督机制,共同提升知识产权案件办理质效。②

其三,加强区域司法协作,建立健全不同区域检察机关协作办案机制,推动检察监督全覆盖。可以在省级检察机关建立知识产权协同保护中心,统筹本地区以及省内外知识产权案件信息联络和司法协作工作。对于跨区域的知识产权侵权案件,可通过省级检察机关开展司法协作,共同开展调查取证等工作。依法办理多地互涉案件,探索建立线索通报、证据移转、案件协查、数据共享等制度,合力打击跨区域、链条式、产业化侵犯知识产权犯罪,加强对关联犯罪、上下游犯罪协同打击、全链条治理。此外,可以探索知识产权民事案件执行属地化监督机制。适应知识产权案件法院集中管辖审理的趋势,建立知识产权民事案件执行由执行地检察机关监督的工作机制。对于集中管辖地与案件执行地不一致的案件,当事人申请检察机关开展执行监督的,可由受理监督申请的集中管辖地检察机关转交给执行地检察机关,由执行地检察机关协同办理执行监督案件。

(四)创新知识产权公益诉讼机制,提升社会服务质效

随着我国经济转型,知识产权保护如何契合时代需求是对检察机关司法智慧的考验。随着知识产权纠纷的纷繁涌现,检察机关通过优化检察手段为创新赋能,需要创新知识产权公益诉讼机制,从而为知识产权司法保护谋新篇、布新局。

① 王东海. 审判中心格局下刑事指控体系的构建[J]. 江汉学术,2016(4):55-62.
② 宋华,胡庆. 数字经济时代知识产权检察保护新模式探索[J]. 中国检察官,2021(17):20-23.

正如自然环境需要人们予以保护一样，人类的公共知识领域，也需要人专门来保护。① 根据公地悲剧理论，每一个体都希望个人利益最大化，他们对公共资源均有使用权，而没有权利阻止他人使用，进而造成资源过度使用和枯竭。② 对于人类的知识与经验而言，传承与共享是原则，而授予知识产权，让权利人享有垄断权力是例外，是少数情况。大企业财力雄厚，对于知识产权制度能够熟练运用，如果将公共领域知识稍作改造，申请为专利便享有排他权，这就导致公共利益受损，此时需要借助法律手段将这种损害公共利益的行为予以规制，这就是知识产权公益诉讼的必要性。出于知识产权专业性的特征，个人挑战资金雄厚企业的专利明显缺乏可行性，其他企业在不存在竞争的情况下也缺乏动力去挑起专利战。所以，必须由有专业、有能力的社会力量维护公共领域知识，让人类智慧造福公众。保护知识产权存在两个维度：既要保护权利人的排他权，又要保证公共资源不被私人据为己有，后者需要检察机关以国家公诉人的身份提起公益诉讼，避免"公地悲剧"现象的发生。

2018年3月，最高人民法院、最高人民检察院联合发布的《最高人民法院、最高人民检察院关于检察公益诉讼案件适用法律若干问题的解释》指出检察院可作为适格主体依法行使公益诉权，但解释中没有明确提到涉及知识产权的公益诉讼。但是《民事诉讼法》《行政诉讼法》确定的检察机关提起公益诉讼的案件范围，都有一个"等"字，如生态环境和资源保护、食品药品安全、国有产权维护、损害英烈名誉等。但社会公益绝不仅限于这四个方面，各地可以结合实际，稳妥、积极去尝试法定列举范围外领域的公益诉讼。③ 同时，涉及知识产权案件可能与生态环境和资源保护、食品药品安全等领域存在交叉，检察机关探索尝试知识产权公益诉讼有法可依。

随着知识产权强国建设步伐的推进，发挥"法治保障，严格保护"的司法力量，需要检察机关积极创新知识产权公益诉讼机制，回应新技术、新经济、新形势对知识产权纠纷司法解决的新要求，发挥主观能动性，以提供检察服务参与社会综合治理，构建知识产权大保护工作格局，从而服务知识产权强国建设，优化营商环境，为新时代经济社会持续健康发展提供良好的法治保障。

第二节　企业知识产权合规视角

企业合规管理是企业长远发展的基石，也是企业防范合规风险、高质量发展、赢得市

---

① 魏曼珂. 论我国民事公益诉讼受案范围的完善[D]. 南宁：广西大学，2018.

② Garrett Hardin. The Tragedy of the Commons[J]. Science, 1968, 162：1243-1248.

③ 傅启国. 损害知识产权社会公共利益的救济途径探析[J]. 中国发明与专利，2019(12)：104-108.

场竞争优势的重要保障。知识产权纠纷的解决需要从源头审视这一问题，当企业面临知识产权纠纷时，对于企业经营生产而言是风险和挑战，避免知识产权纠纷，预防、减少知识产权违法和犯罪是企业知识产权合规建设的根本价值体现，因此，知识产权纠纷的解决需要关注企业知识产权合规体系的建立，有效的合规计划和完整的合规体系能够帮助企业有效避免知识产权纠纷的产生，预防和减少知识产权违法和犯罪。

一、企业知识产权合规的内涵、价值及基本原则

（一）企业知识产权合规的内涵

从积极层面来讲，企业合规是指企业在经营过程中要遵守法律和遵循规则，并督促员工、第三方以及其他商业合作伙伴依法依规进行经营活动。从消极层面来讲，企业合规是指企业为避免出现违法违规行为，防止或减轻因违法违规而遭受的各种损失所建立的公司治理体系。

知识产权合规是企业合规治理体系中的重要内容之一，其要求企业强化对其知识产权无形资产如专利、商标和商业秘密等的保护，搭建完备的知识产权确权与维权体系，建立合理的企业内部知识产权管理制度，来预防知识产权侵权风险。知识产权合规有利于避免企业陷入知识产权侵权、许可、转让等纠纷中，预防和减少知识产权犯罪，对企业正常生产经营意义重大。

企业知识产权主要涉及专利、商标、著作权、商业秘密等，企业应该意识到保护知识产权的重要性，防止自己的产品被仿造、商标被抢注等，同时也不能侵犯他人的知识产权。① 知识产权作为创新能力的显性指标，在高质量发展的竞争中发挥着日益重要的作用。企业作为市场竞争的主体，提高知识产权风险意识，有利于企业开拓国际市场，防范专利阻击战所造成的经营生产风险；同时知识产权的广泛布局也有利于增强企业在国内市场的核心竞争力。而且随着企业知识产权维权和布局意识的提高，各领域企业通过专利池等方式构筑技术壁垒，谋求在市场竞争中的垄断地位，以获得更多市场份额和高额利润。毫无疑问，这类行为将会给不重视知识产权保护的中小企业带来法律风险，也增加了其使用专利技术的成本。

（二）企业知识产权合规的价值

企业知识产权合规不仅能够帮助企业避免知识产权纠纷的产生，在知识产权纠纷产生时，引导企业快速解决纠纷，同时对于企业经营发展具有多方面的价值和作用。

---

① 马刚. 企业法律风险防范机制的构建[J]. 企业管理，2012(6)：86-87.

首先，知识产权作为企业的核心资产之一，对于企业尤其是创新型企业来说是企业赢得市场竞争的关键，加强知识产权合规管理是企业开展生产经营活动的重要依托和基础。知识产权是企业核心竞争力的重要体现，提高企业知识产权合规管理能力是企业创新发展、抵御生产经营风险的重要保障。

其次，知识产权合规能够促进企业依法及时就其产生的智力成果获得相应知识产权保护，避免本应该获得保护的技术方案沦为"公知常识"，同时在一定程度上对于企业的商业运作能力、市场开发能力、技术利用能力和保值增值能力具有辅助作用。

最后，知识产权合规管理有利于培育合规文化，强化员工知识产权保护意识。企业知识产权合规制度的建立不仅仅是书面的企业内部规章制度，其最终还是要落实到企业员工身上，在开展知识产权合规建设过程中能够逐步增强企业员工尤其是研发岗位员工的知识产权意识，使得研发岗位充分认识到创新活动所产生的技术方案能够获得相应知识产权保护，另一方面也能够使企业在研发过程中更加注意规避现有专利的技术方案，增强知识产权侵权防范意识，完善公司知识产权风险防范的制度与机制，规范各岗位知识产权风险应对策略，提高公司知识产权侵权防范的能力和水平，从而减少和避免知识产权纠纷的发生。

(三) 企业知识产权合规的基本原则

优化企业知识产权纠纷防范机制，提高企业知识产权合规能力，需要遵循知识产权合规的基本原则，包括：

1. 全过程保护原则

全过程保护原则，是指企业在知识产权保护中针对潜在的知识产权纠纷要事前防范，对正在发生的知识产权纠纷要事中控制，对已发生的知识产权纠纷要做好事后救济，即遵循事前防范、事中控制和事后救济的全过程保护思路。知识产权合规管理是企业管理的重要组成和支撑，事前防范突出以风险评估为基础，事中控制突出以监测评价作为主要手段，事后救济以调解、仲裁、诉讼等多元解决途径作为保障，从而规范知识产权合规管理，保持公司知识产权战略优势。

2. 生产经营同步规划、同步实施原则

生产经营同步规划、同步实施原则，是由知识产权产生的特点所决定的。知识产权作为无形财产，一方面其依托企业在研发创造过程中产生，另一方面其价值的实现与企业实际的生产经营分不开。因此，对知识产权的保护需要与生产经营同步规划和实施，从源头处强化研发环节的管理和保护，避免产生知识产权隐患，包括研究项目立项前的专利查

新、研究成果的专利申请、布局、运营等，同时对企业产品所涉及的商业标识、著作权制定详细的产权保护方案，做到生产经营与企业知识产权保护的一致性、同步性。

3. 经济效益与社会效益并重的原则

知识产权作为企业的重要资产之一，其经济效益属性愈发明显，其不仅能够依托知识产权保护的排他性为企业在市场竞争中获得优势地位和经济效益，同时其作为质押手段为企业融资开辟了新渠道。知识产权合规不仅要关注知识产权所带来的经济效益，同时要兼顾社会效益，其作为重要资产进行有效运用并使之转化为生产力，能够促使科技成果转化使用，提高社会生产力，增加社会效益。

4. 知识产权有偿转让和使用的原则

知识产权的有偿使用管理是企业知识产权商业运作、市场开发、技术利用的动力，同时也是企业知识产权价值实现的渠道之一。知识产权有偿转让和使用反过来能够促进企业完善专利、商标、著作权、商业秘密等知识产权的保护机制。

二、企业知识产权纠纷法律风险的形成原因

解决企业知识产权纠纷，首先需要明确企业知识产权纠纷的法律风险形成原因，才能在知识产权合规机制构建中有的放矢、靶向施策。从造成知识产权纠纷产生的因素看，可以分为外部性因素和内部性因素。企业在知识产权管理中可能存在不注重保护自身知识产权，不积极进行商标注册、著作权登记、专利确权等行为，导致自身名号被第三方抢注而产生知识产权纠纷，甚至极大地损害自身经营；同时也可能存在对他人商标、著作权、专利权等侵权行为，被权利人追究侵权责任而极大损害自身经营的风险。

（一）外部因素

首先，企业在市场经济条件下竞争激烈，知识产权也是企业竞争的重要领域之一。知识产权是企业创新竞争的主要高地，随着社会公众知识产权保护意识的提高，公司对于知识产权的创造和保护日益重视，尤其是知识产权维权意识日益增强，企业面临来自不同市场主体的知识产权维权压力。比如高科技企业上市融资普遍会面临知识产权诉讼阻击，上市审核机构会就此向存在知识产权纠纷的企业问询，主要侧重关注企业是否具备核心技术、创新实力以及企业持续创收盈利和持续经营的能力，问询结果最后可能影响其上市。其次，随着创新型国家战略的深入推进，中国企业在各技术领域深入研发，开展专利布局。国际市场上竞争对手往往通过"专利阻击战"来阻碍中国企业"走出去"。所以，中国企业在产品出口过程中常面临专利侵权的司法诉讼，域外企业试图以"专利

阻击"手段阻碍我国企业产品进入国际市场。以 LED 行业为例，由于国内 LED 企业处于该产业链下游，基础核心专利被域外企业广泛布局，当国内 LED 产品出口时，往往面临巨额专利侵权赔偿诉讼，尤其是企业在产品出口过程中未对产品专利作深入自由运作分析或自由实施（Freedom To Operate，简称 FTO）分析检索的情况下，致使企业"走出去"严重受挫。

知识产权纠纷已经成为企业经营过程中不能忽视的重点问题和雷区，在国家对知识产权保护力度越来越大的情况下，如果企业不重视知识产权保护问题，很可能遭受重大损失。企业不仅可能面临外部知识产权权利人提起的民事侵权赔偿诉讼，还可能导致企业已生产的产品被召回、禁售、销毁等严重经营风险。因此，企业应当高度重视知识产权法律纠纷的外部风险。

（二）内部因素

企业知识产权风险控制是企业合规建设的核心要义。内部因素涉及多方面，一方面，由于知识产权的付费使用机制，个别企业为追求利益最大化，压缩生产成本，致使企业承担相应的法律风险；另一方面，企业不注重知识产权法律风险，未落实企业内部知识产权管理制度，导致企业在经营中侵犯他人知识产权，引发法律风险。

1. 知识产权内部管理体系的法律风险

《企业内部控制应用指引第 8 号——资产管理》就防范知识产权内部管理体系法律风险作出指引。企业知识产权的保护不仅需要将商标、字号、专利、专有技术等资产进行分门别类和差异化管理，同时对于涉及企业经营信息、技术信息等商业秘密的，还应构建商业秘密保护制度。总的来说，企业知识产权内部管理体系的法律风险涉及以下几个方面：首先，企业管理层缺乏正确的知识产权管理意识，对知识产权保护的重视程度不够，未将知识产权纳入企业发展战略；其次，企业治理层面缺乏合理有效的知识产权管理体系，知识产权战略和管理制度缺乏可执行性；最后，企业组织架构层面缺乏专门的内部知识产权管理部门，知识产权管理内部控制体系以及知识产权交易缺乏专门管理，容易导致内控体系运行不畅，交易混乱诱发风险。以企业著作权管理为例，就企业知识产权内控体系而言，其主要涉及著作权归属约定不明和著作权侵权两类法律风险，主要体现为著作权登记不及时、委托作品著作权归属约定不明确以及职务作品著作权管理不当等。

2. 知识产权运营的法律风险

知识经济时代，知识产权在经济发展中发挥着越来越重要的作用，企业应加强自主知识产权创新力度，从知识产权的研发、申请、价值实现等方面规范企业知识产权的运营，有效防范知识产权运营过程中可能产生的法律风险。[①]

一是知识产权研发过程中的法律风险。以专利发明为例，在研究项目立项阶段就需要对相关项目的可行性进行研究，如查新检索、研发项目可行性等，避免知识产权研发的空转，导致资源浪费。这就需要企业在开展研发项目时，应聚焦于研究项目对于企业发展的必要性、技术方案的先进性以及技术成果向市场转化的可能性。同时，对某项技术难题进行攻关，企业可以采用独自研发、委托研发和合作研发等方式，这就需要企业注意对知识产权权属及各方面利益、义务的约定，避免发生知识产权权属纠纷。

二是知识产权申请过程中的法律风险。首先，专利、商标等知识产权的保护需要向相关部门提出申请，并予以审查，其授权的关键点之一在于不得与他人的在先权利相冲突。以商标申请为例，一旦企业申请前检索不充分，极易引发商标在公告阶段被提出异议，即便被授权也面临被无效宣告的法律风险，给企业生产经营带来风险。其次，对于企业来讲，并非所有技术方案均需要采用"公开换保护"的方式来获得保护，采用商业秘密形式还是专利申请保护需要权衡技术方案的特性以及企业发展需要，不合适的保护方式将使企业遭受不必要的损失。

三是知识产权价值实现的法律风险。知识产权价值实现的法律风险涉及两个方面：自身知识产权被侵权的风险以及侵犯他人知识产权的风险。对于自身技术含量高、品牌价值大的知识产权产品，通过知识产权侵权预警机制，采用全方位、立体化的综合手段对知识产权进行保护。对于侵犯他人知识产权的风险，主要涉及企业产品上市前的详尽完备的FTO 检索，以避免产品侵权风险。

三、通过企业合规体系建设减少知识产权纠纷

知识产权因其自身的特点很容易产生纠纷，涉及知识产权的产生、交易以及商业应用等全过程。企业知识产权合规制度的建立能够有效管控法律风险，避免纠纷产生，预防和减少知识产权犯罪。可参考《中小企业合规管理体系有效性评价》的相关要求和标准，在企业内部构建完整的知识产权合规体系，使各项知识产权的管理更加规范化，以达到识别、防范、应对知识产权风险的目的，减少知识产权纠纷。

(一)构建知识产权法律风险防控机制

首先，知识产权法律风险防控机制的构建需要准确把握知识产权法律风险的产生原

---

① 唐恒，付丽颖，冯楚建. 高新技术企业知识产权管理与绩效分析[J]. 中国科技论坛，2011(5)：80-85.

因，准确识别知识产权风险因素，在此基础上设立知识产权风险预警机制，比如掌握竞争对手的研发动向、专利和商标布局等，并对企业内部的知识产权进行合理管理，比如商业秘密的保护措施、专利许可、转让的风险把控等。另外，知识产权纠纷所涉及的权利客体不同于其他民事权利，知识产权具有创新性和无形性。其次，知识产权所保护的对象涉及文学、科学、商业、技术等范畴，其内容具有抽象性。知识产权转化为知识产品需要权利主体进行发明创造、开发运用以及个人策划等智力劳动，并且某类产品转化还需要相对应的专业技术背景。知识产权的权利认定不仅需要具备优秀的法律素养，还需要极高的专业技术知识来进行事实判断。因此，企业知识产权法律风险控制需要具有创新能力的人员支撑，从而结合其技术背景规划企业的知识产权布局，逐步制定和完善知识产权制度。

最后，知识产权法律风险防控机制可以从企业内部和外部两个维度来构建和完善。在企业内部组建常规风险防控约束体系，企业内部知识产权团队负责在企业研发项目立项、知识产权交易、许可、FTO 检索等常规知识产权风险节点予以把控，对于专利申请、专利无效、专利诉讼等节点可以聘请具备专利检索、撰写能力，以及具有专利诉讼相关经验的专业人员或专业机构协助，构筑起企业日常知识产权风险防控机制和损失扩大防范机制。企业能够通过专利分析预警筛查企业知识产权风险，并及时利用无效宣告制度、专利申请规避设计、不侵权确认之诉等方式把知识产权纠纷消灭在萌芽阶段。

(二)建立企业知识产权管理体系

企业应当树立正确的知识产权管理意识并给予高度重视，建立健全知识产权管理体系，对知识产权的开发、申请、运营、侵权保护等各个环节实施有针对性的系统化管理并建立严密的流程管理体系。① 加大知识产权管理制度建立的投入，注重知识产权管理专业人员的培养和引进；加强知识产权交易的管理工作，对所处行业的知识产权性质、种类、管理模式等进行分析，结合实际情况制定符合企业自身知识产权保护及应用的管理办法。以传媒公司为例，其知识产权大量集中在著作权方面，应当强化对于著作权的管理规范，提高著作权风险防范意识和水平，在公司内部培育良好的知识产权合规文化。

同时，知识产权管理体系的运行离不开人员和组织保障，虽然专利代理所、律所等专业机构能够提供一定的知识产权服务，但是由于是临时受雇而无法全流程对企业知识产权的创造、运用、保护进行规范管理。企业应当成立知识产权纠纷处理专门机构，对知识产权管理研发人员开展系统化培训，打造公司知识产权管理专业团队，以保障知识产权管理

---

① 赵欣，赵西萍，曲源美．企业内部知识产权管理的激励约束机制[J]．科技进步与对策，2010（11）：103-106.

体系的顺畅运行。

（三）强化知识产权布局

在产业升级过程中，企业做好自身的知识产权布局工作，既能强化对企业自有知识产权的保护，又可以有效避免侵犯他人的知识产权。[①] 发掘企业自身创新潜力，发挥知识产权潜在价值。在当下知识竞争占据主导的市场环境里，企业强化知识产权布局，无论是应对竞争赢得先手，还是规避知识产权纠纷，都具有全局性的意义。

在知识产权战略布局上，企业的专利、商标、专有技术、数据、商业秘密等都是企业知识产权布局的"棋子"，同时也是企业提前布局知识产权赢得先手的"弹药"。知识产权布局包括不同知识产权类型间的组合布局和同一类型的技术范围布局。对于前者，企业可以采用商业秘密和专利权相结合的布局、专利权和商标权相结合的布局、商标权与著作权相结合的布局等策略。以商业秘密和专利权相结合为例，如果发明创造的技术方案容易泄露，或竞争对手可以通过反向工程轻易获取，则采用以专利保护为主、商业秘密保护为辅的布局策略，比如可以通过专利保护外观，以技术秘密为保护内容：将产品的造型与颜色搭配、产品的外包装等申请外观设计专利，而将生产制造该产品的技术方法作为技术秘密。反之，若技术秘密为一整套独成体系的技术，则采取以技术秘密为主、专利为辅的保护策略，把大部分内容选择技术秘密保护，而就配套技术的某一个环节或者某个配件申请专利。根据不同情形采取不同的保护策略，能够极大地延长企业对于技术秘密的掌握时间，从而持续赢得市场竞争优势。对于同一类型的技术范围布局，以专利布局为例，由于专利保护具有地域性，企业一方面需要对核心专利及时进行依据《专利合作条约》提出的专利申请，及时对创新成果采取保护措施，对于需要出口的核心产品，尽可能获得国际或目标市场国认可的专利；另一方面从技术角度布局，检索调研竞争对手在同一技术领域所拥有的技术情况，通过申请专利给对方专利的实施或者进一步改进设置障碍，并为企业研发创造有利条件。

---

① 邓文．论科技创新环境下企业知识产权布局[J]．科技与法律，2017(4)：48-53.

第二部分

知识产权纠纷多元化解决机制的虚拟仿真实验

第七章 需求描述

第一节 系统概述

知识产权纠纷多元化解决机制的虚拟仿真实验的主要内容是开展以汽车外观设计专利纠纷为案例教学背景的系统化流程建设和情景仿真实验模拟操作，包含实验项目简介、知识产权纠纷多元化解决机制、汽车外观设计专利纠纷案件处理三个子模块内容，完成实验仿真法院场景、办公场景、主要人物角色的三维建模与虚拟现实仿真实验流程，逼真还原汽车外观设计专利纠纷案件过程。通过建设和模拟实验流程，可以显著地调动学生的学习积极性和参与度，使学生由被动学习变为主动学习，由听课的学习方式变为实际操作的学习方式。而且该系统中学生可以重复学习，如果一次学不会，可以进行多次练习，巩固学习效果。

学生通过对案例仿真流程的学习和考核，以及对理论知识点的学习，将理论与实践结合，能够清晰地了解案件纠纷的始末过程，亲临其境，大大地加深了学生对实验流程的整体学习，显著地提高了学生的自主探索能力和主动操作能力。

一、系统背景

党的十八大以来，在以习近平同志为核心的党中央坚强领导下，随着中国知识产权强国战略的推进，知识产权司法保护的水平也在大幅提高，《知识产权强国建设纲要（2021—2035年）》的颁布实施，进一步强化推进知识产权治理体系和治理能力现代化之要求，这对我国构建"知识产权大保护工作格局"、深度参与全球知识产权治理提出了更高的要求。

在当前知识产权全球化的态势持续深化、知识产权案件数量大幅增长的背景下，提升涉外知识产权争议解决能力、加快涉外知识产权争议解决人才培养已成为中国向知识产权强国迈进必须解决的问题。

本实验根据知识产权争议解决的实际应用特点，利用虚拟仿真平台，通过仿真实验和虚拟现实技术，训练学生解决涉外知识产权争议的法律思维，弥补学生难以在真实项目环境中实习实践的不足，培养学生利用理论知识解决实际知识产权争议的能力。

二、实验目的

知识产权法学是一门理论性与社会实践性都很强的课程，为应对瞬息万变的技术创新和复杂的知识产权纠纷案件，在教学过程中既要注重基础理论教学，又要注重对学生的创新精神和实践能力的培养。在司法实践中灵活准确地应用诉讼、仲裁、调解、行政保护等多元化手段，解决知识产权纠纷，是提高学生法学素养、增强其自身竞争力的关键环节。因此，本实验通过虚拟仿真和人机交互的方式，让学生变被动学习为主动学习，在操作过程中获得与实际工作一样的体验，从而掌握知识产权的基本理论知识，熟悉知识产权纠纷多元化解决的全流程。实验目的包括：

第一，丰富知识产权纠纷多元化解决机制的理论知识体系。通过理论学习模块，使学生系统掌握知识产权纠纷的诉讼、仲裁、调解、行政保护等多元化解决机制。

第二，提升解决知识产权纠纷的实务能力。通过虚拟仿真实验模块，使学生在真实案件的仿真环境中提升知识产权纠纷多元化解决的实务能力。

第三，强化虚拟仿真实验课程的思政育人效果。以习近平总书记关于"保护知识产权就是保护创新"①的主要论述为遵循，创新课程思政的方式与方法，使学生在虚拟仿真实验中注重知识产权保护的价值引领。

三、实验原理

本实验基于知识产权纠纷解决的实际应用特点，依托中国裁判文书网发布的真实案例"路虎公司与江铃公司知识产权纠纷案"，构建了"知识产权纠纷多元化解决机制虚拟仿真实验教学系统"，以期利用虚拟仿真平台，弥补学生难以在真实环境中实习实践的不足，培养学生利用理论知识解决实际知识产权纠纷的能力。学生在实验中通过担任当事人、法官等不同角色，完成案情分析、策略选择、证据收集、文书撰写等多项工作。本虚拟仿真实验的总体思路如图 7-1 所示。

1. 知识产权行政纠纷解决机制的实验原理

行政纠纷常见于专利、商标等知识产权类型，其权利的授予与撤销需由行政机关作出。当事人对此类知识产权的确权和撤销可以申请行政复审，对复审决定不服的，可以提起行政诉讼。本实验涉及两次外观设计专利行政诉讼。

在实验中，学生需要在当事人路虎公司和江铃公司、一审法官和二审法官之间进行角

① 阙梓冰. 保护知识产权就是保护创新（人民时评）[N]. 人民日报，2024-07-18（5）.

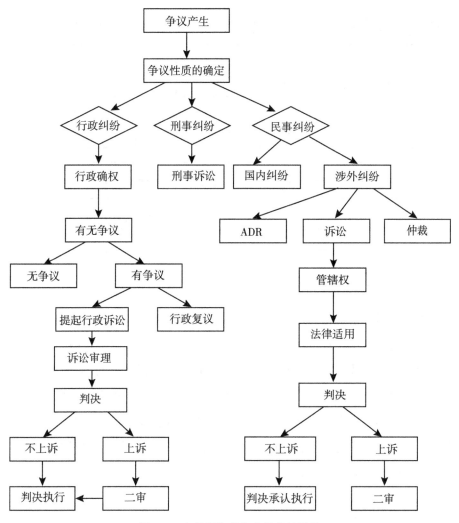

图 7-1　本虚拟仿真实验的总体思路

色转换，设身处地地采取策略维护自身的权益或者适用适当的法律处理纠纷。学生首先扮演当事人路虎公司，发现江铃公司的疑似侵权后，采取申请行政机关宣告后者专利无效的策略并获得成功，然后转换角色，扮演当事人江铃公司，决定提起行政诉讼。学生再转换为一审法官，根据事实与法律作出支持江铃公司的行政判决。接着学生从路虎公司的立场出发，决定上诉。随后转换为二审法官角色，作出支持路虎公司的判决。最后学生转换为江铃公司，其申请再审未获成功，采取的申请行政机关宣告路虎公司既有专利无效的策略获得成功。该实验原理如图 7-2 所示。

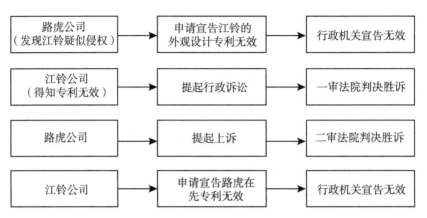

图 7-2　知识产权行政纠纷解决机制的实验原理

2. 知识产权民事纠纷解决机制的实验原理

知识产权民事纠纷主要分为合同纠纷和侵权纠纷两类，常见于专利、商标、著作权等类型。本实验涉及反不正当竞争以及著作权侵权。在实验中，学生首先扮演当事人路虎公司，得知专利被宣告无效、采取专利侵权诉讼的策略不再可行之后，果断提起反不正当竞争以及著作权侵权诉讼。接着学生扮演一审法官，对相关事实和法律适用进行深入思考，作出支持路虎公司诉讼请求的判决。然后学生转换为当事人角色，从维护自身利益出发，江铃公司就一审相应判决进行上诉。最后学生转换为二审法官角色，根据事实和法律作出终审判决。该实验原理如图 7-3 所示。

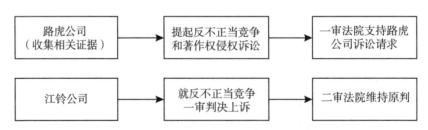

图 7-3　知识产权民事纠纷解决机制的实验原理

本试验涉及的知识点：

(1)知识产权纠纷解决的基本内容及其发展历程；

(2)知识产权纠纷解决的主要作用；

(3)知识产权纠纷的主要解决方式(重点)；

（4）知识产权纠纷的主要类型（重点）；

（5）知识产权纠纷解决的管辖权（重点）；

（6）知识产权纠纷解决中的证据保全及举证责任；

（7）知识产权纠纷解决的核心流程（重点）；

（8）涉外知识产权纠纷的法律适用及判决、裁决的承认与执行；

（9）知识产权纠纷解决的相关法律法规；

（10）知识产权纠纷解决的相关政策；

（11）知识产权纠纷解决的新形势与应对策略。

第二节　功 能 结 构

系统集用户登录、实验项目简介、知识产权纠纷多元化解决机制、汽车外观设计专利纠纷案件处理等功能于一体。

系统功能结构图如图7-4所示。

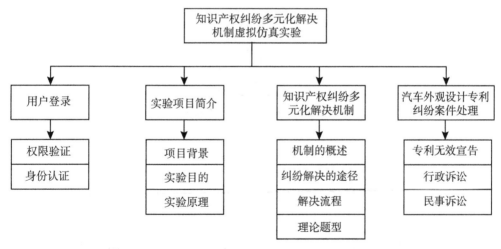

图7-4　系统功能结构

第三节　效 果 建 设

系统需建设的场景包括办公室场景、公证处场景、专利局场景、法院庭审场景和相关室外辅景；界面建设包括系统登录界面、模块选择界面、各子模块界面和流程交互界面，如图7-5、图7-6、图7-7所示。

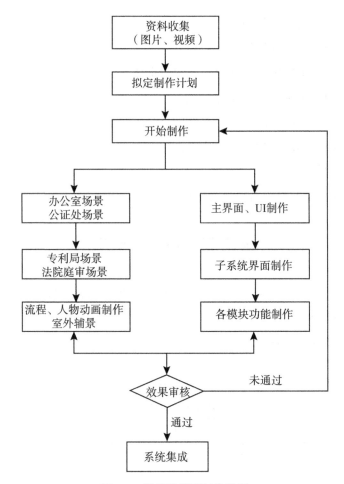

图 7-5　场景及界面制作流程

图 7-6　国家知识产权局场景效果参考

图 7-7 法院庭审场景效果参考

第八章　系统功能设计

第一节　系 统 登 录

一、功能说明

用户登录系统主要判定用户权限等级，区分管理员、教师与普通学生，对于不同用户用户登录系统的差异提供了便利。管理员和普通用户根据划分的权限级别，用账号和密码登录系统，分别以管理员的身份和普通用户的身份对系统进行操作和查看。

二、交互设计

用户通过输入符合要求的账号和密码，点击登录后，系统验证账号密码及权限，验证通过则允许登录并根据权限提供服务，未通过则提示重新输入或拒绝访问。系统登录流程详见图8-1。

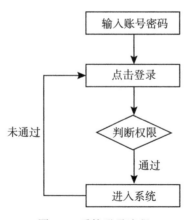

图 8-1　系统登录流程

三、效果参考

图 8-2 是系统登录的效果参考图：

图 8-2 系统登录效果参考图

第二节 模 块 选 择

系统主要由三个功能模块组成，分别是实验项目简介、知识产权纠纷多元化解决机制、汽车外观设计专利纠纷案件处理，界面效果如图 8-3 所示。

图 8-3 模块选择效果图

<h1 style="text-align:center">第三节　实验项目简介</h1>

一、功能说明

实验项目简介模块主要包含项目背景、实验目的和实验原理，通过图文资料进行说明，便于学生查阅和学习，同时针对教师或者管理员，预留内容上传和修改的功能。

二、效果参考

图 8-4 是该实验项目简介的效果图：

图 8-4　实验项目简介效果图

<h1 style="text-align:center">第四节　知识产权纠纷多元化解决机制</h1>

一、功能说明

系统通过三个方面的内容对学生进行知识学习及考核，分别是机制的概述、纠纷解决的途径、解决流程，具有在线考试、自动阅卷等功能，试题库内包含选择题、判断题两种题型，学生学习相关理论知识后进行试题作答，答题完毕即可看到本次考试的答题界面和正确答案。

二、交互设计

用户在学习知识产权纠纷多元化解决机制时的交互流程，包括选择学习模块、选择学习内容形式（图文或视频）、进行理论知识学习、完成测试以及根据测试结果判断是否完成理论学习，并允许用户返回上一级选择其他模块或结束学习。

知识产权纠纷多元化解决机制的功能流程图详见图8-5。

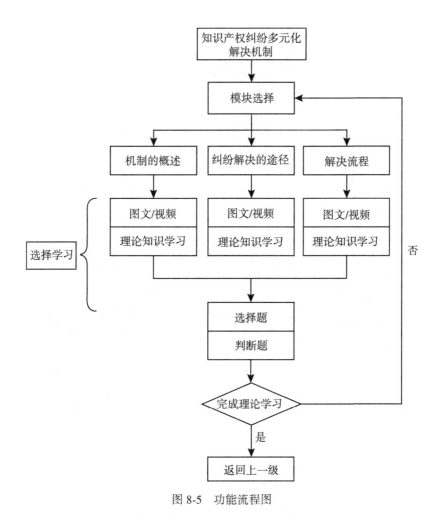

图 8-5　功能流程图

第五节　汽车外观设计专利纠纷案件处理

一、功能说明

汽车外观设计专利纠纷案件处理主要包含三个板块流程的学习，分别是专利无效宣告、行政诉讼以及民事诉讼，通过情景模拟、案件仿真和流程交互的形式进行实验内容的培训和考核。

二、流程框架 (详见图 8-6)

用户可从板块选择开始，分别进入专利无效宣告、行政诉讼、民事诉讼各板块处理相应事务。完成各板块流程后，系统会判断是否完成案件处理。若完成则退出系统，否则返回板块选择继续处理。

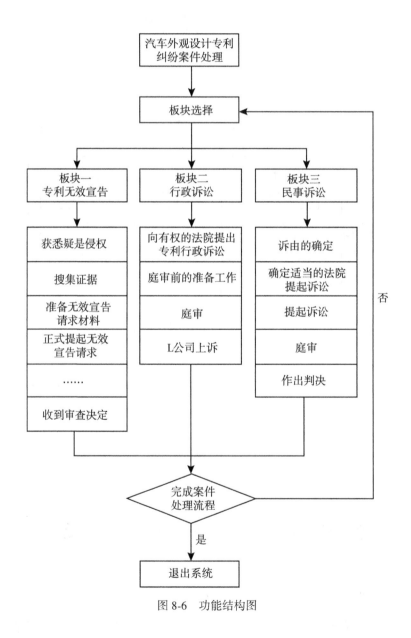

图 8-6 功能结构图

三、效果参考

图 8-7、图 8-8 是交互设计的效果图。

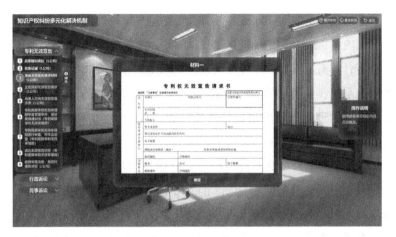

图 8-7　流程交互效果图 1

图 8-8　流程交互效果图 2

四、流程脚本

(一)实验教学过程

系统主要由三个功能模块组成,分别是"项目简介""理论学习"和"虚拟实验"。查看完项目简介,才能开展知识产权纠纷多元化解决机制的理论学习与考核。在该模块完成后，才能解锁虚拟仿真实验模块的具体内容。

（1）项目简介。知识产权纠纷多元化解决机制的虚拟仿真实验"项目简介"模块，主要包括"项目背景""实验目的""实验原理"。该实验结合知识产权纠纷多元化解决的时代背景，以知识产权强国建设为指引，在理论教学中融入思政元素，把注重学生知识产权保护价值引领作为虚拟仿真实验的基本目标。同时，虚拟仿真实验是高等教育信息化建设和实验教学建设的重要内容，是学科专业与信息技术深度融合的产物。将知识产权纠纷解决与虚拟仿真实验相结合，有助于解决知识产权理论知识高度概括抽象以及所涉领域较为宽泛等问题。借助仿真系统，采用多媒体和网络技术构建具有真实感、直观性和精确性的虚拟仿真实验教学平台，对理论教学中难以再现的知识产权纠纷解决案例进行推演，有助于实现教学模式创新，深化实验教学改革。

子模块 1-1：项目背景。知识产权纠纷多元化解决机制虚拟仿真实验项目，以习近平总书记关于"保护知识产权就是保护创新"的重要论述为指导，在国家全面推进知识产权"严保护、大保护、快保护、同保护"，提出构建知识产权多元化纠纷解决机制的背景下，通过司法实践中有关汽车企业知识产权纠纷真实案例的虚拟仿真，提供"开放式、沉浸式、互动式"的实验平台，让学生在实训中全面掌握知识产权纠纷的多元化解决机制，提升运用理论知识解决现实问题的实操能力，服务知识产权强国建设。

子模块 1-2：实验目的（详见图 8-9）。本实验通过虚拟仿真和人机交互的方式，使学生变被动学习为主动学习，从而实现以下目的：丰富知识产权纠纷多元化解决机制的理论知识体系，提升解决知识产权纠纷的实务能力，强化虚拟仿真实验课程思政的育人效果。

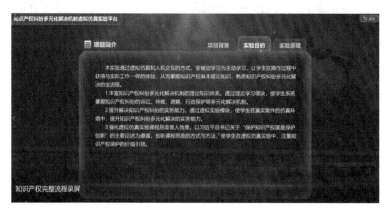

图 8-9　实验目的界面图

子模块 1-3：实验原理（详见图 8-10、图 8-11）。本实验基于知识产权纠纷解决的实际应用特点，依托中国裁判文书网发布的真实案例"路虎公司与江铃公司知识产权纠纷案"，构建了"知识产权纠纷多元化解决机制虚拟仿真实验教学系统"，以期利用虚拟仿真平台，弥补学生难以在真实环境中实习实践的不足，培养学生利用理论知识解决实际知识产权纠纷的能力。学生在实验中通过担任当事人、法官等不同角色，完成案情分析、策略选择、证据收集、文书撰写等多项工作，内容主要包括知识产权行政纠纷解决机制的实验原理和知识产权民事纠纷解决机制的实验原理。

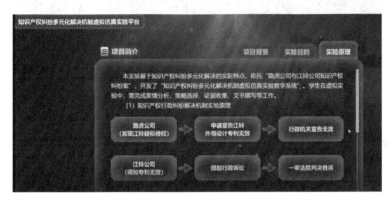

图 8-10　实验原理界面图

图 8-11　实验原理界面图

（2）理论学习。在本模块中，学生可以加深对知识产权纠纷多元化解决机制基础理论的理解，掌握知识产权纠纷解决途径及各种流程，为后续的虚拟实验操作奠定基础。

子模块 2-1：机制概述（详见图 8-12）。通过和解、调解、仲裁、行政保护、诉讼等多种方式，构建非诉讼与诉讼方式有机衔接、协调联动的纠纷化解机制，为当事人提供多样、高效、便捷的纠纷解决途径，打造共建共治共享的社会治理格局，进一步提升社会治理社会化、法治化、智能化、专业化水平。

子模块 2-2：解决途径（详见图 8-13）。民事主体之间的纠纷通常有四种解决途径。其

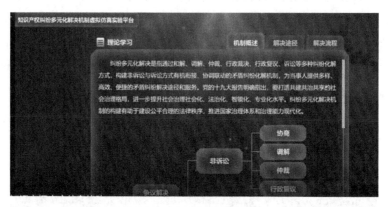

图 8-12 机制概述界面图

中，仲裁和诉讼具有法律上的强制执行力，协商、调解则不具有。采用何种途径解决具体问题，取决于当事人的意愿。

图 8-13 解决途径界面图

途径一：协商解决。双方当事人在平等自愿的基础上，通过友好协商、互谅互让达成和解协议，从而解决纠纷。

途径二：调解解决。在有关机构或中间人主持下，在平等、自愿、合法基础上分清是非，通过摆事实、讲道理，促使双方当事人达成协议，从而解决纠纷。

途径三：仲裁解决。当事人根据纠纷发生之前或之后达成的仲裁协议或合同中的仲裁条款提出申请，由仲裁庭进行审理并作出裁决，并通过当事人对裁决的自觉履行或由一方向人民法院申请强制执行而使纠纷得以解决。

途径四：诉讼解决。当事人一方依法向人民法院起诉，由法院依法审理，作出判决或裁定，通过当事人对生效裁判的自觉履行或人民法院的强制执行而解决纠纷。

子模块 2-3：解决流程(详见图 8-14)。知识产权纠纷存在多种解决方式。如选择诉讼解决方式，首先需要明确纠纷的法律性质，进而确定争议所涉法律关系。如果是知识产权确权行政诉讼，除当事人、法院外，还涉及国家知识产权局专利局复审和无效审理部；如果是知识产权民事纠纷，在案件具有涉外因素的情况下，需要考虑管辖权的确定、法律适用等问题。

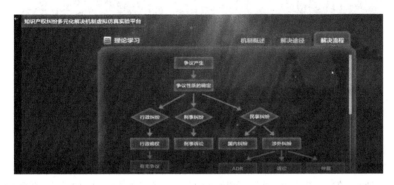

图 8-14　解决流程界面图

子模块 2-4：线上答题（详见图 8-15）。通过对知识产权纠纷多元化解决基础理论的学习，设置选择题、填空题、判断题等形式对学习效果进行检验。

图 8-15　线上答题效果图

（3）虚拟实验。借助虚拟实验的沉浸性、交互性和开放性等优势，对江铃公司与路虎公司汽车知识产权纠纷案件进行场景模拟，通过法律程序引导、法律条文说明，使学生熟知行政诉讼和民事诉讼两种争议解决方式的全流程，培养学生解决知识产权纠纷的实务能力。

子模块 3-1：案例引入。本模块简单介绍该案件的缘起，详见图 8-16。

图 8-16　案例引入界面图

子模块 3-2：程序模拟。结合案情内容，本模块将纠纷解决分为三大部分。第一部分模拟无效宣告程序，第二部分模拟行政诉讼程序，第三部分模拟民事诉讼程序。

交互性步骤详细说明：

R1-1：学生登录实验系统网站，详见图 8-17。

图 8-17　系统登入界面图

R1-2：在上图中输入账号和密码，即可进入实验系统主界面。学生可浏览该界面，了解实验系统模块构成，详见图 8-18。

R1-3：点击"项目简介"按钮，可以了解学习实验的项目背景、实验目的及实验原理，详见图 8-19、图 8-20。

R2-1：学习完毕以后，点击右上角"返回"按钮，再点击"理论学习"按钮，进入理论

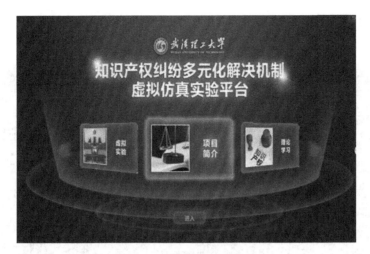

图 8-18 系统主界面效果图

图 8-19 项目简介界面图

图 8-20 项目简介界面图

学习板块，如图 8-21 所示。

图 8-21 理论学习板块界面图

R2-2：进入理论学习板块之后，点击"机制概述""解决途径""解决流程"学习相关理论知识，学习完毕，点击下方"开始答题"按钮，如图 8-22、图 8-23、图 8-24 所示。

图 8-22 机制概述界面图

R2-3：完成上述步骤后，进入理论知识测试环节，学生需完成对应题目，完成之后点击下方"提交"按钮，如图 8-25、图 8-26 所示。

R2-4：点击"提交"按钮以后，会显示正确答案及要点提示。正确为绿色，错误为红色。完成测试之后，点击右上方的"返回"按钮，如图 8-27、图 8-28 所示。

R3-1：点击右上角"返回"按钮，选择第三板块虚拟实验部分，并点击下方"进入"按

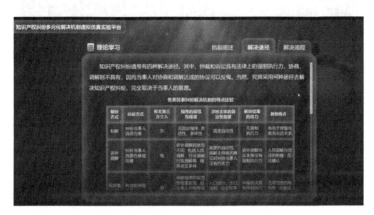

图 8-23 解决途径界面图

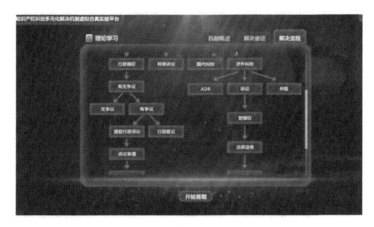

图 8-24 解决流程界面图

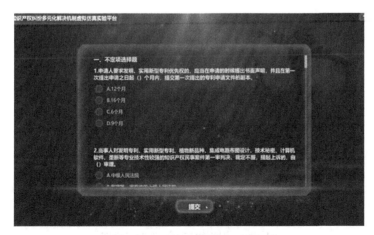

图 8-25 理论知识测试界面图

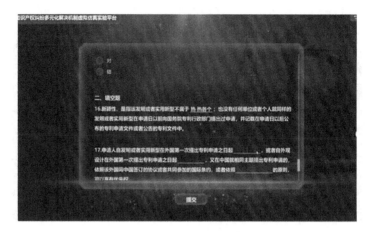

图 8-26　理论知识测试界面图

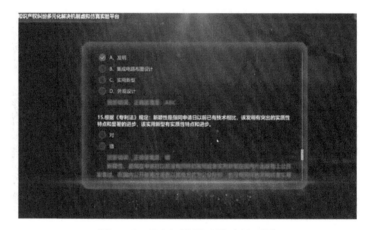

图 8-27　理论知识测试批改界面图

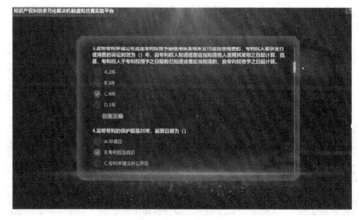

图 8-28　理论知识测试批改界面图

钮，如图 8-29 所示。

图 8-29　第三板块虚拟实验界面图

R3-1-1：“案件引入”部分将介绍纠纷产生的原因，点击“确定”按钮，将进入纠纷解决途径的选择环节，如图 8-30 所示。

图 8-30　案件引入界面图

R3-1-2：点击“确定”按钮，进入第三板块虚拟实验部分，并点击下方“进入”按钮，开始实验操作部分，点击“诉讼”按钮，如图 8-31 所示。

R3-1-3：点击“诉讼”按钮之后，进入选择具体实验回合。实验操作包括“外观设计专利纠纷”和“反不正当竞争和著作权纠纷”两部分。点击第一回合“外观设计专利纠纷”按钮，如图 8-32 所示。

R3-1-4：点击“确定”按钮，出现“汽车企业知识产权纠纷案件处理”的页面，点击“专

图 8-31 虚拟实验界面图

图 8-32 具体实验界面图

利无效宣告"按钮，如图 8-33 所示。

图 8-33 具体实验界面图

R3-1-5：专利无效宣告程序的第一步是"路虎公司获悉疑似侵权"，画面中会提示我国关于外观设计专利权授予及宣告无效的规定，如图 8-34 所示。

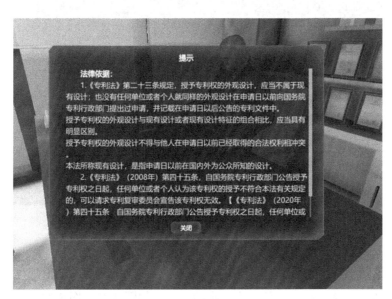

图 8-34　具体实验界面图

R3-1-6：第二步是"收集证据"环节，会出现路虎公司法务部门讨论案情的画面，如图 8-35 所示。

图 8-35　具体实验界面图

R3-1-7：第三步是"准备无效宣告请求材料"，画面中会出现路虎公司委托知识产权代理公司准备材料的内容，如图 8-36 所示。

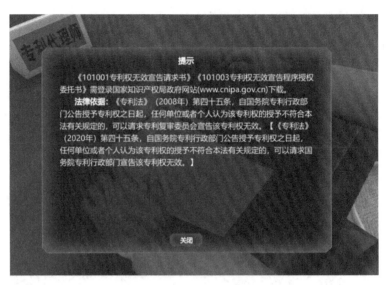

图 8-36　具体实验界面图

R3-1-8：第四步是路虎公司"正式提起无效宣告请求"，画面中会出现处理路虎公司无效宣告请求的机构名称和提交无效宣告请求的方式，如图 8-37、图 8-38 所示。

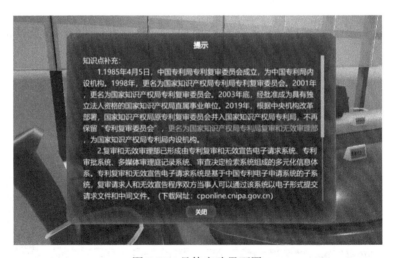

图 8-37　具体实验界面图

R3-1-9：第五步是路虎公司缴纳"无效宣告请求费"，如图 8-39 所示。

R3-1-10：第六步是"国家知识产权局专利局复审和无效审理部决定受理路虎公司的请求"，并发送受理通知书。经过审查，国家知识产权局专利局复审和无效审理部作出宣告江铃公司外观设计专利权无效的决定，如图 8-40、图 8-41、图 8-42、图 8-43 所示。

R3-1-11：第七步是国家知识产权局专利局复审和无效审理部向江铃公司送达无效宣

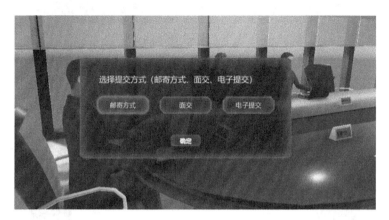

图 8-38　具体实验界面图

图 8-39　具体实验界面图

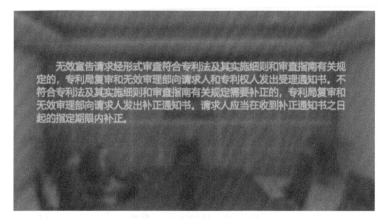

图 8-40　具体实验界面图

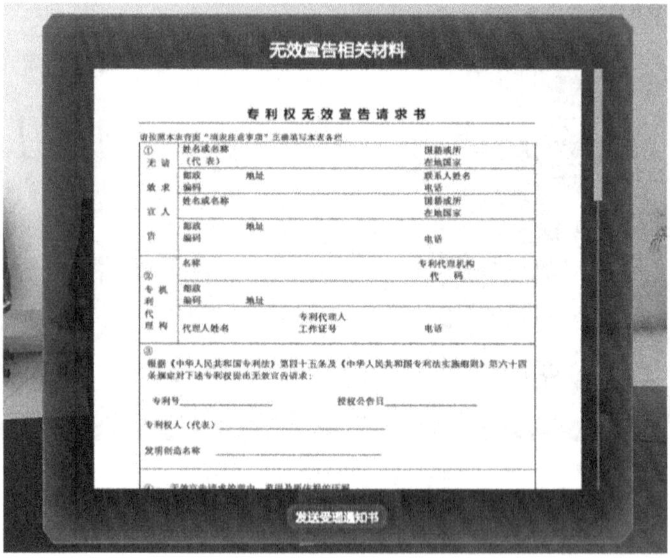

图 8-41　具体实验界面图

图 8-42　具体实验界面图

图 8-43　具体实验界面图

告决定，如图 8-44 所示。

图 8-44　具体实验界面图

R3-1-12：第八步是"江铃公司不服无效决定"，向北京知识产权法院提起行政诉讼，如图 8-45 所示。

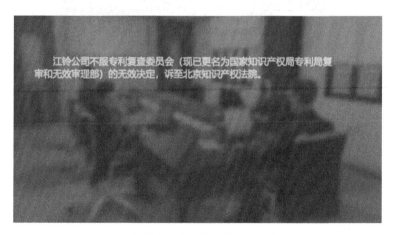

图 8-45　具体实验界面图

R3-2-1：点击"返回"按钮，选择进入"行政诉讼"，第一步是江铃公司以国家知识产权局专利复审委员会(现为国家知识产权局专利局复审和无效审理部)为被告提起行政诉讼，北京知识产权法院依法予以受理，如图 8-46 所示。

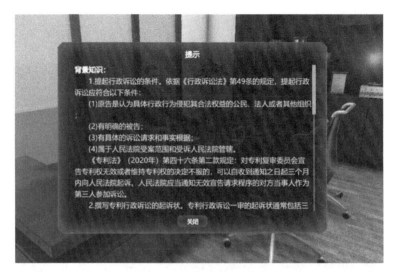

图 8-46　具体实验界面图

R3-2-2：第二步是江铃公司进行"审理前的准备工作"，点击"提示"按钮，会出现庭审前准备工作的内容，如图 8-47 所示。

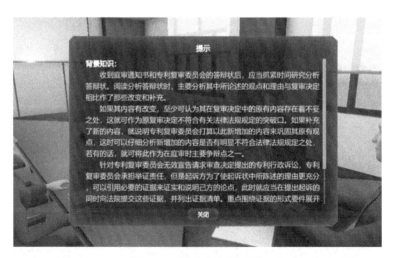

图 8-47　具体实验界面图

R3-2-3：第三步是"开庭审理"，双方就涉案专利与对比设计的整体视觉效果展开辩论，如图 8-48、图 8-49 所示。

R3-2-4：第四步是"一审判决"，北京知识产权法院认为原专利复审委员会认定事实不

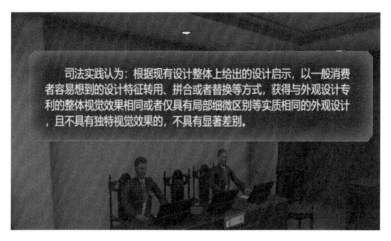

图 8-48　具体实验界面图

图 8-49　具体实验界面图

清，适用法律错误，判决撤销该决定，如图 8-50 所示。

R3-2-5：第五步是"提起上诉"，江铃公司收到判决后，不服一审判决，并于 15 日内提起上诉，如图 8-51、图 8-52 所示。

R3-2-6：第六步是"二审判决"。二审法院判决撤销一审行政判决，驳回江铃公司的诉讼请求。江铃公司不服，申请再审。最高人民法院知识产权法庭依法作出裁决，如图 8-53、图 8-54 所示。

R3-3-1：点击"返回"按钮，选择进入"民事诉讼"部分，第一步是路虎公司以反不正当竞争和著作权侵权为由提起诉讼，如图 8-55、图 8-56 所示。

R3-3-2：第二步是"审理前的准备"，江铃公司撰写民事诉讼起诉状，并到公证处对相

图 8-50 具体实验界面图

图 8-51 具体实验界面图

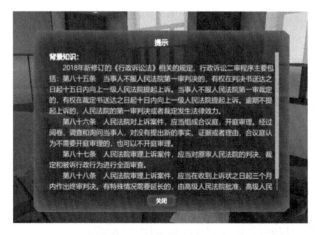

图 8-52 具体实验界面图

图 8-53　具体实验界面图

图 8-54　具体实验界面图

图 8-55　具体实验界面图

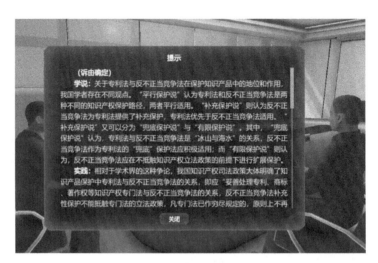

图 8-56　具体实验界面图

关诉讼证据进行公证，如图 8-57 所示。

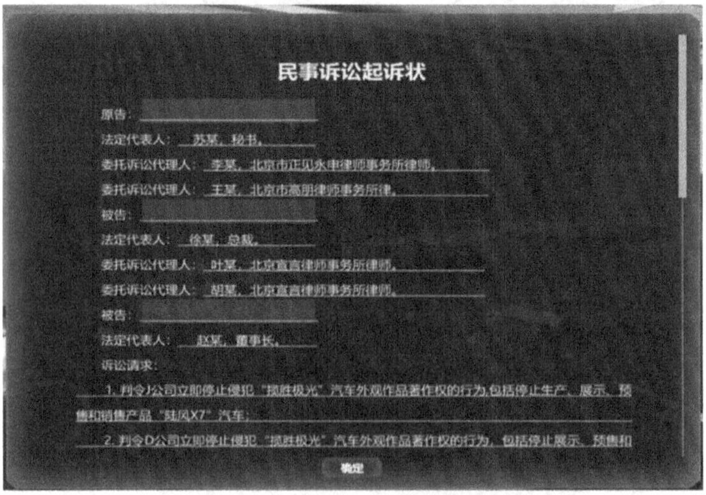

图 8-57　具体实验界面图

　　R3-3-3：第三步是"开庭审理"，原被告双方依据《民事诉讼法》的规定，进行当事人陈述、举证质证、法庭辩论、最后陈述四个环节，如图 8-58、图 8-59、图 8-60 所示。

　　R3-3-4：第四步是"一审判决"。法院依法作出判决，并向江铃公司和路虎公司送达判决书，如图 8-61 所示。

　　R3-3-5：第五步是"提起上诉"，江铃公司就反不正当竞争纠纷提起上诉，路虎公司就

图 8-58 具体实验界面图

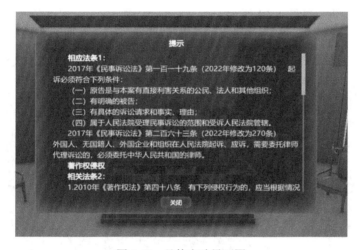

图 8-59 具体实验界面图

图 8-60 具体实验界面图

图 8-61 具体实验界面图

著作权侵权提起上诉，如图 8-62 所示。

图 8-62 具体实验界面图

R3-3-6：第六步是"二审判决"。法院依法作出判决，并向江铃公司和路虎公司送达判决书，如图 8-63 所示。

R3-3-7：上述步骤完成以后，点击"确定"，民事诉讼阶段完成，学生填写实验心得，点击"确定"，获取实验报告，如图 8-64 所示。

操作结果：此步骤完成以后，"民事诉讼"阶段完成。至此，实验操作全部完成，如图 8-65 所示。

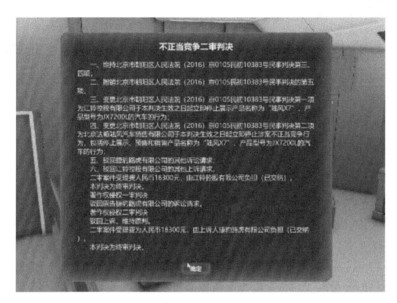

图 8-63　具体实验界面图

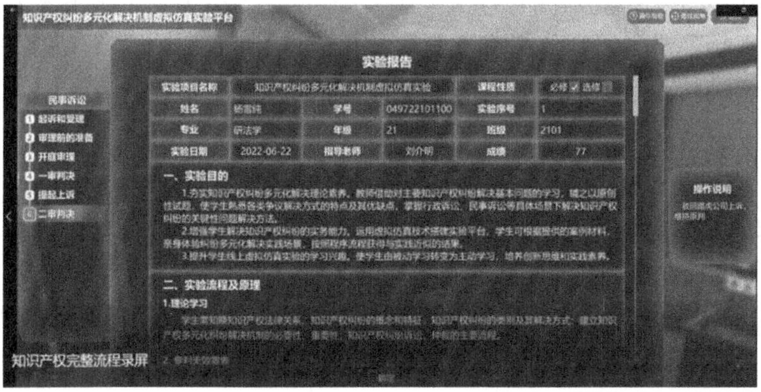

图 8-64　具体实验界面图

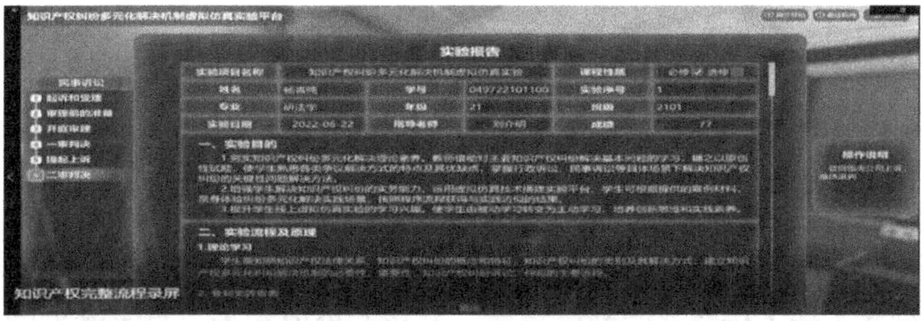

图 8-65　具体实验界面图

（二）实验教学方法

通过采用案例分析、规范分析、理论与实践相结合等方法，提升学生对知识产权纠纷多元化解决机制的认识，提升学生的法律思维和实务能力。

（1）案例分析方法。选取江铃公司和路虎公司知识产权纠纷案件，涉及专利权、著作权等争议处理，同时涵盖宣告无效、行政诉讼、民事诉讼等程序适用问题，培养学生分析和解决真实案例的能力。

（2）规范分析方法。本实验选取的案例涉及诸多法律条文的学习、理解和适用，有助于学生厘清不同法律关系，正确理解各种法律规则，解决知识产权纠纷。

（3）理论与实践相结合的方法。本实验要求学生完成起诉状、答辩状等法律文书撰写，以此培养学生的法律文书撰写能力，加深学生对知识产权纠纷解决途径的理解。

（三）实验结果与结论

实验基于江铃公司和路虎公司的真实知识产权纠纷案例，预设了无效宣告程序、行政诉讼程序、著作权纠纷、不正当竞争纠纷四类争议的处理结果。学生根据实验步骤的操作提示，可以以江铃公司、路虎公司或者法官的角色进行自主决策，解决案件的裁判问题。学生的不同决策会产生不同的结果，如表8-1所示。

表 8-1

	实验条件	实验结果
江铃公司与路虎公司纠纷处理过程	无效宣告处理	路虎公司的请求获得支持
	行政诉讼处理	江铃公司的诉讼请求获得支持
	著作权纠纷处理	路虎公司的诉讼请求未获支持
	不正当竞争纠纷处理	江铃公司的诉讼请求获得支持

知识产权纠纷多元化解决机制的虚拟仿真实验以具象化的汽车外观设计专利纠纷为教学案例，通过系统构建"实验项目简介""知识产权纠纷多元化解决机制""汽车外观设计专利纠纷案件处理"三大核心模块，并依托先进的虚拟现实技术，实现了法院场景、办公环境及关键人物角色的高精度三维建模与流程仿真。该实验高度逼真地还原了纠纷案件处理的完整过程，彻底革新了传统法学教学模式。其核心价值在于：显著激发学生的学习主动性与参与热情，推动学习模式从被动听讲向主动操作、从理论学习向实践应用的根本性转变。学生可反复演练实验流程，有效巩固学习成果。更重要的是，通过对仿真案例的沉浸

式学习、操作与考核，结合配套理论知识，学生得以将抽象的法理与鲜活的实践深度融合，"亲临其境"般透彻理解纠纷始末与解决机制运作全貌。这不仅极大地深化了学生对知识产权纠纷解决流程的系统性掌握，更在实质上显著提升了其自主探索能力与实践操作技能，为培养具备扎实理论基础与突出实务能力的复合型知识产权人才奠定了坚实基础。